HIPPOCRATE

ŒUVRES COMPLÈTES

DES LIEUX DANS L'HOMME

DU SYSTÈME DES GLANDES

DES FISTULES - DES HÉMORROÏDES

DE LA VISION

DES CHAIRS

DE LA DENTITION

COLLECTION DES UNIVERSITÉS DE FRANCE
publiée sous le patronage de l'ASSOCIATION GUILLAUME BUDÉ

HIPPOCRATE

ŒUVRES COMPLÈTES

TOME XIII

DES LIEUX DANS L'HOMME

DU SYSTÈME DES GLANDES

DES FISTULES - DES HÉMORROÏDES

DE LA VISION - DES CHAIRS

DE LA DENTITION

TEXTE ÉTABLI ET TRADUIT

PAR

ROBERT JOLY
Professeur aux Universités de Mons et de Bruxelles

Deuxième tirage

PARIS
LES BELLES LETTRES
2003

Conformément aux statuts de l'Association Guillaume Budé, ce volume a été soumis à l'approbation de la commission technique, qui a chargé M. Antoine Thivel d'en faire la révision et d'en surveiller la correction en collaboration avec M. Robert Joly.

95 boulevard Raspail, 75006 Paris
www.lesbelleslettres.com

Première édition 1978

ISBN : 2-251-00157-3
ISSN : 0184-7155

AVANT-PROPOS

Ce tome XIII ne peut se présenter au lecteur sans excuses.

A la fin de mon troisième volume, le tome VI, 2, paru en 1972, j'avais dit mon soulagement devant une tâche accomplie et des engagements respectés. J'envisageais avec plaisir de me consacrer exclusivement à la philosophie tardive et à la patristique grecques, alors qu'auparavant, je faisais la navette entre Hippocrate et Hermas, Ignace ou Justin...

Cet état d'esprit n'a duré que quelques mois. On n'abandonne pas si facilement Hippocrate. Pourquoi du moins faut-il que m'ait repris cette implacable folie qui pousse à éditer des textes?

Voici en tout cas le fruit hors programme de ces amours supplémentaires. Puisse-t-il être moins imparfait que les premiers !

On le comprendra aussi : je ne désire plus commettre l'imprudence d'annoncer que c'est ma dernière contribution à l'édition des Belles Lettres, quoique ma certitude, sur ce point, soit entière.

Je remercie très chaleureusement tous ceux qui m'ont aidé dans ce travail : les différents médecins spécialistes qui ont bien voulu répondre à mes questions; mon assistant à l'Université de Mons, M. Patrice Dartevelle, qui a confectionné avec le plus grand soin des index très généreux; mon réviseur enfin, M. Antoine Thivel, maître-assistant à l'Université III de Grenoble, à qui je dois, cette fois encore, quantité de corrections et de suggestions très précieuses.

DES LIEUX DANS L'HOMME

NOTICE

L'étude des *Lieux dans l'homme* est hérissée de difficultés.

Le texte a une certaine ampleur ; il est parfois obscur et corrompu dans la tradition manuscrite ; son unité est de nos jours très suspectée. Son contenu est fort varié et souvent original, ce qui ne facilite pas les comparaisons. De plus, l'œuvre reste relativement peu explorée, malgré quelques excellentes contributions.

Il est peu étonnant, dès lors, que les quelques avis exprimés avec une certaine précision soient fort divergents, même sur l'essentiel : à peu près dans le même temps, K. Schubring place la composition des *Lieux dans l'homme* à l'époque d'Aristote [1], alors que M. Vegetti la situe vers 440 [2] et que C. W. Müller opterait sans doute pour les dernières décennies du ve siècle [3].

La situation étant telle, il s'impose de s'avancer prudemment et le plus méthodiquement possible. Commençons donc par une brève analyse du traité.

* * *

Le premier chapitre, une introduction percutante, affirme l'unité du corps humain, la solidarité de ses

1. *Zu Aufbau und Lehre der hippokratischen Schrift De locis in homine*, in Berliner Medizin, 23, 1964, p. 744.
2. *Il De locis in homine fra Anassagora ed Ippocrate*, in Istituto Lombardo (Rend. Lett.), 99, 1965, p. 193-213.
3. *Die Heilung « durch das Gleiche » in den hippokratischen Schriften De morbo sacro und De locis in homine*, in Sudhoffs Archiv für Geschichte der Medizin..., 49, 1965, p. 232 sqq. C. W. Müller n'avance pas de date précise, ni non plus dans sa thèse *Gleiches zu Gleichem, ein Prinzip frühgriechischen Denkens*, Wiesbaden, 1965, p. 141 sqq. mais cela ressort clairement de ses commentaires.

composants, et en tire les conséquences nosologiques.

Au chapitre II commence une section anatomique, introduite par la justification que la nature du corps est le point de départ de la médecine. L'auteur traite rapidement en ce chapitre des oreilles, des narines, des yeux, dans leur rapport avec le cerveau, des trois membranes de l'œil et des deux méninges. On soupçonne avec raison une lacune après la première phrase ; mais je ne pense pas qu'elle nous prive de longs développements. Le chapitre III expose le système des veines, censées partir toutes de la tête ; puis, l'auteur compare veines et nerfs, notamment du point de vue nosologique (IV) et achève sa description très globale des nerfs (V). Le chapitre VI décrit ce que nous appellerions le squelette, en insistant particulièrement sur les articulations et ensuite sur leur mucosité et sa pathologie (VII). Le très bref chapitre VIII sur le rapport entre le ventre et la vessie et leur fonction respective, clôt cette section.

L'important chapitre IX inaugure la section pathologique par l'exposé du mécanisme des fluxions, lesquelles ont pour cause l'excès de froid ou de chaleur, l'excès ou le défaut d'humeur[1]. Tel est du moins le sens du texte après une correction indispensable de Portus : je n'ai fait que la renforcer en établissant autrement le texte de la première phrase.

L'auteur passe ensuite (X) aux sept fluxions provenant de la tête. Il passe très vite sur les trois qui sont directement observables : sur le nez, les oreilles et les yeux, et s'étend davantage sur les quatre autres, avec des considérations sémiologiques et physiologiques.

Les chapitres XI à XXII reprennent une à une les sept fluxions pour développer maintenant surtout la thérapeutique, mais non exclusivement : la sémiologie conserve parfois ses droits.

1. Le phlegme, selon une acception assez typique de l'œuvre ; cf. *infra*, p. 22.

L'auteur s'astreint visiblement à conserver, en gros, l'ordre des fluxions du chapitre x. Mais il ne s'y tient pas rigidement, comme ferait sans doute un moderne.

Comme il traite au chapitre XIII de la fluxion sur les yeux, il en profite pour en signaler une autre, mais qui ne semble pas provenir de la tête[1]. De même, comme les cas de pleurésie et de péripneumonie l'amènent à parler de l'empyème, il consacre quelques lignes[2] à une autre cause de l'empyème. Les chapitres XIV et XV traitent des quatrième et cinquième fluxions, mais uniquement en ce qui concerne la sémiologie, qui se continue plus généralement au chapitre XVI. Le traitement est abordé ensuite : pleurésie et péripneumonie (XVII), empyème (XVIII) et phtisie (XIX). Aucun accroc bien grave jusqu'ici à l'ordre prévu[3].

Le chapitre XX semble plus inquiétant : il s'agit bien d'une fluxion provenant de la tête (sans que l'auteur le précise : il ne l'a pas davantage rappelé dans les chapitres précédents), mais cette fluxion n'était pas annoncée au chapitre x, où l'auteur tenait peut-être trop au nombre sept[4]. Par contre, elle est parfaitement à sa place, après les fluxions sur la poitrine et l'épine dorsale, avant l'hydropisie du chapitre XXI, l'ordre suivi étant de haut en bas. Il semble bien que le cas soit très voisin de celui du chapitre XXI : tous deux concernent le ventre[5]. De plus, il est manifestement très bénin. Si l'auteur voulait s'en tenir au nombre sept, c'est bien

1. Cf. p. 52, l. 17-20.

2. Cf. p. 55, l. 23 sqq.

3. M. Vegetti (*O. l.*, p. 200) est d'avis que le chapitre XV devrait être transposé après le chapitre XIX, mais alors, la thérapeutique serait absente pour la phtisie en question ; et si on le plaçait avant le chapitre XIX, ce seraient les phtisies du chapitre XIV qui sembleraient être laissées sans thérapeutique. Dans les deux cas, l'anomalie serait plus grave que selon l'ordre du texte reçu, dont je ne doute pas qu'il soit celui de l'auteur.

4. Il y a d'autres traces de cette valorisation ; cf. le lexique s. v. ἑπτά, ἑβδομαῖος, ἕβδομος et τεσσερεσκαιδεκαταῖος.

5. Cf. pour la sixième fluxion, le ch. x, p. 49, l. 16.

la mention de cette fluxion qui s'imposait le moins au chapitre x.

A partir du chapitre XXIII jusqu'au chapitre XL, nous nous trouvons devant un ensemble de notices nosologiques où il serait vain de chercher un ordre délibéré. Parfois on n'y trouve que le traitement, après mention de la maladie (XXIII : phtisie postérieure ; XXV : hydropisie chez l'enfant ; XXVIII : ictère ; XXXIX : dépression nerveuse) ; parfois, on y trouve d'abord de la sémiologie ou de l'étiologie. Certaines remarques sont fort brèves (XXXIII ; XXXVI ; XXXVII) ; d'autres sont plus générales : XXXI ; XXXV ; XXXVIII.

La section XLI-XLVI se détache nettement de cet éparpillement. Elle développe de façon systématique une doctrine générale de la médecine : sa difficulté (XLI), son manque de principe ferme, le principe des contraires n'y ayant ni plus ni moins de droit que le principe des semblables (XLI-XLII) ; la faiblesse du corps (XLIII) fait que la médecine n'a pour principe ferme que celui de l'opportunité du moment (XLIV) ; le remède est tout ce qui modifie l'état présent de l'individu. Le chapitre XLVI termine cette section en opposant médecine et τύχη : il veut garantir à la médecine le statut de τέχνη, sans que ce terme intervienne, contre l'idée de hasard, mais en même temps, il fait de l'εὐτυχίη ou de l'ἐπιτυχίη un corollaire de l'ἐπιστήμη.

Quant au dernier chapitre, XLVII, relativement long, il traite exclusivement de maladies de femme. Le fait heurte tellement les normes modernes de composition que plusieurs éditeurs ou traducteurs, depuis van der Linden, ont refusé d'admettre cette fin[1] : ils ont transposé ce texte au début du deuxième livre des *Maladies des femmes*. Littré a résisté à cette pseudo-normalisation et, nous le verrons, il n'avait pas tort.

1. Cf. *infra*, p. 17 ; à Ermerins et Kapferer, on peut ajouter le nom de M. Pohlenz, *Hippokratesstudien*, in NGG, N. F. II, 4, 1937, p. 98.

S'il ne satisfait pas, dans son plan, les normes modernes de composition, le traité *Des lieux dans l'homme* n'a rien de plus choquant que beaucoup d'autres œuvres de la *Collection* hippocratique. Aucun traité hippocratique ne nous donne non plus à cet égard pleine satisfaction. Même la section XXIII-XL constitue un recueil comme il en est d'autres, bien connus. Les *Lieux dans l'homme* sont dotés d'une introduction, mais dépourvus de conclusion : c'est le cas de l'*Ancienne médecine* et de plusieurs autres traités. Le chapitre XLVII y fait fonction d'appendice : c'est le cas aussi des quatre derniers chapitres de *Maladies IV*, et le traité *Du régime*, dont l'auteur indique son plan avec précision au chapitre II, se termine par une longue section sur les rêves, le livre IV, qui n'avait pas été annoncée.

Malgré des entorses de détail, la composition globale est assez ferme : introduction, anatomie, pathologie, réflexions générales de principe et... un appendice. Pour l'époque, on n'est guère en droit d'exiger davantage. On n'a sans doute pas écrit de dissertation scientifique « moderne » avant les travaux de l'Académie ou du Lycée.

Il serait téméraire, dans ces conditions, de tirer argument de cette composition archaïque en faveur d'une pluralité de sources arrangées vaille que vaille par un compilateur plus tardif. Il faudra manifestement d'autres arguments de poids pour faire prévaloir cette théorie.

II

L'unité d'auteur

Les *Lieux dans l'homme* utilisent une langue fort personnelle, surtout dans son vocabulaire, aussi typique, quoique différente, que celle du *Régime des maladies aiguës*.

On n'a pas assez remarqué toutefois que les mêmes préférences lexicologiques sont partout dans l'œuvre et que, dès lors, l'unité d'auteur est très difficile à écarter. Si on maintenait en effet la thèse d'additions ultérieures, il faudrait nécessairement admettre aussi que l'interpolateur pastichait très habilement le premier auteur, ce qui ajoute à l'improbabilité. Si d'autre part, l'auteur s'inspire, comme le croit K. Schubring, de sources divergentes par la doctrine, il faut au moins admettre qu'il soumet les textes dont il s'inspire à une rédaction nouvelle et personnelle, fait dont l'éminent philologue n'a pas tenu compte.

Le lexique annexé à la présente édition fournit les indications voulues, mais il n'est pas mauvais de souligner ici quelques-unes des préférences constantes de l'auteur[1] :

εὐτρεπίζω, 12 fois (y compris 3 εὐτρεπιστέον) ; très rare ailleurs dans la *Collection* ;

ἰῆσθαι, 21 fois ; 22 en *Affections internes* et 10 en *Maladies II*, de loin les plus hautes fréquences de la *Collection* ;

ἰνηθμός, 6 fois ; ἴνησις, 2 fois, ὑπερίνησις, 1 fois, ne se trouvent qu'ici dans la *Collection* ;

ἰνάομαι, 3 fois, ne se rencontre dans la *Collection* qu'une fois dans chacun des deux livres des *Maladies des femmes* ;

λάζομαι, 6 fois, ne se rencontre dans la *Collection* qu'en *Maladies II* et en *Maladies des femmes, I* et *II* ;

μεταλλάσσω, 6 fois, παραλαμβάνω, 3 fois, ῥητῶν, 8 fois, les plus hautes fréquences de la *Collection*.

L'expression ταύτῃ τῇ γνώμῃ χρώμενος se lit à deux reprises : ch. XIV et XXXIV.

Du point de vue syntaxique, deux faits saillants : l'emploi très prépondérant dans toute l'œuvre d'un verbe pluriel avec un sujet neutre pluriel et la fréquence

1. Je remercie vivement M. Volker Langholf, qui a bien voulu me communiquer certaines données indispensables du Lexique de Hambourg.

de ὥστε construit avec le participe, dans le sens de ἅτε ou οἷον, tournure bien attestée chez Hérodote, mais très rare déjà au IVe siècle, semble-t-il, et inexistante ailleurs dans la *Collection.*

Si on examine la langue en vue de la datation de l'œuvre [1], on peut faire deux remarques.

Le chapitre XLVII utilise quatre fois le pluriel μῆτραι et deux fois le singulier μήτρη, le premier étant, à mon sens, plus ancien que le second : ce mélange doit faire penser à la fin du Ve siècle, mais n'exclurait pas une date plus récente.

D'autre part, l'auteur n'utilise pas ἐνίοτε, mais uniquement les termes plus anciens ἔστιν ὅτε, τοτὲ μέν, τοτὲ δέ, ἄλλοτε, ce qui, avec le ὥστε dont il vient d'être question, serait favorable à une date assez haute : les dernières décennies du Ve s.

Notons aussi ceci : depuis que H. Grensemann [2] a montré que les deux auteurs dont *Maladies des femmes I* et *II* ont contaminé les œuvres, emploient exclusivement, l'un le pluriel μῆτραι, l'autre le singulier μήτρη, il n'est plus guère croyable, pour cette seule raison, que le chapitre XLVII des *Lieux dans l'homme* puisse être l'œuvre de l'un de ces auteurs.

Érotien, K 27 et 31, nous apprend que certains termes sont doriens, et doriens de Sicile. Comme le remarquait M. V. Schmidt dans sa communication au Colloque de Mons (septembre 1975), il ne doit pas s'agir d'un dialecte mixte, puisqu'il n'y a pas d'ionien en Sicile, mais plutôt de provincialismes qui s'infiltrent dans la langue littéraire de la prose scientifique.

1. Cf. mon étude, *Indices lexicaux pour la datation de Génération...*, in *Corpus Hippocraticum*, Mons, 1977, p. 139 et 141 sqq.

2. *Knidische Medizin, Teil I*, Berlin-New York, 1975 (Ars Medica, II, 4, 1), C, I, p. 80-144. En réalité, H. Grensemann distingue trois auteurs, A, B et C, mais je pense que B ne doit pas être séparé de A.

III

Le contenu doctrinal

Il n'est pas question d'analyser ici l'ensemble très riche des doctrines médicales des *Lieux dans l'homme* : il y faudrait toute une monographie, qui n'a jamais été tentée. On se bornera aux points qui devraient conduire à mieux situer l'œuvre dans la médecine classique.

K. Schubring a cru devoir conclure [1] que l'auteur avait suivi ou même incorporé deux sources étendues et divergentes : la section anatomique et la doctrine des fluxions d'une part, jusqu'au ch. XXIII inclus et les ch. XXIV-XXX d'autre part. L'œuvre plus personnelle de l'auteur serait donc l'introduction et la dernière partie du traité, que K. Schubring, à vrai dire, n'analyse pas dans cette leçon inaugurale à la Freie Universität Berlin.

La raison de cette *Quellenforschung* est évidemment que K. Schubring trouve des disparates graves entre ces sections de l'œuvre. Il nous faut voir cela de près.

La section IX-XXIII s'écarte, selon K. Schubring, de l'introduction comme du ch. XXXI parce que l'auteur n'y connaît que des fluxions qui naissent dans la tête et coulent de la tête, alors qu'au ch. I, les cavités du corps sont l'origine première des fluxions qui, notamment, montent à la tête (et peuvent donc en redescendre).

Tout dépend de l'interprétation du ch. IX, car dans les chapitres suivants, l'auteur se préoccupe seulement du trajet des fluxions à partir de la tête, mais rien n'indique que ces fluxions auraient leur origine exclusivement dans la tête.

Le ch. IX veut expliquer le mécanisme général des fluxions. Elles ont quatre causes appariées : le froid et le chaud, l'hyperphlegmasie [2] et l'atténuation. L'auteur analyse successivement les quatre cas, et il est vrai que

1. *Op. laud.*, p. 743.
2. Cf. le texte, p. 47, l. 14, et la note.

dans les premier et quatrième cas, il parle de la tête comme si c'était le lieu de formation des fluxions. Sans entrer dans le détail, K. Schubring généralise et admet que dans tous les cas les fluxions se forment dans la tête.

Cela entraînerait que dans les deuxième et troisième cas, lorsque l'auteur écrit αἱ σάρκες, il faudrait comprendre qu'il s'agit uniquement des chairs de la tête : ce n'est pas impossible, mais peu probable. La principale difficulté se trouve toutefois dans la première phrase du chapitre : « Les fluxions surviennent et quand la chair est refroidie... ». C'est bien là que l'auteur devait préciser, dans l'optique de K. Schubring, qu'il s'agissait des chairs de la tête, car absolument rien dans ce qui précède ne peut le faire deviner.

Il faut plutôt faire confiance à cette première phrase et lui laisser toute sa généralité. Si, dans la suite immédiate, l'auteur privilégie la tête, il a peut-être des raisons qui nous échappent. Le quatrième cas ne saurait étonner personne : les oppositions σῶμα-κεφαλή, ἄνω-κάτω sont fréquentes à l'époque ; la mention de la tête n'y a pas la portée doctrinale qui pourrait appuyer l'interprétation de K. Schubring, d'autant plus qu'ici, c'est tout de même le corps qui est actif et attire, du fait de son atténuation, l'humeur normale de la tête. C'est donc surtout le premier cas qui a dû être déterminant. Mais ce premier cas a pour cause le froid, et le froid fait songer immédiatement à rhume de cerveau, de gorge ou de poitrine, toutes affections qui semblaient liées à une fluxion de la tête. C'est évidemment aussi la doctrine de notre auteur, qu'il expose dès le chapitre suivant. L'association est si attendue qu'il serait dangereux de la durcir en doctrine générale.

En mentionnant deux fois la tête dans ce chapitre, l'auteur ne fait qu'anticiper un peu maladroitement la doctrine des fluxions de la tête : il ne faut pas accorder à ce fait plus d'importance qu'il n'en a.

A mon sens, la doctrine de l'œuvre n'est pas contradictoire, car les chapitres I et IX sont compatibles : s'il s'agit de fluxions de la tête, l'auteur ne dit pas qu'elles s'y forment d'une manière exclusive.

Passons au second point. Selon K. Schubring, les chapitres XXIV-XXX proviennent d'une source différente, car la doctrine humorale n'y est pas la même qu'ailleurs. La bile, aux ch. XXVII et XXXIII, est mise sur le même pied que le phlegme, alors que, dans l'exposé sur les fluxions, elle n'est qu'une transformation du phlegme, lequel, s'il n'est pas la seule humeur, est en tout cas l'humeur fondamentale.

Revenons au ch. X. L'auteur affirme qu'il y a sept fluxions de la tête, et énumère très vite les trois premières, au nez, aux oreilles et aux yeux ; il souligne que ces fluxions sont bien visibles, mais il ne précise pas que ce sont des fluxions de phlegme, sans doute parce que cela allait de soi. Puis, il continue : Ἐπὴν δ' ἐς τὸν κίθαρον ῥυῇ ὑπὸ ψύχεος, χολὴ γίνεται..., ce que K. Schubring traduit comme suit : « Quand, à cause du froid, il se fait une fluxion sur la poitrine, alors la fluxion de phlegme se transforme en bile »[1]. Il me paraît fort audacieux de faire de χολή le prédicat d'un sujet, φλέγμα, sous-entendu non seulement dans la phrase même, mais dans tout ce qui précède, ch. IX compris. Il est plus légitime de traduire : « Quand, à cause du froid, il y a fluxion sur la poitrine, c'est un flux de bile qui se produit ». Un peu plus loin[2], l'auteur emploie deux fois de suite γίνεται de la même façon : ἀλαίη γίνεται et ὕδρωψ γίνεται et il est clair que le terme qui précède γίνεται est son sujet.

On voit fort bien aussi que l'auteur n'attribue pas au froid la transformation du phlegme en bile : il prend la peine d'expliquer deux actions du froid, la fluxion dans la poitrine et la fatigue, alors que, selon l'interprétation que nous discutons, l'action essentielle du froid

1. *Op. laud.*, p. 743.
2. Cf. p. 49, l. 7 et 9.

serait cette transformation, dont l'auteur ne parle pas. Le froid ne produit pas la bile à partir du phlegme : il provoque, dit le texte, la fatigue *chez ceux qui sont en proie à la bile*[1] ; la bile est dans la tête, et le froid n'a pour effet que de la faire descendre sur la poitrine. Au surplus, quand l'auteur, au ch. XIV, développe cette quatrième fluxion, il n'emploie plus γίνομαι, mais εἰμί[2].

K. Schubring croit aussi que χολή, dans les ch. XIV et XVI, est quasi synonyme de pleurésie et de péripneumonie. Je pense au contraire que χολή signifie toujours bile, flux de bile. En XIV, 1, cela ne dépend même pas de l'établissement du texte[3]. Au ch. XVI la ressemblance des première et dernière phrases n'implique pas cette synonymie et dans un passage du ch. XIV[4], que K. Schubring n'utilise pas, il s'agit clairement de flux de bile, χολαί.

K. Schubring tire enfin un argument supplémentaire du fait que le ch. XXIV expose un cas d'hydropisie, alors que le ch. XXI en faisait déjà autant. Mais c'est un cas différent, lié ici à une maladie de la rate, ce qui est loin d'être isolé dans la *Collection*. Le cas du ch. XXVI, de la même façon, est aussi une pleurésie, mais différente : il n'y a pas là matière à *Quellenforschung*.

Je reste persuadé que, dans toute l'œuvre, la bile est une humeur bien distincte du phlegme : sur ce plan aussi, l'œuvre est une.

Ce qui ferait toutefois l'originalité de notre auteur, ce serait une certaine indifférence devant la spécificité, bien réelle, des humeurs.

Il est fort remarquable, à cet égard, que l'auteur puisse, au ch. IX, décrire le mécanisme des fluxions sans utiliser un seul nom d'humeur, φλέγμα ou χολή tout spécialement. De même, au ch. X, il commence l'étude des

1. Cf. p. 49, l. 2.
2. Cf. p. 54, l. 7.
3. XIV, 1, p. 54, l. 6.
4. P. 55, l. 1.

fluxions de la tête, comme il a été signalé plus haut, sans préciser qu'il s'agit du phlegme. Tout se passe comme si le flux avait plus d'importance à ses yeux que l'humeur qui flue. Il utilise d'ailleurs souvent le terme vague ὑγρόν, ὑγρότης.

Cette attitude explique peut-être aussi un des traits les plus typiques de son vocabulaire. On a souligné depuis longtemps l'emploi spécial qu'il fait de φλεγμαίνω. Ce verbe, qui signifie normalement « être enflammé », notre auteur l'utilise dans le sens de « être rempli de phlegme », ce qui, je pense, peut se trouver aussi ailleurs[1]. Ce qui est très particulier, c'est l'emploi du terme en un sens généralisé, au point qu'il peut se traduire par « être rempli d'humeur », et être opposé tout bonnement à ἰσχναίνω. J'ai cru bon de conserver chaque fois la notion de phlegme dans la traduction, mais il faut savoir que « phlegme » a dans ces cas un sens plus général et plus vague que de coutume. Pour notre auteur, le phlegme est certainement l'humeur prépondérante au plan nosologique, de sorte que *phlegme* et *humeur* tendent à se rapprocher fortement.

La doctrine humorale des *Lieux dans l'homme* présente des analogies avec celles d'Alcamène d'Abydos[2] et de Timothée[3], mais ces deux médecins sont malheureusement inconnus par ailleurs. Il est donc plus intéressant de constater que la doctrine d'Euryphon, toujours d'après Ménon[4], est fort proche également : « Quand le ventre n'évacue pas la nourriture reçue, il se forme des résidus qui, montant dans la région de la tête, causent les maladies ». Il faut tenir compte du fait que περίττωμα est certainement rédactionnel ; d'autre part, cette notice trop brève doit nécessairement être interprétée. Sous peine de croire que, pour Euryphon, les maladies n'affec-

1. Cf. *infra*, p. 24.
2. *Anonyme de Londres*, VII, 40-VIII, 10.
3. *Ibid.*, VIII, 10-34.
4. *Ibid.*, IV, 31-40.

teraient que la tête, il s'impose de comprendre que les « résidus » (et ce terme plus tardif ne peut couvrir que la notion d'humeurs) redescendent de la tête pour provoquer, ailleurs aussi, des maladies : nous sommes tout près de la doctrine des *Lieux dans l'homme*.

Ceci nous amène à nous demander si l'œuvre serait apparentée à l'école de Cnide, ce que beaucoup de savants ont noté.

Il y a des rapports étroits entre la thérapeutique, et plus spécialement la pharmacopée des livres cnidiens des *Maladies*, et celles des *Lieux*. L'argument est cependant moins sûr qu'on le croit généralement, car nous n'avons presque rien de l'école de Cos qui puisse se comparer à ces traités.

Mais nous venons de voir que l'étiologie d'Euryphon est fort comparable ; il faut surtout ajouter que l'étiologie des *Lieux* se retrouve très nettement dans les traités cnidiens. Rien n'est plus clair à cet égard que le début du chapitre 11 de *Maladies II* : « Les amygdales, les parties sublinguales, la langue et toutes les parties analogues situées à cet endroit deviennent toutes malades par suite du phlegme. Le phlegme descend de la tête, qui ellemême l'attire du corps ; elle l'attire lorsqu'elle s'est échauffée... »[1].

D'autre part, l'ordre suivi dans l'énumération des fluxions va de haut en bas, ce qui est la règle dans les traités des *Maladies*[2]. Bien entendu, comme les fluxions partent de la tête, l'ordre choisi est le plus normal, mais ce fait n'enlève sans doute pas tout poids à la ressemblance.

Les quatre humeurs fondamentales semblent, ici comme à Cnide, le phlegme, la bile, le sang et l'eau[3]. Certes, cette

1. Traduction Jouanna, in *Hippocrate. Pour une archéologie de l'école de Cnide*, Paris, 1974, p. 81.

2. En dernier lieu, J. Jouanna, *Op. laud.*, p. 26, n. 3.

3. Cf. mon article *Le système cnidien des humeurs*, in *La collection hippocratique et son rôle dans l'histoire de la médecine* (Colloque de Strasbourg, 1972), Leyde, Brill, 1975, p. 107-127.

affirmation présuppose que la bile noire, dont il est uniquement question au ch. xxxiii, n'est qu'une variété de bile et non pas, comme en *Nature de l'homme* et à Cos, une humeur fondamentale[1]; cela présuppose aussi que l'eau, dont il est question dans les cas d'hydropisie (ch. x et xxiv) n'est pas seulement une formation morbide : dans les deux cas, cette interprétation me paraît plus vraisemblable que l'autre.

Plus typique encore : φλεγμαίνω au sens de *être plein de phlegme,* dont notre auteur étend encore beaucoup le sens[2], se trouve aussi, au moins sporadiquement, dans les traités cnidiens[3].

Le procédé de la succussion est fort typique de l'école de Cnide et se trouve ici, ch. xiv, avec l'emploi d'un verbe (κλυδάζομαι) caractéristique[4].

Symptomatique enfin, le fait que plusieurs termes médicaux[5] ne se trouvent, pour ce qui est de la *Collection,* que dans les *Lieux dans l'homme* et certains traités cnidiens. Une enquête exhaustive enrichirait probablement la liste.

Mais il est manifeste que les *Lieux* témoignent d'un auteur bien au fait des courants intellectuels de la seconde moitié du ve siècle[6]. Y a-t-il là une objection contre

1. Cf. mon article, *Sur une nouvelle édition de « La nature de l'homme »*, in *L'Antiquité classique*, 38, 1969, p. 150-157.

2. Cf. *supra*, p. 22.

3. En *Maladies II*, 10, c'est le sens de beaucoup le plus satisfaisant, comme pour φλεγμασίη en fin de chapitre. Il en va de même au chapitre correspondant, mais très différent malgré tout, 29 (M. Jouanna, *Op. laud.*, p. 79, se sent obligé de traduire le verbe par « prise d'inflammation, se gonfle »). Dans les deux chapitres, l'incision préconisée doit de toute évidence évacuer les humeurs amassées. C'est le même sens encore aux chapitres 27 (où, plus bas, φλέγμα signifie *phlegme* et non, comme le veut M. Jouanna, *gonflement inflammatoire*), 28 (où le pus se forme sûrement à partir du phlegme) et 30 (où il faut inciser... pour évacuer le phlegme) ; cf. mon article, *Sur une chronologie des traités cnidiens du Corpus hippocratique*, in *Episteme*, 6, 1972, p. 8, n. 30.

4. Cf. J. Jouanna, *Op. laud.*, p. 316, n. 1.

5. Cf. *supra*, p. 16.

6. Cf. *infra*, p. 25 sqq.

son appartenance cnidienne? Seulement dans le cas où on se représente l'école de Cnide comme un monde clos [1] où ne poindrait même que plus tardivement l'éveil de la personnalité [2]. Mais en réalité, Cnide nous apparaît comme très ouverte sur l'extérieur ; son école médicale atteste des contacts avec l'Iran et l'Égypte [3] : pourquoi ignorerait-elle ce qui se passe en Grèce? D'autre part, peut-on conclure de l'absence de la première personne du verbe en *Maladies II* à l'absence de personnalité du ou des auteurs? Il n'y a là sans doute qu'un procédé rédactionnel. Nos modernes dictionnaires de maladies n'emploient pas davantage le *je*, mais il serait impertinent d'en déduire que leurs auteurs sont des sortes de primitifs à la personnalité sous-développée.

Une œuvre comme *Génération-Nature de l'enfant-Maladies IV* est elle aussi pleine d'échos de la pensée présocratique ; elle est aussi cnidienne et plus ancienne que je le pensais quand je travaillais à son édition [4].

* * *

Le contenu philosophique de l'œuvre peut, lui aussi, être cerné avec quelque précision.

Dès l'introduction, l'interdépendance des parties du corps est justifiée par la doctrine anaxagoréenne que même la plus petite partie a tous les éléments de la plus grande [5].

M. Vegetti, qui a savamment prospecté l'influence d'Anaxagore dans les *Lieux*, croit même que l'essentiel de la nosologie y vient aussi de l'école du Clazoménien, et il situe les *Lieux* vers 440 « entre Anaxagore et Hippocrate ».

1. J. Jouanna, *Op. laud.*, p. 16.
2. *Ibid.*, p. 257.
3. H. Grensemann, *Op. laud.*, p. 48 sqq.
4. Cf. mon article *Critères lexicaux...*, in *Corpus Hippocraticum*, Mons, 1977, p. 136-147.
5. Diels-Kranz, B 6 ; M. Vegetti, *Op. laud.*, p. 202.

Il y a certes une ressemblance entre les chapitres XIV-XVI des *Lieux* et la doctrine des anaxagoréens, qui attribue à la bile la cause des maladies aiguës[1]. Une telle doctrine n'est toutefois spécifique que si la bile est la cause exclusive de ces maladies, mais l'auteur des *Lieux* ne va certainement pas jusque-là, car le chapitre XXVI décrit une pleurésie sans fluxion.

Quant à la doctrine des fluxions de la tête, elle n'est pas spécifique des *Lieux*, même si notre auteur la développe plus systématiquement que tout autre, et ce n'est pas parce qu'Aristote y fait allusion dans la même œuvre[2] qu'on est en droit de l'attribuer, elle aussi, à Anaxagore[3].

Concluons donc que le Clazoménien joue un rôle certain, dans l'horizon intellectuel de notre auteur, mais non un rôle prépondérant ou exclusif. C. W. Müller fait remarquer avec raison[4] que l'idée de communication entre les parties du corps telle qu'elle est développée à la fin du premier chapitre et rappelée ailleurs[5], n'est pas attestée comme telle chez Anaxagore, mais joue par contre un rôle essentiel chez Empédocle[6].

Si nous nous penchons sur la section plus nettement philosophique XLI-XLVI, plus rien n'y fait songer à Anaxagore. L'analyse la plus sûre de ce texte difficile, mais à peu près la seule aussi, est celle de C. W. Müller[7]. En ce qui nous concerne pour le moment, la conclusion la plus importante est une fort probable influence de Gorgias.

Il paraît certain que la structure du chapitre XLII imite la spéculation dialectique de Gorgias sur l'être et le non-être[8]; si je restitue la fin de ce chapitre fort

1. Aristote, *Parties des animaux*, 677 a; Vegetti, *Op. laud.*, p. 195.
2. *Ibid.*, 652 b-653 a.
3. Vegetti, *Op. laud.*, p. 195 sq.
4. *Gleiches zu Gleichem*, p. 141.
5. Cf. IX, 3.
6. Diels-Kranz, B 22, 1 sqq.
7. *Op. laud.*, in *Sudhoffs Archiv*.
8. Müller, *Op. laud.*, p. 237.

malmené par la tradition d'une manière très différente de celle de Müller (et, me semble-t-il, beaucoup plus économique), mon interprétation d'ensemble reste bien la même.

Mais surtout, le passage du *Contre les sophistes*, 10-12, d'Isocrate offre une parenté indubitable avec le début du chapitre XLI et ce qui y est dit de l'écriture. Les spéculations sur les lettres (de l'alphabet), qui sont fréquentes chez Platon et, dit-on parfois, pourraient provenir des atomistes, sont très différentes [1], car là l'exemple des lettres y est positif, alors que chez Isocrate et dans les *Lieux dans l'homme*, le cas de l'écriture est considéré comme sommaire et négatif. Müller a raison de croire que la source commune est rhétorique bien plus vraisemblablement que médicale [2] et que Gorgias semble l'auteur tout désigné [3].

De même, l'opposition entre médecine et τύχη, telle qu'elle est conduite, a pour cadre évident la pensée des dernières décennies du ve siècle. M. Pohlenz a depuis longtemps indiqué [4] que les passages les plus proches de notre chapitre XLVI sont, en dehors de *Art*, 4, de Critias [5] et de Démocrite [6].

Considérons d'un peu plus près la pensée des ch. XLI-XLVI, dont l'unité et l'importance n'échappent à personne.

1. G. Mathieu, dans son édition d'Isocrate, tome I, p. 147, n. 1, ne fait pas la différence. Des références chez A. Diès, *Le Sophiste*, p. 364, n. 1. Il n'est pas certain que Platon s'inspire là de Démocrite ; en tout cas, il tire de la « comparaison des lettres » des enseignements bien à lui ; cf. Th.-A. Druart, *La stoicheiologie de Platon*, in *Revue philosophique de Louvain*, 1975, p. 243-262.

2. C'est l'avis de M. Pohlenz, *Op. laud.*, p. 100.

3. Müller, *Op. laud.*, p. 244.

4. *Op. laud.*, p. 98.

5. Dans le *Périthous*, B 21, 3 : ὡς τοῖσιν εὖ φρονοῦσι συμμαχεῖ τύχη.

6. B 119 et 286. Cf. aussi F. Heinimann, *Eine vorplatonische Theorie der* τέχνη, in *Museum Helveticum*, 18, 1961, p. 123, n. 87, qui cite aussi Platon, *Euthydème*, 279 d-280 b et Dittmar, *Aeschines von Sphettos*, fr. 11 b.

Il n'y a pas en médecine de doctrine fixe, c'est-à-dire applicable à tous les cas qui se présentent. Le ch. XLI illu tre ce thème de deux manières différentes : une même substance peut avoir des effets opposés (un purgatif n'est pas toujours purgatif) et un même effet peut provenir de causes opposées (le resserrement peut provoquer la purgation). La fin du chapitre redit les mêmes constatations à partir d'un autre exemple : le teint jaune provient de substances phlegmatiques, mais aussi de l'atténuation et, d'autre part, les substances phlegmatiques peuvent remédier à un teint jaune.

Le ch. XLII poursuit la démonstration : s'il n'y a pas de doctrine fixe, c'est que, dans certains cas, la douleur est provoquée et guérie par les contraires ; dans d'autres cas, par les semblables, mais dans d'autres cas encore, aussi bien par les contraires que par les semblables. C'est ce troisième cas qui a tant souffert de la tradition manuscrite, sans qu'il subsiste pourtant le moindre doute sur l'essentiel.

Le chapitre suivant invoque comme cause de cette situation (c'est-à-dire indubitablement, de l'absence de doctrine fixe), la faiblesse du corps, et la suite du chapitre montre que cette faiblesse se définit par l'incapacité du corps de toujours dominer les aliments. Tant que le corps domine ce qu'il absorbe, tout va bien : un purgatif a un effet purgatif, un produit phlegmatique a un effet phlegmatique et cela, *de toute nécessité*, comme l'auteur le précise au chapitre XLIII. L'effet inverse n'intervient que lorsque le corps est dominé par ce qu'il absorbe.

C'est alors qu'est définie, ch. XLIV, la notion de καιρός, déjà présente au chapitre XLI[1]. Il ne me paraît pas possible de toujours traduire καιρός par le même terme français, mais il s'agit clairement du moment critique, du moment décisif où le corps peut être dominé par ce que le sujet absorbe[2]. Toutefois, Littré traduit souvent

1. Cf. le texte, p. 7, l. 12.
2. Cette acception est très différente du καιρός « pythagoricien »

par *mesure* et il a raison : quand notre auteur veut donner une définition explicite du καιρός, c'est l'idée de quantité qui prédomine : ὅσων... πλῆθος[1] ; il faut pouvoir déterminer la quantité des ingestions de façon à ne pas dépasser le seuil critique où la faiblesse du corps serait dominée par ce qu'on absorbe. Malheureusement, l'auteur s'en tient à ce principe : il n'a pas un mot pour tenter d'en cerner concrètement l'application. L'auteur du *Régime* n'est pas très éloigné de cette notion de καιρός, mais il l'applique à l'équilibre entre les aliments et les exercices[2] : pour lui aussi il s'agit d'une mesure quantitative (σύμμετρος ἀριθμός) non généralisable et qu'il considère comme pratiquement impossible.

Ainsi, il y a tout de même un principe fixe en médecine, mais c'est celui du καιρός, ce qui revient presque à dire, avec des sceptiques modérés, que le seul principe acceptable est celui qui affirme qu'il n'y a pas de principe. Le fait que notre auteur reprend au ch. XLIV le verbe καθίστημι, qu'il a utilisé deux fois auparavant, indique bien qu'il a au moins une vague idée de ce paradoxe sceptique[3]. Le καιρός, mesure adéquate des ingestions, n'est pas généralisable ; il dépend dans chaque cas de conditions particulières[4].

C. W. Müller aime à souligner les tendances sceptiques de notre auteur. Il faut bien s'entendre : son scepticisme ne va pas au-delà de ce qui vient d'être précisé.

Un vrai sceptique n'aurait sans doute pas nié si formellement tout rôle de la τύχη, ni affirmé en ce même

lié aux hebdomades, que P. Kucharski a étudiée dans *Sur la notion pythagoricienne du καιρός*, in *Revue philosophique*, 153, 1963, p. 141-169 ; cf. plutôt P. Aubenque, *La prudence chez Aristote*, Paris, 1963, p. 98, n. 4, et J. Pigeaud, *Euripide et la connaissance de soi*, in *Les Études classiques*, 44, 1976, p. 18. A. Thivel pense que, pour les *Lieux*, *seuil* est probablement la meilleure traduction de καιρός. J'avais utilisé ce terme une fois, dans la phrase suivante.

1. P. 74, l. 9-10.
2. *Régime*, II, 3.
3. Ch. XLI, début et XLII, 4.
4. XLII, 1, fin : ἴδιον ; XLV, 2 : κατὰ φύσιν ἑκάστοισι.

chapitre XLVI que la médecine est toute découverte et qu'elle est solidement établie.

D'autre part et surtout, tant que le καιρός n'est pas dépassé, un purgatif est *de toute nécessité* purgatif. Notre auteur affirme au ch. XLV qu'il y a des médicaments forts *de nature* et les termes φύσει et κατὰ φύσιν reviennent plusieurs fois. Manifestement, il existe à ses yeux des lois, des nécessités naturelles ; on peut être certain aussi que, pour lui, lorsque le καιρός est dépassé, ce qui survient correspond aussi à une nécessité. C'est dans cette perspective qu'il faut comprendre tout le chapitre XLV. Les multiples affirmations tranchantes et dogmatiques ne sont nullement en contradiction avec l'idée qu'il n'y a pas, en médecine, de principe fixe. Le médicament a une nature fixe, tout comme le purgatif ou le phlegmatique au chapitre précédent. Le ch. XLV décrit cette nature des médicaments : il faut seulement comprendre, en fonction du chapitre précédent, qu'elle ne fait loi qu'autant que le καιρός est respecté.

On a souvent rapproché cette doctrine des *Lieux dans l'homme* de celle de l'*Ancienne médecine* et il vaut la peine de tenter une comparaison un peu poussée.

Si, pour *VM*, la médecine n'est pas découverte tout entière[1], elle est cependant en très bonne voie[2] : sur ce point, seule une nuance sépare les deux auteurs.

La comparaison péjorative de l'écriture[3] se trouve en *VM*, 20[4], mais sous forme d'allusion ; la τέχνη s'oppose à la τύχη[5].

Les chapitres 18 et 19 de *VM* décrivent trois sortes de fluxions qui amorcent un ordre semblable à celui des *Lieux*, X sqq. : narines, yeux, gorge ; et dans ce dernier cas, la mention de la péripneumonie montre que l'auteur

1. *Lieux*, XLVI, 1, début.
2. *VM*, 2 ; 8, fin ; 12, fin.
3. *Lieux*, XLI, 1.
4. Cf. M. Pohlenz, *Op. laud.*, p. 100 (= *Kleine Schriften*, p. 208).
5. *VM*, 12, fin.

songe notamment à la poitrine. *VM* ne précise pas que ces fluxions viennent de la tête, mais, à mon sens, la raison en est que c'est une évidence. Il n'y a pas lieu de songer à quelque influence, mais de se rappeler que les fluxions font partie d'un patrimoine commun à la médecine grecque classique.

VM[1] admet qu'on ne peut apprendre la médecine en peu de temps[2] et insiste sur la complexité des faits, des situations individuelles[3] plus encore que l'auteur des *Lieux*. Bien plus, « il faut viser à une sorte de mesure »[4], mais la difficulté est qu'on ne peut la trouver que dans la sensibilité du corps (individuel)[5] : n'est-ce pas là une conception très proche du καιρός des *Lieux*? Au ch. 12, l'auteur de *VM* parle de la faiblesse du malade qui souffrira inévitablement « toutes les fois qu'il aura manqué le temps opportun », ὅ τι ἂν τοῦ καιροῦ ἀποτύχῃ[6]. La différence qui sépare les deux œuvres serait uniquement dans le contenu médical concret : la notion fondamentale des *Lieux* à cet égard est que le corps domine ou non ce qu'il absorbe ; en *VM*, c'est le couple vacuité-réplétion.

De même *VM* enseigne que le chaud peut avoir des effets opposés[7], mais pour les *Lieux*, cela arrive quand le καιρός a été dépassé, alors qu'en *VM*, c'est parce que le chaud n'existe pas isolément, mais est associé à des qualités différentes. D'une façon générale, le qualitativisme très dispersé en *VM* n'entre guère dans les perspectives des *Lieux* ; inversement, l'action des semblables dans la production ou la guérison des maladies, familière aux *Lieux*, semble étrangère à *VM*, qui n'envisage que l'action des contraires[8].

1. Ch. 9.
2. *Lieux*, XLI, 1, début.
3. Ch. 7, fin ; 9 ; 10 ; 20.
4. Ch. 9 : δεῖ γὰρ μέτρου τινὸς στοχάσασθαι.
5. Cf. L. Bourgey, *Observation et expérience*..., p. 202, n. 1.
6. Cf. *Lieux*, XLIV, 2 : ἐπὴν δὲ τὸν καιρὸν ὑπερβάλλῃ...
7. Ch. 15.
8. Ch. 13.

Ainsi, quelques idées générales et essentielles sont communes aux deux œuvres : individualité, complexité des situations, mesure difficile à préciser dans chaque cas, difficulté de la médecine par rapport à d'autres savoirs généralisables, comme l'écriture, solidité technique cependant de cette médecine déjà arrivée à un point de perfection ou presque, dialectique des contraires. Toutefois, la matière médicale concrète est fort différente. Ne cherchons pas d'influence directe entre ces œuvres, mais soyons assuré qu'elles proviennent de la même ambiance intellectuelle et sans doute de la même époque.

Les *Lieux dans l'homme* sont à mes yeux une œuvre d'obédience cnidienne, écrite à la fin du ve ou au début du ive siècle, disons entre 420 et 390.

IV

La tradition manuscrite

K. Schubring, qui pensait sans doute à éditer les *Lieux dans l'homme* dans le Corpus Medicorum Graecorum, mais n'a pu malheureusement réaliser ce projet, a publié en 1941 une étude très précieuse sur l'histoire de la tradition[1], où sont examinés avec grand détail les manuscrits, la tradition indirecte et les éditions.

Les *Lieux dans l'homme* sont transmis par deux bons manuscrits, le *Parisinus gr.* 2253 (A) et le *Vaticanus* 276 (V).

A est un parchemin de la fin du xie s. qui contient notre texte aux folios 100 r°-117 v°. Malheureusement, le texte s'y arrête à la fin du chapitre xliv, comme si c'était la fin de l'œuvre, marquée par un τέλος... du copiste Michael.

Le manuscrit a été retouché par plusieurs mains : A^2

1. *Untersuchungen zur Ueberlieferungsgeschichte der hippokratischen Schrift De locis in homine*, Neue Deutsche Forschungen, Bd. 12, Berlin, 1941. L'essentiel de ce qui suit résume cette étude.

(encre verte), A[3] (jaune-brun), A[4] (brun foncé), A[5] (noir) ; il y a aussi des corrections de la première main (A[1]) et des ratures attribuables avec vraisemblance à A[3]. Il est difficile d'aller plus loin, mais A[3] représente sans doute plusieurs mains différentes, dont l'une au moins disposait d'un manuscrit de la branche V.

Une lacune comblée par A[2] indique peut-être que ce copiste avait à sa disposition un texte indépendant de l'archétype AV ; mais il peut tout aussi bien s'agir d'une heureuse restitution conjecturale.

Alors que A[5] n'apparaît que deux fois, la grande masse des corrections est due à A[3] (321), notablement moins à A[1] (126) et à A[2] (52) ou à A[4] (21). J'ai renoncé à introduire la plupart de ces corrections dans l'apparat critique, car le plus souvent, elles concernent simplement l'accentuation (surtout A[3]), des fautes d'iotacisme, des confusions entre η et ει ou des détails du même ordre.

V est aussi un parchemin, mais du XIIe s. Les *Lieux* s'y lisent aux folios 134 r°-141 v°, c'est-à-dire que le traité est copié par la première des deux (ou trois) mains qui ont travaillé à ce manuscrit. V est dépourvu, pour cette œuvre, de corrections autres que celles du copiste lui-même. Il atteste une série de fautes d'onciale inexistantes en A.

A et V remontent certainement à un archétype commun, car ils ont, hélas !, bon nombre de fautes communes, notamment quelques lacunes. Aucun des deux ne mérite une confiance exclusive.

Quatre manuscrits dérivent de V, alors que A est sans descendance connue :

— le *Palatinus gr.* 192 (XVe s.) ;

— le *Monacensis* 71 (XVe s.) ;

— le *Parisinus gr.* 2146 (XVe-XVIe s.) ;

— l'*Holkhamiensis* 282 (vers 1500), dont le copiste est le même que celui du *Parisinus* 2146.

Quant au *Parisinus gr.* 2255 (E), on sait depuis H. Diller[1] que sa dernière section, où se trouvent les *Lieux*, n'est qu'une copie de l'édition de Cornarius.

Je n'ai pas vu ces recentiores, m'étant borné à faire sur photocopies la collation de A et de V. J'ai pu aussi consulter directement les deux manuscrits pour des détails peu apparents sur photocopie.

V

La tradition indirecte

La tradition indirecte est représentée essentiellement par Érotien et Galien.

Depuis les travaux d'E. Nachmanson, on peut admettre que trente-deux lemmes d'Érotien se rapportent aux *Lieux dans l'homme*. La plupart ne font que confirmer la tradition manuscrite ou la variante d'un des deux manuscrits, mais il y a aussi des cas où le lemme d'Érotien engage à corriger la tradition manuscrite.

En outre, Érotien nous apprend beaucoup sur la fortune du texte. Il est très vraisemblable que Baccheios[2] l'a inclu dans son *Corpus* hippocratique ; le fait est certain pour le premier siècle avant notre ère, où Lykos de Naples[3], Héraclide de Tarente[4] et Leuxis[5] le commentent, où Héraclide[6] et Épiclès[7] s'en occupent dans leur glossaire.

En expliquant trois termes du ch. XLVII, Érotien atteste indiscutablement qu'à son époque ce dernier chapitre appartenait bien à l'œuvre[8].

1. *Die Ueberlieferung der hippokratischen Schrift* Περὶ ἀέρων ὑδάτων τόπων, Philologus, Suppl. bd. 23, 3, 1932, p. 11 sqq.
2. Érotien A 58, L 8, K 28, M 9.
3. *Id.*, M 31.
4. A 58 ; M 9.
5. M 31.
6. M 9.
7. A 58.
8. E. Nachmanson, *Erotiansstudien*, p. 339, donne raison, malgré ce témoignage, à Van der Linden, Ermerins, etc.

Soranus considère aussi les *Lieux* comme texte hippocratique[1] et il en est de même de Galien, malgré son aversion pour la doctrine des semblables.

Le *Lexique* de Galien contient une dizaine de références aux *Lieux dans l'homme*, dont plusieurs sont explicites. Deux fois, il permet de restituer un texte meilleur.

De rares citations de Galien seront mentionnées dans l'apparat critique[2].

Quoique ne convenant pas parfaitement au contenu de l'œuvre, le titre est uniformément attesté par les manuscrits et la tradition indirecte. Il est seulement abrégé en περὶ τόπων une fois chez Érotien[3] et chez Caelius Aurelianus[4].

VI

Les Éditions

K. Schubring a aussi étudié patiemment les éditions[5]. Il résulte de son analyse qu'aucune ancienne édition n'utilise un manuscrit qui aurait disparu depuis lors. Elles n'ont donc d'intérêt que par les conjectures qu'elles contiennent, dont certaines seront signalées dans l'apparat critique ou adoptées dans le texte.

C'est Van der Linden (Leyde, 1665) qui a eu l'idée de retrancher le dernier chapitre et de le placer au début de *Maladies des femmes, II*. Cette erreur a été suivie par plusieurs éditeurs, dont Ermerins, mais non Littré, et en tout dernier lieu encore par le traducteur allemand R. Kapferer, 1936.

Comme toujours, l'édition d'E. Littré, au tome VI des *Œuvres complètes d'Hippocrate* (Paris, 1849) l'emporte

1. Apud Caelius Aurelianus, *Morb. Chron.*, V, 1, 24.
2. K. Schubring en a ajouté à son premier butin dans *Uebersehene Zitate*, in *Hermes*, 88, 1960, p. 456 sqq.
3. Δ, 4.
4. *Op. laud.*, *l. l.*
5. Ch. II, p. 31-48.

de loin sur toutes les précédentes. Littré connaissait évidemment le *Parisinus*, mais n'a pas cherché à discerner les différentes mains ; il ne connaissait pas le *Vaticanus*, mais en avait une copie assez fidèle dans le *Parisinus* 2146.

Ermerins édite les *Lieux dans l'homme* dans son tome II, en 1862. S'il est plus attentif au dialecte et à la langue en général, il multiplie les corrections arbitraires pour normaliser le texte ; il propose aussi un certain nombre de corrections dignes d'intérêt, voire indispensables. D'autre part, il estime que beaucoup de passages sont irrémédiablement corrompus, et il renonce à les traduire. Ce sentiment est sans doute excessif, mais plusieurs passages résistent toujours aux tentatives de correction.

Enfin, K. Schubring, s'il n'a pu éditer le texte, l'a sans doute amélioré autant ou plus que n'importe quel éditeur.

La traduction de R. Kapferer, au tome VIII des *Werke des Hippokrates*, Stuttgart, 1936, ne m'a jamais paru utile dans les passages difficiles. Comme pour tout ce volume, j'ai suivi la traduction de Littré chaque fois qu'il ne m'a pas paru possible d'être plus fidèle au grec.

Les normes dialectologiques sont ici, et dans tout ce volume, les mêmes que dans mon volume précédent, le tome VI, 2, 1970. J'ai toujours corrigé ἴᾶσθαι en ἰῆσθαι sans le signaler dans l'apparat critique[1] ; la seconde forme est attestée aussi dans la tradition, mais plus rarement. Nos deux bons manuscrits omettent généralement l'iota souscrit : il n'en sera pas fait mention dans l'apparat critique.

Enfin, comme je n'ai pas vu les *recentiores*, il est fort possible que telle ou telle correction d'ancien éditeur (notée : edd.) soit déjà faite par l'un ou l'autre des *recentiores* sans que je puisse le savoir.

1. Il n'est pas certain que ces formes en η, surtout devant voyelle, soient des hyperionismes ; d'autre part, un auteur dorien (cf. V. Schmidt, *Dorismen...*, in *Corpus Hippocraticum*, p. 62) peut fort bien privilégier les formes en η.

CONSPECTVS SIGLORVM

A = Parisinus gr. 2253, saec. XI.
  A^1 = ipsius scribae correctio.
  A^2, A^3, A^4 = aliae manus.
  A^{ras} = rasura in A.
V = Vaticanus gr. 276, saec. XII.
C = Parisinus gr. 2146, saec. XV-XVI.
Erot. = Erotianus, ed. Nachmanson.
Gal. = Galenus.
ps.-Gal. = Γαληνοῦ περὶ αἰτίας παθῶν, ed. G. Helmreich, Programm des Königl. human. Gymnasiums in Ansbach, 1910-1911.
edd. = editores, plerique vel omnes.
Asul. = Asulanus, Aldina, 1526.
Corn. = Cornarius, Frobeniana, 1538.
Zwing. = Zwingerus, 1579.
  $Zwing.^m$ = Zwingerus in margine.
Foes. = Foesius, 1595 (Francfort).
Lind. = Van der Linden, 1665.
Mack = Mack, 1747 (Vienne).
Li. = E. Littré, *Œuvres complètes d'Hippocrate*, Paris, t. VI, 1849.
Erm. = F. Z. Ermerins, *Hippocratis... reliquiae*, *Trajec. ad. Rh.*, t. II, 1862.
Heidel = W. A. Heidel, *Hippocratea I*, in *Harvard Studies in Classical Philology*, 25, 1914, p. 146-151.
Nachmanson = E. Nachmanson, *Erotianstudien*, Uppsala-Leipzig, 1917.
Danielson = O. A. Danielson, *Erotiana*, in *Eranos*, 1919, p. 1-44.
Sch. = Konrad Schubring, *Untersuchungen zur Ueberlieferungsgeschichte der hippokratischen Schrift De locis in homine*, Neue Deutsche Forschungen, 12, Berlin, 1941.
Müller = C. W. Müller, *Die Heilung « durch das Gleiche »...*, in Sudhoffs Archiv für Gesch. der Medizin..., 49, 1965, p. 232-245.

DES LIEUX DANS L'HOMME

Le corps, un tout solidaire.

I. **1** A mon avis, rien dans le corps n'est commencement, mais tout est également commencement et fin ; en effet, un cercle étant tracé, le commencement ne peut être trouvé[1]. De la même façon, l'origine des maladies est dans tout le corps. Ce qui est plus sec est par nature exposé à contracter des maladies et à souffrir davantage ; ce qui est humide l'est moins. Car la maladie en une partie sèche se fixe et n'a pas d'intermission ; mais, dans une partie humide, elle est flottante, occupe surtout tantôt un point du corps, tantôt un autre et, changeant toujours, procure des intermissions, et cesse plus tôt, vu qu'elle n'est pas fixée. **2** Les parties du corps, où que la maladie fasse irruption, se la communiquent aussitôt l'une à l'autre, le ventre à la tête, la tête aux chairs et au ventre, et ainsi tout le reste exactement comme fait le ventre pour la tête et la tête pour les chairs et le ventre. En effet, le ventre, quand il n'évacue pas d'une manière suffisante, tout en recevant des ingestions, arrose le corps par l'humidité provenant des aliments ingérés ; **3** cette humidité, exclue du ventre, se porte en masse à la tête ; arrivée à la tête, et n'étant pas conduite par les canaux qui y sont, elle coule au petit bonheur soit autour de la

1. L'idée est fréquemment attestée depuis Héraclite (B 103) ; cf. mes *Recherches sur le traité ps-hipp. Du régime*, 1960, p. 65. Mais surtout, on lit en *Nature des os*, 11 (IX, 182, 5 L), dans un texte que Galien connaît comme l'*Appendice au Mochlique* : κύκλου γὰρ γεγενημένου ἀρχὴ οὐχ εὑρέθη. Ce texte y est fort bien à sa place, mais cela est vrai aussi de ce début des *Lieux* (*contra*, Schubring, p. 17). L'emprunt à une source commune est au moins aussi probable que l'influence directe d'un texte sur l'autre. Sur l'image du cercle, cf. J. de Romilly, *Cycles et cercles chez les auteurs grecs de l'époque classique*, in *Le monde grec. Hommages à Claire Préaux*, Bruxelles, 1975, p. 140-152.

ΠΕΡΙ ΤΟΠΩΝ ΤΩΝ ΚΑΤΑ ΑΝΘΡΩΠΟΝ

I. **1** Ἐμοὶ δοκεῖ ἀρχὴ μὲν οὖν οὐδεμία εἶναι τοῦ VI, 276
σώματος, ἀλλὰ πάντα ὁμοίως ἀρχὴ καὶ πάντα τελευτή· κύκλου γὰρ γραφέντος ἀρχὴ οὐχ εὑρέθη· καὶ τῶν νοσημάτων ἀπὸ παντὸς ὁμοίως τοῦ σώματος· τὸ μὲν ξηρότερον, πεφυκὸς νόσους λάζεσθαι καὶ μᾶλλον πονεῖν, τὸ δὲ ὑγρὸν ἧσσον· τὸ μὲν γὰρ ἐν τῷ ξηρῷ νόσημα πήγνυταί τε καὶ οὐ διαπαύει, τὸ δ' ἐν τῷ ὑγρῷ διαρρεῖ, καὶ τοῦ σώματος ἄλλοτε ἄλλο μάλιστα ἔχει, καὶ αἰεὶ μεταλλάσσον ἀνάπαυσιν ποιεῖ, καὶ θᾶσσον παύεται, ὥστε οὐ πεπηγός. **2** Τοῦ δὲ σώματος τὰ μέλεα ἕκαστα τὸ ἕτερον τῷ ἑτέρῳ, ὁπόταν ἔνθα ἢ ἔνθα ὁρμήσῃ, νοῦσον παραυτίκα ποιεῖ, ἡ κοιλίη τῇ κεφαλῇ, καὶ ἡ κεφαλὴ τῇσι σαρξὶ καὶ τῇ κοιλίῃ, καὶ τἆλλα ἅπαντα οὕτω κατὰ λόγον, ὥσπερ ἡ κοιλίη τῇ κεφαλῇ καὶ ἡ κεφαλὴ τῇσί τε σαρξὶ καὶ τῇ κοιλίῃ. Ἡ γὰρ κοιλίη ὁπόταν ὑπεκχώρησιν μὴ ποιῇ τὴν μετρίην, καὶ ἐσίῃ ἐς αὐτήν, ἄρδει τῇ ὑγρότητι τὸ σῶμα τῇ ἀπὸ τῶν σιτίων τῶν προσφερομένων· **3** αὕτη δὲ ἡ ὑγρότης ἀπὸ τῆς κοιλίης ἀποφρασσομένη ἐς τὴν κεφαλὴν ὡδοιπόρησεν ἀθρόη· καὶ ἐς τὴν κεφαλὴν ἐπὴν ἀφίκηται, οὐ χωρευμένη ὑπὸ τῶν τευχέων τῶν ἐν τῇ κεφαλῇ, ῥεῖ ᾗ ἂν τύχῃ, καὶ πέριξ

Titulus περὶ τόπων τῶν κατὰ ἄνον AV.

2 οὖν A : om. V ‖ 4 κύκλου — εὑρέθη om. A restituit in margine A² ‖ ἀρχὴ V : ἡ ἀ. A² ‖ 5 ἀπὸ V : ἐπὶ A ‖ 8 τε V : om. A ‖ οὐ edd. : οὐ (?) A om. V ‖ 9 ἄλλοτε A² : ἄλλοτ' V ἄλλο τὸ A ‖ 10 μεταλάσσον AV ‖ 12 νοῦσον A : νόσον V ‖ 15 ὥσπερ — 16 κοιλίη del. Erm. ‖ 17 ποιῇ V (-έῃ) : ποιέει A ποιέηται Erm. ‖ καὶ : ἃ ἂν Erm. forsitan recte ‖ ἄρδει V : -ειν A ‖ 18 ὑγρώτητι A (corr. A³) ‖ 19 αὕτη A : αὐτὴ V ‖ 22 ῥεῖ ᾗ edd. : ρειῆ A ῥείῃ V ‖ πέριξ A : περὶ V.

tête, soit dans le cerveau à travers l'os mince[1]. De cette humidité, une portion pénètre dans l'os, l'autre autour de l'encéphale à travers l'os mince. Si elle revient dans le ventre, elle y cause une maladie ; s'il lui arrive d'aller ailleurs, elle cause ailleurs une maladie ; dans les autres cas comme dans celui-ci, les parties sont cause de maladie l'une à l'autre. En conséquence, le meilleur traitement des parties affectées se fait par les parties qui causent l'affection ; car c'est de cette façon qu'on s'attaquera le mieux à l'origine du mal[2]. **4** Le corps est, en soi, identique à lui-même et composé des mêmes parties, mais non semblablement disposées, aussi bien ce qui est petit que ce qui est grand, aussi bien ce qui est en bas que ce qui est en haut. Veut-on, prenant la plus petite partie, y produire une lésion, tout le corps ressentira cette souffrance, quelle qu'elle soit et cela, parce que la plus petite partie a tout ce qu'a la plus grande[3]. **5** Cette plus petite partie, quoi qu'elle éprouve de bon ou de mauvais, la porte à sa partie congénère[4]. Aussi le corps ressent-il peine et plaisir pour la partie la plus petite ; c'est que la partie la plus petite a toutes les parties, et ces parties, portant respectivement à leurs congénères, informent[5] de tout.

La tête. II. **1** La constitution du corps est le point de départ du discours médical[6]. D'abord... il y a une ouverture par où nous entendons ; en effet, les environs de l'oreille, étant vides, n'entendent rien d'autre que le bruit et la clameur ; mais ce qui pénètre par la méninge dans le

1. Cette expression paraît technique et doit désigner la méninge (*leptomeninx*) dont il est question en II, 1. G. Strohmaier, *Dura mater, Pia mater*, in *Medizinhistorisches Journal*, 5, 1970, p. 205, ne remonte pas plus haut que Galien.

2. Cette remarque est reprise pour elle-même au chapitre XXXI : le fait confirme, avec d'autres, l'unité de l'œuvre.

3. Principe nettement anaxagoréen, fragt. 6, notamment ; cf. Vegetti, *Op. laud.*, p. 202, et mes *Recherches*..., p. 21 sqq.

4. Des termes plus courants sont ὁμότροπος (*Régime*, VI), ὁμόφυλος (*Nat. de l'homme*, 3).

5. Le verbe est employé par Platon, *Timée*, 64 b, pour le message des sens.

6. Galien se réfère plusieurs fois à cette doctrine : *Scripta minora* (Teubner), II, 1, 11 sqq. ; XIV, 677, 2 et 14 Kühn. Schubring la re-

τῆς κεφαλῆς, καὶ ἐς τὸν ἐγκέφαλον διὰ λεπτοῦ τοῦ ὀστέου · καὶ ἡ μὲν ἐν τῷ ὀστέῳ ἐνδέδυκεν, ἡ δὲ περὶ τὸν ἐγκέφαλον διὰ λεπτοῦ τοῦ ὀστέου · καὶ ἣν μὲν ἐς τὴν κοιλίην πάλιν ἀφίκηται, τῇ κοιλίῃ νοῦσον ἐποίησεν · ἣν δ' ἄλλῃ πῃ τύχῃ, ἄλλῃ νοῦσον ποιεῖ, καὶ τἄλλα οὕτως, ὥσπερ τοῦτο, τὸ | ἕτερον τῷ ἑτέρῳ νοῦσον ποιεῖ · καὶ κάλλιστον οὕτως εὐτρεπίζειν τὰ νοσεόμενα διὰ τῶν [278] τὰς νούσους ποιεύντων · οὕτω γὰρ ἂν κάλλιστα τὴν ἀρχὴν τοῦ νοσεομένου τις ἰῷτο. **4** Τὸ δὲ σῶμα αὐτὸ ἑωυτῷ τωὐτόν ἐστι καὶ ἐκ τῶν αὐτῶν σύγκειται, ὁμοίως δὲ οὐκ ἐχόντων, καὶ τὰ σμικρὰ αὐτοῦ καὶ τὰ μεγάλα καὶ τὰ κάτω καὶ τὰ ἄνω · καὶ εἴ τις βούλεται τοῦ σώματος ἀπολαβὼν μέρος κακῶς ποιεῖν τὸ σμικρότατον, πᾶν τὸ σῶμα αἰσθήσεται τὴν πεῖσιν, ὁποίη ἄν τις ᾖ, διὰ τόδε ὅτι τοῦ σώματος τὸ σμικρότατον πάντα ἔχει, ὅσα περ καὶ τὸ μέγιστον · **5** τοῦτο δ' ὁποῖον ἄν τι πάθῃ, τὸ σμικρότατον ἐπαναφέρει πρὸς τὴν ὁμοεθνίην ἕκαστον πρὸς τὴν ἑωυτοῦ, ἤν τε κακόν, ἤν τε ἀγαθὸν ᾖ · καὶ διὰ ταῦτα καὶ ἀλγεῖ καὶ ἥδεται ὑπὸ ἔθνεος τοῦ σμικροτάτου τὸ σῶμα, ὅτι ἐν τῷ σμικροτάτῳ πάντ' ἔνι τὰ μέρεα, καὶ ταῦτα ἐπαναφέρουσιν ἐς τὰ σφέων αὐτῶν ἕκαστα, καὶ ἐξαγγέλλουσι πάντα.

II **1** Φύσις δὲ τοῦ σώματος, ἀρχὴ τοῦ ἐν ἰητρικῇ λόγου · πρῶτον ⟨...⟩ διατέτρηται ᾗ ἐσακούομεν · τὰ μὲν γὰρ περὶ τὰ ὦτα πέριξ κενεά, οὐκ ἐσακούει ἄλλο ἢ ψόφον καὶ ἰαχήν · ὅ τι δ' ἂν διὰ τῆς μήνιγγος ἐς τὸν

1-2 διὰ — ὀστέου del. Erm. ‖ 2 post ὀστέου lac. ind. Erm. ‖ 5 ἄλλῃ edd. : ἄλλην V ἄλλα A ‖ 6 τὸ om. A ‖ 7 νοσεόμενα A : νοσεύματα V ‖ 8 κάλιστα A corr. A³ ‖ 9 νοσεομένου A : νοσευ- V ‖ αὐτὸ V : αὐτῶ A ‖ 11 δὲ V : δ' A τ' Erm. ‖ οὐκ : οὖν Erm. ‖ ἐχόντων A : ἔχοντος V ‖ 15 πάντα A : -τη V ‖ 18 τὴν ἑωυτοῦ A : ἑωυτό V ‖ 19 καὶ (ἀλγεῖ) V : om. A ‖ ἔθνεος A : -νους V ‖ 20 ἔνι V : ἔνια A ‖ 22 ἐξαγγέλουσι A ‖ 23 ἰητρικῇ V : (ἰα-) A² : -οῦ A ‖ 24 post πρῶτον lac. ind. Lind. ‖ διατέτρηται ᾗ A : -τρητέη V ‖ 25 εἰσακούει AV.

cerveau[1] est entendu distinctement ; c'est la seule ouverture qu'il y ait par la méninge étendue autour du cerveau. **2** Aux narines, il n'y a pas d'ouverture, mais quelque chose de mou comme une éponge ; cela fait qu'on entend à un plus grand intervalle qu'on ne flaire ; car l'odeur se dissipe loin de l'odorat. Quant aux yeux, des veinules ténues vont de l'encéphale à la pupille par la méninge enveloppante ; or, ces veinules nourrissent la pupille par l'humidité la plus pure provenant du cerveau, et en laquelle on peut même se mirer ; aussi, ces veinules, venant à se dessécher, éteignent la pupille. **3** Trois[2] membranes protègent les yeux, l'une en haut, plus épaisse, l'autre intermédiaire, plus ténue ; la troisième ténue, qui retient l'humeur. De ces membranes, la supérieure et plus épaisse cause une maladie quand elle est lésée ; l'intermédiaire est dangereuse aussi, et, quand elle se rompt, il sort au dehors comme une vésicule ; mais la troisième, la plus ténue, celle qui retient l'humeur, est tout à fait dangereuse. L'encéphale a deux méninges ; la plus ténue ne redevient plus saine quand elle a été lésée[3].

Veines.

III. **1** Des veines se rendent au sinciput par la chair en se tenant près de l'os ; il s'en porte, à travers la chair, deux venant du sinciput et allant directement là où les sourcils se ferment et finissent au grand angle de

trouve aussi chez le ps. Soranus, *Quaestiones medicinales* (Rose, *Anecdota*, II, 248) : *Doctrinae autem principium est naturam corporis cognoscere...* (cf. *Uebersehene Zitate...*, p. 458) et à l'époque byzantine (*Ueberlieferung...*, p. 70-71).

1. Cf. *Des chairs*, XV, 4 (*infra*, p. 00) et Louis Bourgey, *Observation et expérience chez les médecins de la Collection hippocratique*, Paris, 1953, p. 143, n. 2.

2. Galien (XIV, 711, 13 ; cf. 712, 8 Kühn) attribue à Hippocrate l'opinion que l'œil a deux membranes (sans parallèle dans la *Collection*), et à des νεώτεροι l'opinion que l'œil en a trois. Il ne faudrait pas en conclure que, selon Galien, les *Lieux* sont plus récents : il est bien convaincu de leur origine hippocratique (cf. Schubring, *Op. laud.*, p. 70). Hérophile en admettra quatre et cette doctrine sera prêtée abusivement à Alcméon ; cf. J. Mansfeld, *Alcmaeon, « Physicos » or Physician?*, in *Kephalaion*, Assen, 1975, p. 28 et 33.

3. Le texte plus long des éditions antérieures était dû à la traduction latine de Calvus, remise en grec par Cornarius, texte auquel le *Parisinus* E semblait apporter une caution (Schubring, p. 37).

ἐγκέφαλον ἐσέλθῃ, τοῦτο διαφραδέως ἀκούεται ταύτῃ· καὶ μούνη τρῆσις διὰ τῆς μήνιγγός ἐστι τῆς περὶ τὸν ἐγκέφαλον περιτεταμένης. **2** Κατὰ δὲ τὰς ῥῖνας τρῆμα μὲν οὐκ ἔνεστι, σομφὸν δέ, οἷον σπογγία· καὶ διὰ τοῦτο διὰ πλείονος ἀκούει ἢ ὀσφραίνεται· κατὰ πολὺ γὰρ σκίδναται ἡ ὀδμὴ τῆς ὀσφρήσιος. Καὶ ἐς τοὺς ὀφθαλμοὺς φλέβια λεπτὰ ἐς τὴν ὄψιν ἐκ τοῦ ἐγκεφάλου διὰ τῆς μήνιγγος τῆς περιεχούσης φέρονται· ταῦτα δὲ τὰ φλέβια τὴν ὄψιν τρέφουσι τῷ ὑγρῷ τῷ καθαρωτάτῳ τῷ ἀπὸ τοῦ ἐγκεφάλου, ἐς ὃ καὶ ἐμφαίνεται ἐν τοῖσιν | ὀφθαλμοῖσιν· ταῦτα δὲ τὰ φλέβια καὶ ἀποσβεννύασι 280
τὰς ὄψιας ὅταν ξηρανθέωσι. **3** Μήνιγγες δὲ τρεῖς εἰσιν αἱ τοὺς ὀφθαλμοὺς φυλάσσουσαι, ἡ μὲν ἐπάνω παχυτέρη, ἡ δὲ διὰ μέσου λεπτοτέρη, ἡ δὲ τρίτη λεπτὴ ἡ τὸ ὑγρὸν φυλάσσουσα· τούτων ἡ μὲν ἐπάνω καὶ παχυτέρη, νοῦσος, ἢν κωφωθῇ· ἡ δὲ διὰ μέσου ἐπικίνδυνος αὕτη, καὶ ὅταν ῥαγῇ, ἐξίσχει οἷον κύστις· ἡ δὲ τρίτη ἡ λεπτοτάτη πάμπαν ἐπικίνδυνος, ἡ τὸ ὑγρὸν φυλάσσουσα. Μήνιγγες δὲ δύο εἰσὶ τοῦ ἐγκεφάλου, ἡ λεπτὴ οὐκέτι ἡ αὐτὴ ἐπὴν τρωθῇ.

III. **1** Φλέβες δὲ περαίνουσι μὲν ἐς τὴν κορυφὴν διὰ τῆς σαρκὸς ἔχουσαι πρὸς τὸ ὀστέον, φέρονται δὲ διὰ τῆς σαρκός, δύο μὲν ἐκ τῆς κορυφῆς κατ' ἰθὺ ᾗ αἱ ὀφρύες συγκλείονται καὶ τελευτῶσιν ἐς τοὺς κανθοὺς τῶν ὀφθαλμῶν, μία δ' ἀπὸ τῆς κορυφῆς ἐς τὴν ῥῖνα

1 τοῦτο A : om. V Erm. ‖ διαφραδέως : διαφραδές Erot. Δ 9 ‖ 2 μούνη Joly : μόνη VA[3] μον A μόνι A[2] αὕτη μόνη Erm. ‖ 4 ἔνεστιν A ‖ σπογγία : σπογγια A σφοίτια V ‖ 5 πλέονος V ‖ 6 ὀδμὴ V : ὀσ- A ‖ ὀσφρήσιος edd. : -σηος V -σεως A ‖ 9 τρέφουσιν A ‖ 10 τῷ A[3] : τοῦ A om. V ‖ ἐς ὃ V : ἔσω A ἢ ὡς ὃ A[3] in marg. ‖ ἐμφαίνεται V : ἐν φ. A ‖ 12 ὄψεις AV ‖ ξηρανθῶσι AV ‖ 15-16 τῇ... παχυτέρῃ proposuerim ‖ παχυτέρη A : -τάτη V ‖ 17 αὕτη del. Erm. ‖ 19 λεπτὴ : add. καὶ A ‖ 20 οὐκ ἔτι V ‖ ἡ αὐτὴ AV : ὑγιὴς proposuerim ξυμφύεται Erm. ‖ 21 παιραίνουσιν A (corr. A[2]) ‖ 23 αἱ om. V ‖ 24-25 ἐς τοὺς ὀφθαλμοὺς τῶν κανθῶν A.

l'œil, et une autre venant du sinciput, allant au nez et se partageant des deux côtés au cartilage nasal. **2** Deux autres veines longent les tempes par le milieu entre les tempes et les oreilles ; ces veines pressent les yeux et ont de perpétuels battements ; car, seules parmi les veines, elles ne servent pas à l'irrigation[1] ; mais le sang[2] en est détourné ; le sang détourné va à l'encontre de celui qui afflue ; le premier voulant monter et celui qui afflue d'en haut voulant descendre, il en résulte des poussées, des épanchements et des tourbillons, ce qui produit le battement des veines. **3** La vue est nourrie par l'humeur provenant de l'encéphale ; si elle prend quelque chose à l'humeur venant des veines, cet afflux la trouble, on ne s'y mire plus, et on dirait qu'il s'y meut tantôt une image d'oiseau, tantôt comme des lentilles noires, et le patient n'a de rien une vue nette. **4** Deux autres veines sont au milieu entre les oreilles et les autres veines : elles vont aux oreilles et les pressent. Deux autres veines vont de la fermeture de l'os à l'ouïe. Quant aux veines tournées vers le bas du corps, deux d'entre elles passent le long des tendons du cou et aussi le long des vertèbres et finissent aux reins ; elles arrivent aussi aux testicules et,

1. Si cela ne faisait un français trop étrange aujourd'hui, j'aurais maintenu la traduction de Littré : « arrosement ». Il faut en tout cas se garder de prêter à notre auteur, par une projection souvent inconsciente, mais, hélas, assez courante, tout ce qu'implique, dans la science d'aujourd'hui, le concept d'irrigation.

3. Schubring, p. 30, opte pour la leçon de A et pense que celle de V atteste une conception ultérieure. Cette affirmation ne me paraît pas soutenable ; cf. *infra*, ch. XXX et XL. Pour toute la médecine du temps, c'est bien du sang que contiennent naturellement les veines. Quand elles contiennent du phlegme — cela peut arriver aussi — il s'agit d'un phénomène pathologique : ici, de toute évidence, le contexte est physiologique et non pathologique.

φέρεται καὶ σχίζεται ἐς τὸν χόνδρον τῆς ῥινὸς ἑκάτερον· **2** ἄλλαι δύο φλέβες παρὰ τοὺς κροτάφους φέρονται ἐν μέσῳ τῶν κροτάφων καὶ τῶν ὤτων, αἳ πιέζουσι τὰς ὄψιας καὶ σφύζουσιν αἰεί· μοῦναι γὰρ αὗται οὐκ ἄρδουσι τῶν φλεβῶν, ἀλλ' ἀποτρέπεται ἐξ αὐτῶν τὸ αἷμα· τὸ δ' ἀποτρεπόμενον ἀποσυμβουλεύει τῷ ἐπιρρέοντι· καὶ τὸ μὲν ἀποτρεπόμενον βουλόμενον ἄνω χωρεῖν, τὸ δ' ἄνωθεν ἐπιρρέον βουλόμενον κάτω χωρεῖν, ἐνταῦθα ὠθεόμενά τε καὶ ἀναχεόμενα πρὸς ἄλληλα καὶ κυκλούμενα, σφυγμὸν παρέχουσι τοῖσι φλεβίοισιν. **3** Ἡ δὲ ὄψις τῷ ἀπὸ τοῦ ἐγκεφάλου ὑγρῷ τρέφεται· ὅταν δέ τι τοῦ ἀπὸ τῶν φλεβῶν λάβῃ, τῇ ῥύσει ταράσσεται, καὶ οὐκ ἐμφαίνεται ἐς αὐτὸ καὶ προκινεῖσθαι δοκεῖ ἐν αὐτῷ τοτὲ μὲν οἷον εἴδωλον ὀρνίθων, τοτὲ δ' οἷον φακοὶ μέλανες, καὶ τἆλλα οὐδὲν ἀτρεκέως [κατ' ἀληθείην] δύναται ὁρᾶν. **4** Ἄλλαι δύο φλέβες ἐν μέσῳ τῶν τε ὤτων καὶ τῶν ἄλλων φλε | βῶν, αἳ φέρονται ἐς τὰ 282 ὦτα, καὶ πιέζουσι τὰ ὦτα· ἄλλαι δύο φλέβες ἐκ τῆς συγκλείσιος τοῦ ὀστέου ἐς τὰς ἀκοὰς φέρονται. Αἱ δὲ κάτω τοῦ σώματος τετραμμέναι, δύο μὲν φλέβες παρὰ τοὺς τένοντας τοῦ τραχήλου, φέρονται δὲ καὶ παρὰ τοὺς σπονδύλους, καὶ τελευτῶσιν ἐς τοὺς νεφρούς· αὗται δὲ καὶ ἐς τοὺς ὄρχιας περαίνουσι, καὶ ὅταν αὗται

3 πιέζουσι V : -ουσαι A ‖ 4 ὄψεις AV ‖ ad σφύζουσιν αἰεὶ add. in marg. τῆς ετι[α] τῆς φυγμικῆς κινήσεως καὶ π̊ γίννεται A[2] (αἰτίας et σφυγμικῆς legendum) ‖ ἀεὶ · μόναι V ‖ 6 αἷμα V : φλέγμα A ‖ ἀποσυμβουλεύει — 7 ἀποτρεπόμενον V : om. A ‖ 7-8 ἄνω χωρεῖν Zwing. : ἀποχωρέειν AV ‖ 8 ἐπιρρέον A : ἐπιρρεθῇ V ‖ κάτω A : καὶ τὸ V ‖ 9 ὠθεόμενα edd. : ὠθού- A ὠθεύ- V ‖ 10 φλεβίοισι A ‖ 11 τῷ... ὑγρῷ V : τῶν... ὑγρῶν A ‖ τοῦ A : τοῦτο V ‖ 12 ρύσσει A ‖ 13 ἐμφαίνεται ἐς V : ἔκφ- εἰς A ‖ 14 τοτὲ edd. (*bis*) : τότε A τό, τοτε V ‖ 15-16 κατ' ἀληθείην del. Erm. ex Erot. (καταλήθει ἡν V) ‖ 16 δύναται V : δυναντε A δύνανται A[3] ‖ 19 συγκλείσιος Joly : -κλίσεως V συνκλήσεως A ‖ 22 σπονδύλους V : σφ- A ‖ 23 ἐς om. A.

quand elles souffrent, l'homme urine du sang. **5** Deux autres veines vont du sinciput aux épaules et sont pour cela dites scapulaires. Deux autres vont du sinciput le long des oreilles, dans la partie antérieure du cou, des deux côtés, jusqu'à la veine dite cave. La veine cave chemine avec l'œsophage ; elle se trouve entre la trachée et l'œsophage, elle passe à travers le diaphragme, à travers le cœur et dans l'intervalle du diaphragme, elle se partage à l'aine et à l'intérieur des cuisses, se subdivise dans les cuisses et se porte aux jambes en dedans, le long des malléoles ; ces veines, coupées, rendent l'homme impuissant[1] ; elles se terminent dans les gros orteils. **6** De la veine cave, une veine se rend au bras gauche ; elle se porte par dessous la rate au flanc gauche, auquel tient la rate par l'épiploon, et se termine à la poitrine[2], elle prend naissance du côté du diaphragme et se joint à la scapulaire au-dessous de l'articulation du coude, on ouvre cette veine pour les affections de la rate ; à droite, une veine naît semblablement de la veine cave. Toutes les veines communiquent et s'écoulent l'une dans l'autre ; en effet, les unes s'abouchent avec elles-mêmes, les autres sont en communication par les veinules partant des veines qui nourrissent les chairs[3].

1. Cf. *Airs, eaux, lieux*, 22 : quand ils deviennent impuissants, les Anariées se coupent la veine derrière chaque oreille, mais l'auteur hippocratique est d'avis que c'est ce traitement qui détruit le sperme : εἰσὶ γὰρ παρὰ τὰ ὦτα φλέβες, ἃς ἐάν τις ἀποτάμνῃ, ἄγονοι γίνονται οἱ ἀποτμηθέντες· ταύτας τοίνυν μοι δοκέουσι τὰς φλέβας ἐπιτάμνειν.

2. Cf. Érotien, K 27 : παρὰ Δωριεῦσιν οὕτως ὁ θώρηξ καλεῖται.

3. Les systèmes des veines sont nombreux dans la *Collection* ; les uns partent de la tête, les autres du cœur. Les principaux textes sont : *Maladie sacrée*, 6-7 ; *Nature de l'homme*, 11 ; *Chairs*, V-VI ; *Epidémies*, II, 4, 1 ; *Nature des os*, 11 sqq., à quoi il faut ajouter au moins le fragment 6 de Diogène d'Apollonie et Aristote, *Hist. an.*, III, 3. Voir C. R. S. Harris, *The Heart and the Vascular System in Ancient Greek Medicine from Alcmaeon to Galen*, Oxford, 1973, chapitre 2. La première étude importante à ce sujet est celle de K. Fredrich, *Hippokratische Untersuchungen*, Berlin, 1899, p. 57-80 ; cf. aussi R. Boncompagni, in *Studi Classici e Orientali*, XIX-XX, 1970-1971, p. 83-84.

πονήσωσιν, αἷμα οὐρεῖ ὤνθρωπος. **5** Ἄλλαι δύο φλέβες ἀπὸ τῆς κορυφῆς φέρονται ἐς τοὺς ὤμους, καὶ δὴ καὶ ὠμιαῖαι καλέονται. Ἄλλαι δύο φλέβες ἀπὸ τῆς κορυφῆς παρὰ τὰ ὦτα ἐν τοῖσιν ἔμπροσθεν τοῦ τραχήλου ἑκατέρωθεν ἐς τὴν κοίλην φλέβα καλεομένην φέρονται. Ἡ δὲ κοίλη φλὲψ περαίνεται μὲν ὡς ὁ οἰσοφάγος, πέφυκε δὲ μεταξὺ τοῦ τε βρόγχου καὶ τοῦ οἰσοφάγου· φέρεται δὲ διὰ τῶν φρενῶν καὶ διὰ τῆς καρδίης καὶ μεταξὺ τῶν φρενῶν, καὶ σχίζεται ἐς τοὺς βουβῶνας καὶ ἐς τοὺς μηροὺς ἐντός, καὶ τὰς διασφαγὰς ἐν τοῖσι μηροῖσι ποιεῖται καὶ ἐς τὰς κνήμας φέρεται ἐντὸς παρὰ τὰ σφυρά· αὗται καὶ ἄκαρπον ποιέουσι τὸν ἄνθρωπον ὅταν ἀποτμηθέωσιν, αἳ καὶ ἐς τοὺς μεγάλους δακτύλους τελευτῶσιν. **6** Ἐκ δὲ τῆς κοίλης φλεβὸς ἀποπέφυκεν ἐς τὴν χεῖρα τὴν ἀριστερήν· φέρεται δ' ὑποκάτω τοῦ σπληνὸς ἐς τὴν λαπάρην τὴν ἀριστερήν, ὅθεν ὁ σπλὴν ἀποπέφυκε διὰ τοῦ ἐπιπλόου, καὶ τὴν ἀποτελεύτησιν ἴσχει ἐς τὸν κίθαρον· ἀποπέφυκε δὲ κατὰ τὰς φρένας, καὶ συμβάλλει τῇ ὠμιαίῃ κάτω τοῦ ἄρθρου τοῦ ἀγκῶνος, καὶ τοῦ σπληνὸς τάμνεται αὕτη· καὶ ἄλλη ἐς τὴν δεξιὴν τὸν αὐτὸν τρόπον ἀποπέφυκεν ἀπὸ τῆς κοίλης. Κοινωνέουσι δὲ πᾶσαι αἱ φλέβες καὶ διαρρέουσιν ἐς ἑωυτάς· αἱ μὲν γὰρ σφίσιν ἑωυτῇσι συμβάλλουσιν, αἱ δὲ διὰ τῶν φλεβίων τῶν διατεταμένων ἀπὸ τῶν φλεβῶν, αἳ τρέφουσι τὰς σάρκας, ταύτῃ διαρρέουσι πρὸς ἑωυτάς.

1 πονήσωσιν A : -έσωσιν V ‖ αἷμα A : αἰνὰ V ‖ ὤνθρωπος A : ἄν- V ‖ 1-3 Ἄλλαι δύο — καλέονται V : om. A ‖ 3 ὠμιαῖαι edd. : ὠμίαι V ‖ 5 κοίλην A[2] : κοιλίην AV ‖ 6 οἰσοφάγος VA[2] : post intervallum 5 litt. τοφάγος A ‖ πέφυκεν A ‖ 7 τε om. V ‖ οἰσοφάγου VA[2,3] : οἰτο- A ‖ 8 διὰ A : om. V ‖ 12-13 ἀποτμηθῶσιν AV ‖ 15-16 φέρεται — ἀριστέρην V : om. A ‖ 20 σπληνὸς V : ἀγκῶνος A ‖ τέμνεται V ‖ αὐτη A : αὕτη V ‖ 21 κοίλης Foes : κοιλίης AV ‖ 23 μὲν VA[2] : με A ‖ σφίσιν A[2] : σφισι A σφῆσιν ἢ V ‖ ἑωυταῖς AV ‖ 24 δὲ διὰ V : δ' ἀπὸ A ‖ διατεταμένων V : ἀποτ- A.

Maladies des veines et des nerfs.

IV. **1** Une maladie provenant des veines est moins grave que provenant des nerfs ; elle s'écoule avec le liquide contenu dans les veines et n'a pas de fixité ; et par leur nature, les veines sont dans l'humeur au milieu des chairs. Mais les nerfs sont[1] secs, sans cavité et appliqués à l'os ; la plus grande partie de la nourriture leur vient de l'os, mais il leur en vient aussi de la chair ; **2** pour la couleur et la résistance, ils tiennent le milieu entre l'os et la chair, plus humides, il est vrai, que l'os, et plus charnus, mais plus secs que la chair et plus osseux. Une maladie qui y survient s'y fortifie, reste fixée au même point et il est difficile de la chasser ; ce qui arrive surtout, ce sont des tétanos et autres affections au cours desquelles un tremblement saisit le corps et le fait trembler[2].

Les nerfs.

V. **1** Les nerfs pressent les articulations et sont étendus sur tout le corps ; ils ont le plus de force et sont toujours le plus épais là où il y a le moins de chairs. Le corps entier est plein de nerfs ; cependant, au visage et à la tête, il y a non pas des nerfs, mais des fibres semblables aux nerfs, entre l'os et la chair, plus ténues et solides ; quelques-unes sont des nerfs creux.

Os et articulations.

VI. **1** La tête a des sutures, tantôt trois, tantôt quatre[3]. Dans la tête à quatre sutures, l'une est aux oreilles, de chaque côté, une autre à l'avant, une autre

1. On pourrait songer à corriger en εἰσι (cf. p. 73, n. 2), mais le verbe *être* peut avoir un statut particulier. De même, l. 17.

2. Ce pléonasme n'est peut-être dû qu'à une glose insérée dans le texte.

3. Cf. les § 2 et 10 de ce chapitre. L'auteur des *Plaies de la tête*, ch. 1, ne précise pas le nombre des sutures, mais explique que leur forme est très variable : certaines forment un T, d'autres un *tau* renversé, d'autres un H, d'autres encore un X. — Schubring serait enclin à accepter les sous-titres donnés à la fois par A et V. Dans le cas présent, cela conduirait à placer le même sous-titre au début des deux paragraphes 1 et 2. Il y a donc lieu de se méfier davantage.

IV. **1** Καὶ ἀπὸ τῶν φλεβῶν ὅ τι ἂν νόσημα γένηται ῥήϊόν ἐστιν ἢ ἀπὸ τῶν νεύρων · διαρρεῖ γὰρ σὺν τῷ ὑγρῷ τῷ ἐνεόντι ἐν τῇσι φλεψί, καὶ οὐκ ἀτρεμίζει · καὶ ἡ φύσις τῇσι φλεψὶν ἐν ὑγρῷ ἐστιν ἐν τῇσι | σαρξί. Τὰ δὲ νεῦρα 284
ξηρά τέ ἐστι καὶ ἀκοίλια, καὶ πρὸς τῷ ὀστέῳ πεφύκασι, καὶ τρέφονται δὲ τὸ πλεῖστον ἀπὸ τοῦ ὀστέου, τρέφονται δὲ καὶ ἀπὸ τῆς σαρκός, **2** καὶ τὴν χροιὴν καὶ τὴν ἰσχὺν μεταξὺ τοῦ ὀστέου καὶ τῆς σαρκὸς πεφύκασι, καὶ ὑγρότερα μέν εἰσι τοῦ ὀστέου καὶ σαρκοειδέστερα, ξηρότερα δ᾽ εἰσὶν ἢ αἱ σάρκες καὶ ὀστοειδέστερα · νόσημα δ᾽ ὅ τι ἂν ἐς αὐτὰ ἔλθῃ, ῥώννυταί τε καὶ ἀτρεμίζει ἐν τῷ αὐτῷ, καὶ χαλεπόν ἐστιν ἐξάγειν · μάλιστα δ᾽ ἐσέρχονται τέτανοί τε καὶ ἄλλα, ἀφ᾽ ὧν τρόμος τὸ σῶμα λαμβάνει καὶ τρέμειν ποιεῖ.

V. **1** Τὰ δὲ νεῦρα πιέζουσι τὰ ἄρθρα, παρατεταμένα τέ εἰσι παρ᾽ ὅλον τὸ σῶμα · ἰσχύουσι δὲ μάλιστα ἐν ἐκείνοισι τοῦ σώματος καὶ αἰεὶ παχύτατά ἐστιν, ἐν οἷσι τοῦ σώματος αἱ σάρκες ἐλάχισταί εἰσι. Καὶ τὸ μὲν σῶμα πᾶν ἔμπλεον νεύρων · περὶ δὲ τὸ πρόσωπον καὶ τὴν κεφαλὴν οὐκ ἔστι νεῦρα, ἀλλὰ ἶνες παρόμοιαι νεύροισι μεταξὺ τοῦ τε ὀστέου καὶ τῆς σαρκὸς λεπτότεραι καὶ στερεώτεραι, αἱ δὲ νευροκοίλιοι.

VI. **1** Αἱ κεφαλαὶ ῥαφὰς ἔχουσιν, αἱ μὲν τρεῖς, αἱ δὲ τέσσερας · αἱ μὲν τέσσερας ἔχουσαι, κατὰ τὰ ὦτα ἑκατέρωθεν ῥαφή, ἄλλη ἔμπροσθεν, ἄλλη ἐξόπισθεν

1 ὅ τι ἂν A : ὅτ᾽ ἂν V ‖ 2 ῥήϊον Joly : ῥᾶον A ῥέον V ‖ 5 ἐστὶν A ‖ 10 εἰσιν VA³ : -σι A ‖ 11 ἂν V : om. A ‖ 13 δ᾽ ἐσέρχονται V : δὲ ἐρχ- A ‖ 15 πιέζουσιν A ‖ 15-16 παρατεταμένα τέ εἰσι A (εἰσὶν) : — μένη τέ ἐστι V ‖ 17 ἐν del. Erm. ‖ ἀεὶ V ‖ 19 ἔμπλεον A : -εων VA³ Erm. ‖ 20 ἀλλὰ VA : ἀλλ᾽ A³ ‖ ἶνες VA³ : νες A ‖ 20-21 νεύροισι Joly : -ροις A -ρων V ‖ 22 νευροκοίλιοι A : -λίαι V εὐρυκοίλιοι Struve (cf. Li.) Erm. ‖ 23 ante Αἱ κεφαλαὶ ut titulus ἄρθρα AV ‖ 24 τέσσερας et similia ubique restitui : τέσσαρας V $\overline{\Delta}$ A ‖ τέσσερας Joly : τέσσαρας edd. $\overline{\Delta}$ A τέσσαρες V ‖ 25 ἐξόπισθεν A : ἐξοπίσθη μὲν V.

à l'arrière de la tête ; telle est celle à quatre sutures. La tête à trois sutures en a une de chaque côté aux oreilles, et une en avant. Pas plus que dans le cas de quatre sutures, il n'y en a en travers[1]. Ceux qui ont plus de sutures ont la tête plus saine. **2** Aux sourcils, l'os est double. L'articulation des mâchoires est au milieu du menton et, en haut, à la tête. Quant aux vertèbres, les uns en ont plus, les autres moins ; ceux qui en ont plus, en ont dix-huit et, avec celles des extrémités, vingt, dont l'une en haut, à la tête, l'autre en bas, au fondement*. Il y a sept côtes ; les articulations des côtes sont soudées en arrière aux vertèbres, en avant à elles-mêmes, au sternum. **3** Les clavicules ont des articulations, d'une part situées au milieu du sternum, contre la trachée : c'est là qu'elles s'articulent ; d'autre part inclinées vers les surfaces plates[2] qui sont toujours attachées aux épaules. Ces omoplates sont articulées avec les membres et surplombent l'os du membre. **4** Vers cet os s'avancent deux attaches[3], l'une en dedans, l'autre en dehors, qui forment l'articulation par la jonction des omoplates avec l'os. En bas du coude, l'articulation se fait par une attache inférieure, tandis qu'un peu au-dessus de l'attache au

1. Littré suggère de voir ici une réplique à l'opinion que nous trouvons en *Plaies de la tête*, 1 (fin) : « La tête qui n'a de proéminence ni dans un sens ni dans l'autre a les sutures disposées comme la lettre X. » Cet autre auteur admet erronément, lui aussi, de fortes variations individuelles.

2. Πλάτη pour ὠμοπλάτη n'apparaît pas ailleurs dans la *Collection* ; Érotien, II, 34, ne donne aucune précision.

3. Le terme περόνη a beaucoup de sens et embarrasse fort les traducteurs. D'après le Dr Deracker, spécialiste que j'ai pu consulter et que je remercie vivement, il doit s'agir de la *capsule* (membrane fibreuse de tissu conjonctif, doublé en face interne d'une membrane synoviale s'arrêtant au cartilage) et de son renfort ligamentaire. On pourrait traduire par *capsule*, sans doute aussi par *ligament*, mais notre auteur confond probablement aussi *ligaments* et *tendons* des muscles. Ses connaissances restant imprécises et parfois erronées, j'ai conservé le terme moins technique et beaucoup plus vague proposé par Littré : attache. L'Antiquité, déjà, était assez perplexe ; cf. Érotien, II 37.

τῆς κεφαλῆς, οὕτω μὲν ἡ τὰς τέσσερας ἔχουσα · ἡ δὲ τὰς τρεῖς, κατὰ τὰ ὦτα ἑκατέρωθεν, καὶ ἔμπροσθεν · ὥσπερ δὲ ἡ τὰς τέσσερας ἔχουσα, οὐ διαπέφυκεν οὐδὲ ταύτῃ ῥαφή · ὑγιεινότεροι δ' εἰσὶ τὴν κεφαλὴν οἱ τὰς πλείονας ῥαφὰς ἔχοντες. **2** Ἐν τῇσιν ὀφρύσι διπλοῦν τὸ ὀστέον, καὶ ἡ σύγκλεισις τῶν γενύων ἔν τε | τῷ γενείῳ 286
μέσῳ καὶ ἄνω πρὸς τῇ κεφαλῇ. Σπονδύλους οἱ μὲν πλείονας, οἱ δὲ ἐλάσσονας ἔχουσι · καὶ οἱ μὲν πλείονας ἔχοντες, δυοῖν δέοντας εἴκοσι, σὺν τοῖσι δ' ἐσχάτοισιν εἴκοσίν εἰσιν, ὧν ὁ μὲν ἄνω πρὸς τῇ κεφαλῇ, ὁ δὲ κάτω πρὸς τῇ ἕδρῃ. Πλευραὶ ἑπτά · ἄρθρα τῶν πλευρέων, τὰ μὲν ὄπισθεν τοῦ σώματος πρὸς τοὺς σπονδύλους, τὰ δ' ἔμπροσθεν ἐν τῷ στέρνῳ πρὸς ἑωυτάς. **3** Κληῖδες ἄρθρα ἔχουσι, τὰ μὲν ἐν μέσῳ τοῦ στέρνου κατὰ τὸν βρόγχον, κατὰ ταῦτα ἤρθρωνται · τὰ δὲ [πρὸς τοὺς ὤμους] κεκλιμένα πρὸς τὰς πλάτας, αἳ ἐπὶ τοῖσιν ὤμοισιν αἰεὶ πεφύκασιν. Αἱ δὲ πλάται πρὸς τὰ γυῖα ἤρθρωνται, ἐπιβάλλουσαι ἐπὶ τὸ ὀστέον τὸ ἐν τῷ γυίῳ. **4** Παρὰ δὲ τὸ ὀστέον περόναι δύο παρήκουσιν, ἡ μὲν ἔνδοθεν, ἡ δὲ ἐκτός, αἳ πρὸς τὰς πλάτας τῷ ὀστέῳ προσπεφυκυῖαι ἤρθρωνται. Κάτω δ' ἐν τῷ ἀγκῶνι, κάτω μὲν περόνῃ ἤρθρωται κάτω πεφυκυῖα, ἄνω δὲ σμικρῷ τῆς πε-

3 τέσσερας : τε Δ̄ A τέσσαρας V ‖ 4 δ' εἰσὶ V : δὲ εἰσὶν A ‖ 5 πλέονας V ‖ post ἔχοντες ut titulus ἄρθρα AV ‖ ὀφρύσι V : -σιν A^3 ὀσφρησιν A ‖ διπλοῦν Joly : δίπλόον A διῆλθον V ‖ 6 γενείῳ V : γενύω A ‖ 7 πρὸς V : ἐν A ‖ Σπονδύλους V : σφ. A (quod ubique ita fit) ‖ 7-8 πλέονας V (*bis*) ‖ 8 δὲ V : δ' A ‖ ἔχουσιν A ‖ 9 δέοντας A (δὲ ὄντας) : δέοντες V δεόντοιν edd. ‖ 9-10 σὺν— εἴκοσιν om. V ‖ τοῖσι : τοῖς A ‖ ἐσχάτοισι Joly : ἐσχάτ..ς A εσχαταις A^3 ‖ εἴκοσιν A^3 : ἴκωσιν A ‖ 10 ὁ (*bis*) V : οἱ A ‖ κεφαλῇ Corn. : ἕδρῃ τῆς κεφαλῆς AV ‖ 11 ἄρθρα τῶν πλευρέων titulus A : ante πλευραὶ pos. V ‖ 13 ἑωυτάς A : -τόν V ‖ κλεῖδες AV ‖ 14 ἔχουσιν A ‖ 15 πρὸς τοὺς ὤμους seclusi ‖ 16 τοῖσιν : τοῖς AV ‖ ὤμοισιν αἰεὶ V (-οις ἀεὶ) : ἄρθροις A ‖ 17 γυῖα A Erot. Γ 8 : γύα V ‖ post ἤρθρωνται add. τὰ δὲ πρὸς τοὺς ὤμους V ‖ 18 γυίῳ A : ὑγίω V ‖ 20 αἳ V : om. A ‖ τὰς πλάτας A : τὰ πλάτα V ‖ 21 Κάτω A : add. αἱ V ‖ 21-22 περόνῃ Li. : -η AV ‖ 22 ἤρθρωται κάτω πεφυκυῖα, ἄνω δὲ A : ἤρθρωνται κατὰ τὸ πεφυκὸς κοιλανῶδες V ‖ μικρῷ V.

coude, l'os et l'attache se rencontrant forment une articulation à l'olécrane[1]. **5** A l'avant-bras s'avancent quatre attaches très minces, deux en haut et deux en bas ; au coude, deux attaches situées en haut naissent de l'os ; attachées à l'os elles s'articulent à l'olécrane près de l'articulation de l'os. Celles qui sont en bas, étant tournées en dedans, et se rencontrant toutes deux avec l'attache supérieure qui vient de l'os, s'articulent en dedans du membre et forment ce qu'on appelle l'attache, par leur rencontre commune dans l'olécrane en dedans. **6** En bas, vers la main, l'os a une articulation ; à la main, qui est molle, deux attaches ne s'avancent pas dans l'articulation ; celle d'en haut et celle d'en bas se joignent avec l'os de la main. La main[2] a beaucoup d'articulations ; en effet, autant d'os se rencontrent, autant il y a d'articulations. **7** Les doigts ont des articulations, chacun trois : l'une au-dessous de l'ongle, entre l'ongle et le condyle, l'autre dans le condyle, là où les doigts se fléchissent, la troisième, là où le doigt naît de la main. Aux hanches, il y a deux articulations nommées cotyles, les fémurs s'y articulent ; aux fémurs sont deux attaches, l'une en dedans, l'autre en dehors ; elles ne font pas saillie ni dans l'articulation ni sur les côtés[3], mais elles adhèrent à l'os de la cuisse. **8** Le fémur, à son extrémité supérieure, là où il entre dans la cotyle,

1. Il y a hésitation dans l'Antiquité sur le sens ; cf. Érotien, K 28 : κυβίτῳ · Βακχεῖός φησι κυβοειδεῖ ὀσταρίῳ, τῇ πτέρνῃ, οἱ δὲ πλείους τῷ ἀγκῶνι. — Le début de cette phrase, avec ses trois κάτω, est suspect. Malgré ἄνω δὲ, je supprimerais volontiers κάτω μὲν.

2. La fin de ce paragraphe est citée par Érotien, A 59, avec une seule variante intéressante ; il cite aussi au même lemme une ligne du § 7 : Ἐν τοῖσιν ἰσχίοισιν ἄρθρα δύο εἰσὶν αἱ κοτύλαι καλεόμεναι, sans mentionner ici le titre de l'œuvre.

3. Ceci est une erreur : il existe au contraire des ligaments péri- et intraarticulaires.

ρόνης ἐς τὸν ἀγκῶνα τό τε ὀστέον καὶ ἡ περόνη ἐς τὸ αὐτὸ συμβάλλοντα ἄρθρον ἐν τῷ κυβίτῳ ποιέουσι. **5** Παρὰ τὸν πῆχυν δὲ περόναι παρήκουσι λεπταὶ πάνυ τέσσερες, αἱ μὲν δύο ἄνω, αἱ δὲ δύο κάτω · καὶ πρὸς μὲν τὸν ἀγκῶνα δύο περόναι πεφυκυῖαι ἄνω ἐκ τοῦ ὀστέου πεφύκασιν, αὗται σὺν τῷ ὀστέῳ πεφυκυῖαι παρὰ τὸ τοῦ ὀστέου ἄρθρον ἤρθρωνται ἐς τὸ κύβιτον · αἱ δὲ κάτω κείμεναι καὶ ἐντὸς κεκλιμέναι, αὗται ἀμφότεραι συμβάλλουσαι πρὸς τὴν περόνην τὴν ἄνωθεν ἀπὸ τοῦ γυίου φερομένην, ἐντὸς τοῦ γυίου ἤρθρωνται, καὶ περόνην καλευ- 288
μένην ποιέουσιν, αὗται ἑωυτῇσι συμβάλλουσαι ἐν τῷ κυβίτῳ ἐντός. **6** Κάτω δὲ πρὸς τὴν χεῖρα τὸ ὀστέον ἄρθρον ἔχει · αἱ δὲ περόναι ταύτῃ ἁπαλαὶ ἐοῦσαι, αἱ μὲν δύο οὐκ ἐξήκουσιν ἐς τὸ ἄρθρον, ἡ δ' ἄνω καὶ ἡ κάτω σὺν τῷ ὀστέῳ ἤρθρωνται πρὸς τὴν χεῖρα. Αἱ δὲ χεῖρες ἄρθρα ἔχουσι πολλά · ὅσα γὰρ ὀστέα πρὸς ἑωυτὰ συμβάλλουσι, πάντα ἄρθρα ποιέουσι. **7** Δάκτυλοι ἄρθρα ἔχουσιν ἕκαστος τρία, ἓν μὲν ὑπὸ τῷ ὄνυχι ἐν μέσῳ τοῦ τε ὄνυχος καὶ τοῦ κονδύλου, ἄλλο ἐν τῷ κονδύλῳ, ᾗ καὶ συγκάμπτουσι τοὺς δακτύλους, ἄλλο τρίτον, ᾗ ὁ δάκτυλος ἀπὸ τῆς χειρὸς ἀποπέφυκεν. Ἐν δὲ τοῖσιν ἰσχίοισιν ἄρθρα δύο εἰσὶν αἱ κοτύλαι καλεύμεναι, καὶ οἱ μηροὶ ἐς ταῦτα ἐνήρθρωνται · παρὰ δὲ τοὺς μηροὺς περόναι δύο παρήκουσιν, ἡ μὲν ἐντός, ἡ δ' ἐκτός, καὶ ἐς τὸ ἄρθρον οὐδετέρη ἐξήκει οὐδ' ἑτέρωθεν, ἀλλὰ πρὸς τῷ ὀστέῳ προσπεφύκασι πρὸς τῷ μηρῷ. **8** Ὁ δὲ μηρὸς ἄνωθεν μέν, ᾗ ἐς τὴν κοτύλην ἐμβάλλει, δίκραιός ἐστι τοιῇδε

1 τὸ αὐτὸ V : ταὐτὸ A ‖ 2 συμβάλλοντα V : -λον A -λονται A^3 ‖ 3 δὲ A : post παρὰ V ‖ 4 δύο ἄνω, αἱ δὲ A : om. V ‖ 5 πεφυκυῖαι A : -φύκασιν ‖ 5-6 πεφύκασιν A : om. V ‖ 6 πεφυκυῖαι A : -κότι V ‖ 7 ἤρθρωνται V : ἤρθρων A (in fine lineae) ‖ 9 περόνην VA^4 : περώ- A ‖ 13 ἔχει V : ἔχῃ A ‖ ἁπαλαὶ ἐοῦσαι A : -λῇ ἐούσῃ V ‖ 16 ἔχουσιν A ‖ ὅσα A : ὅσαι V ‖ πρὸς ἑωυτὰ A V : ὀστέοισι Erot. A 59 ‖ 16-17 συμβάλλουσι VA^3 : λαμβάνουσι A ‖ 17 ἔχουσιν A : add. πολλά V ‖ 21 δὲ AV : om. Erot. A 59.

est bifurqué de la façon que voici : à l'extrémité de la bifurcation qui regarde en dedans, se trouve une tête lisse qui s'emboite dans la cotyle ; l'autre bifurcation, qui est moindre, est tournée surtout en dehors, se montre en bas, à la fesse et est nommée hanche. **9** Au genou, l'os de la cuisse est également bifurqué ; dans cette bifurcation, est engrené, comme en un ginglyme, l'os dit de la jambe. En haut de cet os engrené se trouve la rotule, qui empêche l'humidité provenant de la chair de s'introduire dans l'articulation venant à s'étendre. A la jambe s'allongent deux attaches qui, d'une part, en bas, se terminent vers le pied aux malléoles, et d'autre part en haut ne s'avancent pas dans le genou[1]. **10** Vers le pied, la jambe a une articulation aux malléoles et une autre au-dessous des malléoles. Dans le pied, comme dans la main, les articulations sont nombreuses, car autant d'os, autant d'articulations ; aux orteils, le nombre des articulations est le même qu'aux doigts. En outre, il y a dans le corps beaucoup de petites articulations qui ne sont pas semblables chez tous, mais qui varient suivant les individus ; au lieu que celles qui viennent d'être décrites sont semblables chez tous, de même que les veines qui ont été décrites ; toutefois, il y a aussi de petites veines qui varient selon les individus, mais qui sont sans importance[2].

La synovie.

VII. **1** La mucosité existe par nature chez tous ; quand elle est pure, les articulations sont saines et, de ce fait, se meuvent[3] facilement, (les os) glissant les uns sur les autres ; mais la souffrance et la douleur surviennent quand la chair, ayant souffert en quelque chose, y envoie

1. Même erreur qu'au paragraphe 7, note précédente.

2. Ce qui est trop petit par rapport à notre expérience sensible ordinaire est réputé sans importance. La même attitude se retrouve au chapitre VII, 1, des *Glandes* ; cf. *infra*, p. 117.

3. Ici aussi c'est le verbe εἰμί qui est au singulier avec un sujet neutre pluriel et après un autre verbe au pluriel dans la même phrase ; cf. *supra*, p. 43, n. 1 ; même cas encore en IX, 4, p. 48, l. 13.

δικραιότητι · ἐπὶ μὲν τοῦ ἐντὸς κεκλιμένου τῶν δικραίων ἐπὶ τοῦ ἄκρου ἐπιπέφυκε στρογγύλον καὶ λεῖον, ὃ καὶ ἐς τὴν κοτύλην ἐμβάλλει, τὸ δ' ἕτερον τὸ ἔλασσον τῶν δικραίων τὸ ἐκτὸς μᾶλλον ἔξω ἐξέχει, καὶ φαίνεται ἐν τῷ πυγαίῳ κάτω, καὶ ἰσχίον καλεῖται. **9** Πρὸς δὲ τὸ γόνυ τὸ ὀστέον τοῦ μηροῦ τοιόνδ' ἐστὶ δίκραιον · τῷ δὲ δικραίῳ τούτῳ τὸ ὀστέον ἡ κνήμη καλεομένη οἷον ἐν γιγγλύμῳ ἐνήρμοσται · ἄνωθεν δὲ τοῦ ἐνηρμοσμένου ἡ μύλη ἐπίκειται, ἣ ἀποκωλύει ἐς τὸ ἄρθρον ἀναπεπταμένον ἐσβῆναι τὴν ὑγρότητα τὴν ἀπὸ τῆς σαρκός. Παρὰ δὲ τὴν κνήμην περόναι δύο παρήκουσιν, αἳ κάτωθεν μὲν πρὸς τοῦ ποδὸς ἐς τὰ σφυρὰ τελευτῶσιν, ἄνωθεν δὲ πρὸς τοῦ γούνατος οὐκ ἐξήκουσι πρὸς τὸ ἄρθρον. **10** Πρὸς δὲ τὸν πόδα ἡ κνήμη κατὰ τὰ σφυρὰ ἄρθρον ἔχει, καὶ ἄλλο κατώτερον | 290 | τῶν σφυρῶν, καὶ ἐν τοῖσι ποσὶν ἄρθρα πολλά, ὥσπερ καὶ ἐν τῇσι χερσίν · ὅσα γὰρ τὰ ὀστέα, τοσαῦτα καὶ τὰ ἄρθρα, καὶ ἐν τοῖσι δακτύλοισι τῶν ποδῶν τὸν ἀριθμὸν ἴσα κατὰ τὰ αὐτά. Ἄρθρα δὲ πολλὰ ἐν τῷ σώματι σμικρά, οὐχ ὁμοίως πᾶσιν, ἀλλὰ ἄλλα ἄλλοισι · ταῦτα δὲ τὰ γεγραμμένα πᾶσιν ὁμοίως εἰσί, καὶ φλέβες αἱ γεγραμμέναι πᾶσιν ὁμοίως εἰσίν, ἄλλα τε φλέβιά εἰσιν ἄλλοισιν, ἀλλ' οὐκ ἄξια λόγου.

VII. **1** Μύξα πᾶσιν ἔνεστι φύσει, καὶ ὅταν αὕτη καθαρὴ ᾖ, ὑγιαίνουσι τὰ ἄρθρα, καὶ διὰ τοῦτο καὶ εὐκίνητά ἐστιν, ὥστε ὀλισθαίνοντα πρὸς ἑωυτά. Πόνος δὲ καὶ ὀδύνη γίνεται, ὅταν ἀπὸ τῆς σαρκὸς ὑγρασίη

2 ὃ A : ὃς V ‖ 5 τὸ V : τῷ A ‖ 6 ἐστὶν A ‖ δίκραιον VA[2] : διάκραιον A del. Erm. ‖ 7 τούτῳ VA[4] : τοῦτο A ‖ τὸ ὀστέον del. Erm. ‖ 9 μύλη V : μυλίη A ‖ 12 τοῦ ποδός V : τοὺς πόδας A ‖ ἐς A : om. V ‖ 13 γούνατος A : γόν- V ‖ 15 ταῖσι V ‖ 16 τὰ AV : del. Li. ‖ 17 τὰ A : om. V Li. ‖ 19 μικρὰ V ‖ 20 ἄλλοις A ‖ 21 εἰσὶν AV ‖ καὶ φλέβες — εἰσίν A : om. V ‖ 22 ἄλλοις V ‖ 23 ante Μύξα ut titulus add. περὶ πόνων τῶν ἐν τοῖς ἄρθροισιν A ‖ Μύξα — καὶ A : μύξαι πᾶσίν εἰσι φυσικαὶ V ‖ 24 καθαρὴ ᾖ V : καθαρθῇ A ‖ 25 ὀλισθάνοντα V Erm. ‖ 26 ὑγρασίη A : -άσει V.

de l'humidité ; d'abord, l'articulation devient immobile, car l'humidité s'écoulant de la chair ne lubrifie pas ; **2** puis, étant venue avec grande abondance et n'étant pas entretenue continuellement par la chair, elle se sèche ; vu cette abondance, elle ne peut être contenue dans l'articulation, elle s'épanche et, se consolidant mal à propos, elle soulève les nerfs qui lient l'articulation, les détache, les relâche ; ce qui rend le patient boiteux, d'autant plus que (le désordre) est plus grand, d'autant moins qu'il est moindre.

Ventre et vessie.

VIII. **1** Dans le ventre vont les aliments et les boissons ; du ventre partent des fibres tendues jusqu'à la vessie, laquelle filtre le liquide.

Mécanisme des fluxions.

IX. **1** Les fluxions surviennent et quand la chair est trop refroidie, et quand elle est trop échauffée, et quand elle contient trop de phlegme et quand elle en contient trop peu[1]. Les fluxions provenant du froid, quand cela arrive, se font lorsque la chair qui est dans la tête, et les veines sont tendues ; les veines, vu que la chair s'est mise à frissonner, à se contracter et exercer une pression, expriment le liquide, les chairs contractées exercent une expulsion en sens inverse, et les cheveux se hérissent, étant pressés fortement de tous côtés à la fois ; de là, tout ce qui est exprimé s'épanche au petit bonheur. **2** La fluxion se fait aussi par la chaleur, quand les chairs devenues poreuses ouvrent des voies et que le liquide échauffé est devenu plus ténu ; en effet, tout liquide

1. Contrairement à mes prédécesseurs, j'admets que chaque manuscrit a omis un des termes : Littré optait pour le seul ὑποφλεγμαινούσης et Ermerins (et Schubring, p. 48) pour le seul ὑπερφλεγμαινούσης. Il est beaucoup plus satisfaisant de compter quatre causes, opposées deux à deux, des fluxions. C'est d'ailleurs ce que fait la suite du texte ; la correction de Portus, au début du paragraphe 3, admise pour le sens du moins par Schubring, s'impose à cet égard, mais ne retrouve tout son poids qu'avec le texte proposé ici : dans le vocabulaire particulier de l'auteur, ὑποφλεγμαίνω correspond parfaitement à ἰσχνότητα du § 3.

ῥυῇ πονησάσης τι· πρῶτον μὲν πήγνυται τὸ ἄρθρον, οὐ γὰρ ὀλισθηρὴ ἡ ὑγρότης ἡ ἐπερρυηκυῖα ἀπὸ τῆς σαρκός· **2** ἔπειτα, ὥστε πολλὴ λίην γενομένη, καὶ οὐκ ἀρδομένη ἐκ τῆς σαρκὸς αἰεί, ξηραίνεται, καὶ ὥστε πολλὴ ἐοῦσα καὶ οὐ χωρεῦντος τοῦ ἄρθρου ἐκρεῖ, κακῶς τε πεπηγυῖα μετεωρίζει τὰ νεῦρα, οἷσι τὸ ἄρθρον συνδέδεται, καὶ ἄδετα ποιεῖ καὶ διαλελυμένα, καὶ διὰ τοῦτο χωλοὶ γίνονται, καὶ ὅταν μὲν τοῦτο μᾶλλον γίνηται, μᾶλλον, ὅταν δ' ἧσσον, ἧσσον.

VIII. **1** Ἐς δὲ τὴν κοιλίην καὶ τὰ ἐσθιόμενα καὶ τὰ πινόμενα χωρέουσιν, ἐκ δὲ τῆς κοιλίης ἶνες ἐς τὴν κύστιν, ᾗ διηθεῖ τὸ ὑγρὸν, τεταμέναι εἰσί.

IX. **1** Ῥόοι δὲ γίνονται καὶ διαψυχομένης τῆς σαρκὸς λίην, καὶ δια|θερμαινομένης καὶ ὑπερφλεγμαινούσης καὶ 292
ὑποφλεγμαινούσης. Ῥόοι δὲ διὰ μὲν τὸ ψῦχος γίνονται, ὁπόταν τόδε γένηται, ὅταν ἡ σὰρξ ἡ ἐν τῇ κεφαλῇ καὶ αἱ φλέβες τεταμέναι ἔωσιν· αὗται, φριξάσης τῆς σαρκὸς καὶ ἐς μικρὸν ἀφικομένης καὶ ἐκφλιψάσης ἐκφλίβουσι τὴν ὑγρότητα, καὶ αἱ σάρκες ἅμα αὗται ἀντεκφλίβουσιν ἐς μικρὸν ἀφικνεόμεναι, καὶ αἱ τρίχες ἄνω ὀρθαὶ γίνονται ὥστε πάντοθεν ἅμα ἰσχυρῶς πιεζόμεναι· ἐντεῦθεν ὅ τι ἂν ἐκφλιβῇ, ῥεῖ ᾗ ἂν τύχῃ. **2** Ῥεῖ δὲ καὶ διὰ τὴν θερμότητα, ὅταν αἱ σάρκες ἀραιαὶ γενόμεναι διόδους ποιήσωσι, καὶ τὸ ὑγρὸν θερμανθὲν λεπτότερον γένηται· πᾶν γὰρ τὸ ὑγρὸν θερμαινόμενον λεπτό-

1 πονησάσης τι A : πονησάση τὸ V πονήσασι τι Erm. ‖ 2 ἡ ἐπερρυηκυῖα V : ᾗ ἐπερρυήκοι A ‖ 3 γενομένη A : τεν- V ‖ 4 ἀεὶ AV ‖ 6 μετεωρίζει A : -ζοι V add. τὸ ἄρθρον A ‖ 7 ἄδετα A : add. δὲ V ‖ διαλελυμένα V : λελ- A ‖ 8-9 γίνηται, μᾶλλον A : om. V ‖ 10 ἐσθιόμενα VA[5] : αἰσθ- A ‖ 11 τὰ A : om. V ‖ 12 εἰσιν A ‖ 14 καὶ ὑπερφλεγμαινούσης V : om. A ‖ 14-15 καὶ ὑποφλ- A : om. V ‖ 18 ἀφικομένης Joly : ἀφικνου- AV ‖ ἐκφλιψάσης A : ἐκθλ- VA[3] ‖ 19 ἐκφλίβουσι Joly : ἐκθλ- AV ‖ αὗται del. Erm. ‖ 19-20 ἀντεκφλίβουσιν Joly : ἀντεκθλ- AV ‖ 20 ἀφικνούμεναι AV ‖ 21 ἅμα del. Erm. ‖ 22 ἐκφλιβῇ A : -θλ- VA[3] ‖ 23-24 γενόμεναι Lind. : γιν- AV ‖ 24 ποιήσωσιν A ‖ 25 θερμαινόμενον VA[2] : θερμενον A.

échauffé devient ténu et s'écoule tout dans ce qui cède. Mais c'est surtout quand il y a excès de phlegme que la fluxion s'opère ; alors, les chairs étant trop remplies ne peuvent pas contenir tout le liquide, et ce qui ne peut être contenu s'épanche au petit bonheur ; une fois que les conduits sont devenus coulants, la fluxion se fait à tel endroit, au petit bonheur, jusqu'à ce que les voies de la fluxion se ferment. **3** La fluxion provient encore de l'atténuation[1], quand le corps se dessèche. En effet, le corps, communiquant partout avec lui-même, répartit le liquide et de quelque lieu que ce soit, l'amène vers la partie qui est sèche ; et la chose n'est pas difficile attendu que le corps est vide et non enflé à cause de l'atténuation. **4** Quand les parties inférieures sont sèches et les supérieures humides (les vaisseaux d'en haut sont plus humides, car les veines sont plus nombreuses en haut qu'en bas, et les chairs de la tête ont besoin d'une moindre humidité), la partie sèche du corps attire l'humidité de la tête, d'autant plus que les voies sont au service de ce qui attire plutôt que de ce qui est attiré, car elles gagnent à cela, étant sèches ; de plus, les liquides vont par nature en bas, même si une telle contrainte ne s'exerce que peu de temps.

Les sept fluxions de la tête.

X. **1** Sept fluxions viennent de la tête : la première aux narines, la seconde aux oreilles, la troisième aux yeux ; ces fluxions coulent visiblement de la tête. Quand la fluxion se fait sur la poitrine par l'effet du froid, c'est un flux de bile qui se produit[2] ; ce qui fait que le froid porte de préférence la fluxion sur la poitrine, c'est que l'écoulement est facile dans le conduit bronchique, vu qu'il n'est pas même

1. Sur cette correction et son rapport avec le début du chapitre, cf. la note de la page précédente. Schubring croit qu'on peut comprendre le texte sans y introduire l'addition proposée par Portus, mais ce grec est alors étrange et dur.

2. Pour l'interprétation de ce passage, cf. la *Notice*, *supra*, p. 20.

τερον γίνεται, καὶ πᾶν ἐς τὸ ὑπεῖκον ῥεῖ. Μάλιστα δ' ὅταν λίην ὑπερφλεγμήνῃ, διὰ τόδε ῥεῖ· αἱ σάρκες λίην ἔμπλεαι γενόμεναι ὅ τι ἂν μὴ δύνωνται χωρεῖν, ῥεῖ τὸ ὑγρὸν τὸ μὴ δυνάμενον χωρεῖσθαι, ῥεῖ δὲ ᾗ ἂν τύχῃ· ἐπὴν δὲ ἅπαξ εὔροοι αἱ ῥοαὶ γένωνται, ῥεῖ ἔς τι χωρίον ᾗ ἂν τύχῃ, ἔστ' ἂν συμπιεχθέωσιν αἱ δίοδοι τοῦ ῥόου. **3** ⟨Ῥεῖ δὲ καὶ⟩ δι' ἰσχνότητα ὅταν τὸ σῶμα ξηρανθῇ· ὥστε γὰρ τὸ σῶμα κοινωνέον αὐτὸ ἑωυτῷ διαλαμβάνει καὶ ἄγει, καθ' ὅ τι ἂν ὑγρὸν ἐπιτύχῃ, ἐς αὐτὸ τὸ ξηρόν· ἄγειν δὲ οὐ χαλεπὸν αὐτό ἐστιν, ὥστε τοῦ σώματος κενεοῦ τε καὶ οὐ συνοιδέοντος ὑπὸ ἰσχνότητος. **4** Ὅταν δὲ τὰ κάτω ξηρὰ γένωνται, τὰ δ' ἄνω ὑγρά (μᾶλλον δὲ τὰ ἄνω ὑγρά ἐστι τεύχεα, αἱ γὰρ φλέβες ἄνω πλειόνές εἰσιν ἢ κάτω, καὶ αἱ σάρκες ἐλάσσονος ὑγρότητος δεόμεναι αἱ ἐν τῇ κεφαλῇ), ἄγει δὴ τὸ ξηρὸν τοῦ σώματος τὸ ἐκ τῆς κεφαλῆς ὑγρόν· καὶ ἅμα καὶ δίοδοί εἰσι τῷ ἄγοντι μᾶλλον ἢ τῷ ἀγομένῳ· καὶ γὰρ αὗται κερδαίνουσιν ὥστε ξηραὶ ἐοῦσαι, καὶ ἅμα καὶ τὰ ὑγρὰ πέφυκε κάτω χωρεῖν, καὶ ἢν βραχέα τις ἀνάγκη γένηται.

| X. **1** Ῥόοι δὲ ἀπὸ τῆς κεφαλῆς ἑπτά· ὁ μὲν κατὰ 294
τὰς ῥῖνας, ὁ δὲ κατὰ τὰ ὦτα, ὁ δὲ κατὰ τοὺς ὀφθαλμούς· οὗτοι οἱ ῥόοι καταφανεῖς ἐκ τῆς κεφαλῆς τοῖσιν ὀφθαλμοῖσιν. Ἐπὴν δ' ἐς τὸν κίθαρον ῥυῇ ὑπὸ ψύχεος, χολὴ γίνεται, μάλιστα δὲ ῥεῖ ἐς τὸν κίθαρον ὑπὸ ψύχεος διὰ τόδε, ὅτι εὔροον γίνεται ἐς τὸν βρόγχον, ὥστε οὐδὲ

1 ἐς A : om. V (ἐς πᾶν Erm. Heidel) ‖ 2 sec. λίην A : αἲ ἢν μὲν V ‖ 3 γενόμεναι A : γιν- V ‖ δύνονται A ‖ ῥεῖ A : ῥοῦ V ‖ 4-6 ἐπὴν δὲ — τύχῃ A : om. V ‖ 5 ἐς Zwing.[m] : καὶ A ‖ τι Heidel : τὸ A ‖ 6 συμπιεχθῶσιν A (συν)- V ‖ δίοδοι V : ὁδοὶ A ‖ 6-7 Ῥεῖ δὲ καὶ add. Portus apud Foes (ῥόου. Δι' ἰσχν- Sch.) ‖ 8 κοινωνέον : κενὸν ἐὸν Heidel ‖ αὐτὸ V : -τῷ A ‖ 9 ἄγει V : ἀλγεῖ A ‖ καθ' del. Heidel ‖ αὐτὸ Joly : ἑωυτὸ V ἑωυτῷ A ‖ 11 κενοῦ τε A : κενοῦται V add. ἐόντος Erm. ‖ 14 ἐλάττονος AV ‖ 16 δίοδοί εἰσι V : διόδοισι A ‖ 17 τῷ V : τὸ A ‖ 19 βραχέα Erm. : -ίη A -έη V -είη A[3] ‖ 22 ῥόοι καταφανεῖς V (-έες) : ῥόοι (? ῥόες A[4]) καταφρενέες A ‖ 23 et 24 ψύχους AV ‖ 23 supra χολὴ add. μαλλ. (?) A[2] sed erasum est ‖ 24 μάλιστα A Sch. : μᾶλλον VA[2] (?) ‖ 25 οὐδὲ VA[2] Sch. : οὐ A.

enveloppé. **2** Le froid est cause encore que les personnes ainsi en proie à la bile éprouvent de la fatigue[1] ; en effet, les chairs, quand le temps est rigoureux[2], ne sont pas en repos, mais elles sont ébranlées ; cet ébranlement les fait souffrir, les fatigue, comme l'ébranlement que provoque la marche. La fluxion sur la poitrine produit des empyèmes et des phtisies. Quand la fluxion se fait sur la moelle épinière, c'est une phtisie cachée[3]. **3** Quand elle se fait en arrière sur les vertèbres et les chairs, se produit une hydropisie ; on la reconnaît à ceci : les parties antérieures sont sèches, tête, narines, yeux ; les yeux sont affectés d'amblyopie ; ils deviennent pâles ainsi que le reste du corps ; il n'y a aucune expectoration, même quand la fluxion est considérable ; car cette fluxion, coulant par le milieu de la chair, et éloignée à la fois et de la chair postérieure et de la chair antérieure, laisse sec le devant et humecte la chair en arrière et plus celle qui est en dedans vers le ventre que celle qui est en dehors vers la peau. **4** La raison en est que le corps est plus dense en dehors qu'en dedans et percé de pertuis plus étroits ; ces pertuis, étant ténus, s'obstruent ; ils y remédient tout seuls, mais aucune fluxion ne peut passer par là. Les pertuis intérieurs sont plus larges et les intervalles qui les séparent sont plus minces. **5** De la sorte, la fluxion venant de plus haut et ne rencontrant que de minces obstacles, s'épanche et remplit les chairs d'humidité ; l'humidité fournie par les aliments arrive au même lieu et se corrompt. Dès lors, le corps n'est plus nourri que par cette humidité que le mélange a corrompue,

1. Il ne semble pas, dans ce contexte assez général, que κόπος ait le sens précis de « courbature », comme en *Régime*, II, 66. Cette notion serait plutôt impliquée dans la comparaison de la ligne 5.

2. Χειμίη est glosé par Galien : ψῦχος, ῥῖγος (XIX, 154, 11 Kühn) et fait penser que telle était la leçon originelle de A, dont il ne reste que χ.μ...

3. Galien, dans son *Glossaire*, note : ἀλαΐα · φθίσις οὕτως ὠνόμασται ἐν τῷ Περὶ τόπων τῶν κατὰ ἄνθρωπον ἥ οἷον τυφλὴ καὶ ἀόρατος ; cf. Schubring, p. 42.

συγκεκαλυμμένον· **2** ὑπὸ δὲ τοῦ ψύχεος καὶ κόπος ἔχει διὰ τοῦτο τοὺς ὑπὸ τῆς χολῆς ἐχομένους, ὅτι αἱ σάρκες, ὅταν χειμίη ᾖ, οὐκ ἀτρεμίζουσιν, ἀλλὰ σείονται, καὶ σειόμεναι μοχθέουσι καὶ κοπιῶσιν, ὥστε σειόμεναι ὥσπερ ἐν τῇσιν ὁδοιπορίῃσι· καὶ ἔμπυοι γίνονται, ὅταν ἐς τὸν κίθαρον ῥέῃ, καὶ φθισιῶντες. Ὅταν δ' ἐς τὸν μύελον ῥόος γένηται, ἀλαΐη γίνεται. **3** Ὅταν δὲ ὄπισθεν ἐς τοὺς σπονδύλους καὶ ἐς τὰς σάρκας ῥυῇ, ὕδρωψ γίνεται, καὶ τῷδ' ἐστὶ γινώσκειν, ξηρὰ τὰ ἔμπροσθεν, ἡ κεφαλὴ καὶ αἱ ῥῖνες καὶ οἱ ὀφθαλμοί· καὶ τοῖσιν ὀφθαλμοῖσι γίνεται ἀμβλυώσσειν, καὶ χλωροὶ γίνονται καὶ τὸ ἄλλο σῶμα, καὶ οὐκ ἀποπτύει οὐδέν, οὐδ' ἢν πολὺ ῥέῃ· ὅδε γὰρ ὁ ῥόος, διὰ τῆς σαρκὸς μέσης ῥέων, τῆς ὄπισθεν καὶ τῆς ἔμπροσθεν ἀπεστραμμένος, ξηρὰ τὰ ἔμπροσθεν ποιεῖ, τὴν δ' ὄπισθεν ἄρδει σάρκα, καὶ τὴν ἐντὸς μᾶλλον πρὸς τὴν κοιλίην, ἢ ἐκτὸς πρὸς τὴν ῥινόν· **4** διὰ τοῦτο δὲ ⟨ὅτι⟩ ἐκτὸς μᾶλλον ἢ ἐντὸς στερεώτερον τὸ σῶμα, καὶ στεινοτέρας διατρήσιας ἔχει· ὥστε δὲ λεπταὶ ἐοῦσαι συμπιλέονται, καὶ ἀκέουσιν αὐταὶ σφίσιν ἑωυτῇσι, καὶ ῥόος οὐ δύναται ταύτῃ ἰέναι οὐδείς· εὐρύτεραι δέ εἰσιν αἱ ἐντὸς καὶ λεπτότερα τὰ μεταξὺ ἔχουσαι. | **5** Ὁ δὲ ῥόος, ὥστε ἀφ' ὑψηλοτέρων, 296
καὶ λεπτὰ τὰ ἀντικωλύοντα ἔχων, ῥεῖ καὶ πίμπλησιν ὑγρότητος τὰς σάρκας· καὶ ἀπὸ τῶν σιτίων ἐς τὸ αὐτὸ χωρέουσα ἡ ὑγρότης διέφθαρται· διεφθαρμένη δ' αὐτὴ ὑπὸ τῆς συμμίξιος, καὶ τὸ ῥέον σὺν αὐτῇ ἀπὸ τῆς κεφα-

3 χειμίη ᾖ Gal. A (?) : ἔχη μῆνι V εὐχιμίη A[2] εὐχυ- A[3] εὐχυ- ᾖ A[4] ‖ 5 ὥσπερ A : om. V ‖ ἔμπυοι VA[3] : ἔμποιοι A ‖ 7 ἀλαΐη Gal. (-α) Deich. : φθίσις ἄλλη AV φθίσις ἀλαΐα Corn. φθ. ἀλλοία Erm. ‖ 10 ἡ A : ἢ, ἡ V ‖ 11 ἀμβλυώσσειν V : ἀμβλύωσιν A -ῶσσιν A[2] -ῶσσίς A[3] ἀμβλύωσις proposuerim ‖ 12 ἀποπτύει V : -ειν A ‖ 16 ἢ A : om. V add. τὴν Erm. ‖ ῥινόν A Erot. P3 : ῥίνα V ‖ 17 ὅτι add. Sch. ‖ 17-18 στερεὸν Erm. ‖ 18 στεινοτέρας Joly : στενωτέρας A στενοωτέρας V ‖ 19 ξυμπιλέονται A ‖ αὐταὶ Erm. : αὖται AV ‖ 20 ἑωυταῖς AV del. Erm. ‖ 21 εὐρύτεραι δὲ Sch. : δ' εὐρ- τε A αἱ δ' εὐρ- τέ VA[2,3]. ‖ 24 σιτίων VA[2] : σίτων A ‖ ἐς V : ὡς A ‖ 26 συμμίξεως V.

et par la fluxion qui coule avec elle de la tête ; les chairs, nourries par une humidité abondante, morbide et pléthorique, se remplissent d'hydropisie. **6** La (septième) fluxion coulant peu à la fois produit, quand elle s'arrête, le mal de hanche et les engorgements. Comme elle est en petite quantité et à cause de cela pressée de tous côtés par tout ce qui est plus fort qu'elle, et à cause de cela n'ayant pas d'écoulement, elle cherche un refuge dans les articulations. Il survient encore des engorgements et des maux de hanche à la suite de maladies de ce genre qui arrivent à guérison : quand ce qui cause la maladie guérit, s'il reste dans la chair quelque chose qui n'ait pas d'issue, et que ce reliquat ne sorte en tumeur ni au dedans ni à la peau, cela se porte aux endroits qui cèdent [1], aux articulations, et produit des engorgements ou le mal de hanche [2].

Fluxion sur le nez.

XI. **1** Quand les narines sont gonflées et remplies de phlegme coagulé, il faut atténuer ce phlegme coagulé soit par des bains de vapeur, soit par un évacuant, mais ne pas détourner ; si, en effet, le flux détourné se porte ailleurs, où que ce soit, il y causera une maladie plus grande.

Fluxion sur les oreilles.

XII. **1** Le flux se faisant sur les oreilles, d'abord il y a douleur, à cause de la violence avec laquelle il chemine ; et la douleur persiste jusqu'à ce qu'il y ait fistule ; elle cesse une fois que l'habitude de l'écoulement est prise. Pour qui est sous le coup de la douleur, on aura un médicament de nature échauffante, on le fera tiédir, on le délaiera avec de l'huile d'amandes amères, et on l'injectera dans l'oreille ; en arrière on

1. L'auteur utilise plusieurs fois cette notion (ὑπείκω) ; on la trouve rarement ailleurs ; cf. *Foetus de huit mois*, III, 1, et la note au tome XI de la présente collection, p. 165, n. 3.

2. Comme le note L. Bourgey, *Op. laud.*, p. 249-250, n. 8, on reconnaît ici, même en l'absence du terme technique, la doctrine des dépôts. Sur cette notion, cf. mon tome XI, p. 168, n. 2.

λῆς, τρέφουσι τὸ σῶμα· λίην δὲ πολλῷ ὑγρῷ αἱ σάρκες τρεφόμεναι καὶ νοσηλῷ θάλλουσαί τε λίην ὕδρωπος ἔμπλεαί εἰσιν. **6** Ἢν δ' ὀλίγον ῥεύσῃ, ἰσχιάδα καὶ κέδματα ἐποίησεν, ἐπὴν ῥέον παύσηται· ὥστε γὰρ ὀλίγον ἐρρυηκὸς καὶ πάντοθεν ὠθεύμενον ὑπὸ παντὸς κρέσσονος ἐόντος ὥστε ὀλίγον ἐόν, καὶ οὐκ ἔχον ἐπιρροὴν [καὶ] ὥστε πάντοθεν ὠθεύμενον, ἐς τὰ ἄρθρα ἀποφυγὴν ποιεῖται. Γίνεται δὲ κέδματα καὶ ἰσχιάδες καὶ ἀπὸ τοιούτων νοσημάτων ὑγιέων γινομένων· ὅταν τὸ μὲν νόσημα ποιέον ὑγιὲς γένηται, καταλειφθῇ δέ τι ἐν τῇ σαρκὶ καὶ μὴ ᾖ αὐτῷ ἔξοδος, μήτ' αὖ ἔσω μήτε ἐς τὸ δέρμα φῦμα ποιήσῃ ἐξιόν, φεύγει ἐς τὸ ὑπεῖκον, ἐς τὰ ἄρθρα, καὶ ἢ κέδματα ἢ ἰσχιάδα ἐποίησεν.

XI. **1** Ἢν δὲ συνοιδήσωσιν αἱ ῥῖνες, καὶ φλέγματος ἔμπλεαι ἔωσι συμπεπηγότος, τοῦτο χρὴ τὸ φλέγμα τὸ συμπεπηγὸς λεπτύνειν ἢ πυριήσιν ἢ φαρμάκῳ, καὶ μὴ ἀποτρέπειν· ἢν γὰρ ἀποτρεφθὲν ἄλλῃ πῃ ῥεύσῃ, πάντῃ τὸ ῥέον μέζον' ἂν νοῦσον ποιέοι.

XII. **1** Ὁπόταν δ' ἐς τὰ ὦτα ῥέῃ, τὸ πρῶτον ὀδύνην παρέχει, βίῃ γὰρ χωρεῖ· πόνον δὲ παρέχει, ἔστ' ἂν ἀποσυριγγωθῇ· ἐπὴν δὲ μάθῃ ῥεῖν, οὐκέτι πόνον ποιεῖ. Τῷ ὑπὸ τῆς ὀδύνης ἐχομένῳ φάρμακον θερμὸν φύσει χλιερὸν ποιήσαντα, διέντα νετώπῳ, ἐγχεῖν, καὶ ὄπισθεν σικύην προσβάλλειν, ἢν τὸ ἀριστερὸν ἀλγῇ, ἐς τὸ δεξιόν,

1 τρέφουσι VA : τρέφει A³ ‖ 2 θάλλουσί Erm. ‖ τε λίην A : om. V add. καὶ A² ‖ 5 post ὠθεύμενον add. καὶ A del. Asul. ‖ [καὶ] ὑπὸ — 7 ὠθεύμενον A : om. V ‖ 7 καὶ del. Li. ‖ 10 ποιέον A : τὸ π. VA² ‖ ὑγιὲς V : -έες A ‖ καταλειφθῇ VA³ : -ληφθῇ A ‖ 11 post αὐτῷ add. ἡ A ‖ μήτε A : add. ἔξω V ἔξω, ἀλλ' A² ‖ 12 ἐξιόν VA² : ἔξω ὄν A ‖ 12-13 ἐς τὰ ἄρθρα del. Erm. ‖ 15 ἐῶσιν A ‖ τοῦτο A : τούτου V ‖ 17 ἄλλῃ edd. : ἄλη A ἄλλη A³ λάβη V ‖ πῃ ῥεύσῃ A (-η *bis*) : πηρεύσει V ‖ 18 πάντη V : παντὶ A ‖ ῥέον A : ῥέεθρον V ‖ μέζον' ἂν νοῦσον Joly : μέζονα νόσον A μεῖζον ἂν ὅσον V ‖ ποιέοι A : -έῃ V ‖ 19-20 ὀδύνην — γὰρ χω[A^{2,3} : γὰρ βίῃ χωρέει V intervallum 7 vel 8 litterarum A (unde apparet A sicut V ὀδύνην παρέχει omisisse) ‖ 21 ἀποσυριγγωθῇ A Erot. A 55 : -συρρητωθῇ V ‖ μάθῃ V : -οι A ‖ 23 νετώπῳ V : μετ- A ‖ 24 ἀλγέει A (corr. A³).

appliquera une ventouse[1], à droite si c'est l'oreille gauche qui souffre, à gauche si c'est la droite ; on ne scarifiera pas, si ce n'est juste pour que (la ventouse) tire. **2** Si avec cela la douleur ne se calme pas, on refroidira en injectant des substances de nature froide et on fera boire un médicament qui procure des évacuations par le bas, mais non par le haut, car il n'est pas bon de vomir, et pour le reste, on refroidira. Abandonnez chaque fois une méthode qui ne mène pas à la guérison ; et si elle fait pire que mieux, passez à la médication contraire[2] ; mais si elle conduit à la guérison, ne retranchez absolument rien de ce que vous administrez, n'interrompez pas le traitement et n'ajoutez rien. **3** Si une fistule est déjà formée et qu'un *ichor*[3] purulent et fétide coule en abondance, on agira ainsi : imbibant une éponge avec le médicament siccatif, on l'appliquera aussi près que possible de l'oreille et on introduira dans les narines un errhin, afin que le flux qui se fait sur les oreilles se porte en avant aux narines et ne retourne pas dans la tête, puisqu'il est morbide.

Fluxion sur les yeux.

XIII. **1** Quand la fluxion va sur les yeux, ils se remplissent de phlegme et se gonflent. On soignera le patient avec le médicament soit humide, soit sec en poudre ; si les yeux se remplissent brusquement, ne faites aucune application, mais, ou bien évacuez par le bas à l'aide d'un lavement aussi actif que possible, ou bien atténuez le patient par tout autre purgatif, en veillant bien à ne pas provoquer de vomissement ; s'il pénètre dans l'œil

1. Cette technique est bien attestée par ailleurs ; cf. *Des plaies*, 27 (VI, 430-432 L).

2. *L'Aphorisme*, II, 52, s'oppose à cette doctrine : « Quand on agit de façon raisonnable et que les phénomènes n'arrivent pas comme on était en droit d'escompter, il ne faut pas aller d'un autre côté si l'indication première subsiste », trad. Bourgey, *Op. laud.*, p. 167. — Notons aussi que cette remarque s'accorde bien avec la section XLII sqq.

3. Cf. M.-P. Duminil, *Les sens de ichōr dans les textes hippocratiques*, in *Corpus Hippocraticum*, p. 65-76. Il s'agit ici de l'humeur altérée (p. 71).

καὶ | ⟨ἣν τὸ δεξιόν, ἐς⟩ τὸ σκαιόν· μὴ κατακρούειν 298
δέ, ἀλλ' ὡς ἂν ἕλκῃ μοῦνον· **2** ἢν δὲ μὴ πρὸς ταῦτα παύηται, ψύχοντα ἐγχεῖν φύσει ψυχρά, καὶ φάρμακον πίσαι ὅ τι ἂν κάτω ὑποχώρησιν ποιῇ, ἄνω δὲ μή, ὥσπερ οὐδ' ἀρήγει ἐμεῖν, καὶ τὰ ἄλλα ψύχειν. Καὶ αἰεὶ δὲ ἐκ τοῦ ὑγιὲς μὴ ποιέοντος τρόπου μεταλλάσσειν· καὶ ἢν μὲν κάκιον ποιῇ, ἔρχεο ἐς τὸ ὑπεναντίον· ἢν δὲ ῥέπῃ ἐς τὸ ὑγιές, τὸ πάμπαν μὴ ἀφελεῖν τι τῶν προσφερομένων, μηδ' ἀποζευγῆσαι, μηδὲ προσθεῖναι ἄλλο τι. **3** Ἢν δὲ σεσυριγγωμένον ἤδη ᾖ, καὶ πεπυωμένος ῥέῃ ἰχὼρ πολὺς καὶ κακὸν ὀζόμενος, τοῦτο ὧδε ποιεῖν· σπογγία δεύων, ξηραίνων τῷ φαρμάκῳ ξηρῷ πρὸς τὴν ἀκοὴν ὡς πελαστάτω προσθεῖναι, καὶ πρὸς τὰς ῥῖνας καθαρτήριον, ὅπως, τοῦ ἐς τὰ ὦτα ῥέοντος, πρόσθεν ἐς τὰς ῥῖνας φέρηται, καὶ μὴ ἐς τὴν κεφαλὴν πάλιν ἀποχωρῇ, νοσηλὸν ἐόν.

XIII. **1** Ὅταν δ' ἐς ὀφθαλμοὺς ῥεῦμα ἴῃ, φλεγμαίνουσιν οἱ ὀφθαλμοὶ καὶ οἰδέουσι· τοῦτον χρὴ τῷ φαρμάκῳ ἢ τῷ ὑγρῷ ἢ τῷ ξηρῷ ἐν παστῷ ἰῆσθαι· ἢν δ' εὐθέως φλεγμήνωσι, μὴ ἔγχριε μηδέν, ἀλλ' ἢ κλύσαι κάτω τῷ ἰσχυροτάτῳ, ἢ ἄλλῳ τινὶ ἀπισχνῆναι ὑποχωρητικῷ φαρμάκῳ ἀνακῶς, μὴ ἔμετον ποιήσῃς· ἢν δὲ οἷον λίθοι ὑποτρέχωσι, φάρμακον ἐγχρίειν ὅ τι πλεῖστον

1 ἣν τὸ δεξιόν, ἐς add. Asul. || 2 ἀλλ' ὡς A : ἄλλως V || 4 ποίεει A || 4-5 ὥσπερ οὐδ' : ὥστε οὐδὲν Erm. || 5 ἀεὶ V || 6 μεταλλάσσειν edd. : -αλάσσειν V -αλάσσει A μὴ (μὶ A^2) -αλάσσειν A^3 || 7 ποιέει A || ἔρχεο Mack e Corn. (-ου) : ἔχου AV ἐλθεῖν Erm. || ῥέπει A || 9 τι om. A || 10 πεπυωμένος V : -ρωμένος A || ῥέῃ : ῥέει A ῥείῃ V || 11 πουλὺς V || τοῦτο A : τούτῳ V || 12 σπογγία : σπόγγια AV σπογγιὰν Corn. Li. || ξηραίνων τῷ φαρμάκῳ ξηρῷ Joly : ξηραίνοντι τινὶ φ. ξ. A ξηραίνοντι φ. ξ. V ξηραίνοντί τινι φ. Li. Erm. || 13 ὡς V : ὥστε A || 14 ἐς V : πρὸς A || 15 φέρηται V : ἀποτρέπηται A || 16 ἀποχωρέει A || 17 ἴῃ V : εἴῃ A || 18 οἰδέουσιν A || τῷ A Erm. : om. V Li. || 19 τῷ ξηρῷ V : τὸ ξηρὸν A || 20-21 ἀλλ' ἢ κλύσαι κάτω Mack : ἄλλῃ καῦσαι κάτω A ἀλλ' ἢ καῦσαι κατωτάτω V ἀλλ' ἢ καυστικωτάτο A^2 (-τατω A^3) || 21 τῷ edd. : τὸ A om. V || 22 ἀνακῶς Erot. A 53 Sch. : φυλασσόμενος AV.

comme des pierres, on oindra avec le médicament qui peut provoquer le plus de larmes ; en même temps, on maintiendra le reste du corps humide et phlegmatique, afin que les yeux s'humectent et se nettoient, si bien que vous ferez s'en aller[1] la larme coagulée. **2** Quand la fluxion ne s'opère que peu à peu dans les yeux et y cause de la démangeaison[2], on fera une onction émolliente, qui en même temps sera siccative, et provoquera quelques larmes, et avec le même objectif[3] on introduira un médicament dans les narines, tous les jours ou tous les deux jours ; ce médicament sera tel que le patient n'en introduira dans les narines qu'un oxybaphe et il ne l'introduira que peu à peu ; quant au médicament appliqué sur les yeux, il sera siccatif, afin que ce qu'il desséchera et obstruera soit détourné vers les narines. Des médicaments qui purgent la tête, ceux qui sont forts évacuent l'humeur de la tête entière ; ceux qui sont faibles, seulement des yeux et puis de la région du nez. **3** Si, de la mucosité s'étant déposée entre l'os et la chair, une fluxion provenant de la chair et de l'os[4] se fait sur les yeux, on reconnaîtra la source de cette fluxion à ceci : la peau qui est à la tête cède sous la pression, des ulcères font éruption à la tête, les yeux deviennent larmoyants sans que les paupières s'ulcèrent, sans qu'il y ait mordication, sans que l'amblyopie se manifeste ; au contraire, le patient a la vue perçante ; car la fluxion n'est pas salée, vu qu'elle ne provient pas de l'encéphale, mais elle est plutôt muqueuse. **4** On traitera le patient ainsi : on purgera la tête avec un médicament qui ne sera pas fort, on atténuera le corps en donnant des aliments et des médicaments qui provoquent des selles,

1. Il peut paraître inquiétant qu'à trois lignes d'intervalle le même verbe ὑποτρέχω ait deux sens opposés : j'avais songé à corriger la seconde occurrence en ὑποχωρεῖν, mais j'y renonce. LSJ entérine sans broncher les deux sens pour ce passage.

2. Érotien, K 30, glose simplement par ξηροφθαλμίαν, mais Galien (XIX, 112, 14) écrit κνησμόν· ἔνιοι δὲ ξηροφθαλμίαν ἤκουσαν.

3. Je n'ai pas « corrigé » la forme χρώμενος, ni la forme fréquente χρῶ, ni ἰῶ, unanimement attestées par nos deux manuscrits : la langue d'un Dorien écrivant en ionien peut être plus ou moins disparate.

4. Ce passage est important, car il montre que, pour l'auteur, toutes

δάκρυον ἄγειν μέλλει, καὶ τὸ ἄλλο σῶμα ὑγραίνοντα καὶ φλεγμαίνειν ποιέοντα, ὡς ὑγρότεροι οἱ ὀφθαλμοὶ γένωνται καὶ ἐκκεκλυσμένοι, ὡς τὸ δάκρυον συμπεπηγὸς ὑποτρέχειν ποιῇς. **2** Ὅταν δ' ἐς τοὺς ὀφθαλμοὺς κατὰ σμι|κρὸν ῥέῃ, καὶ κνιπότητα παρέχῃ, τοῦτον 300
ἐγχρίειν μαλθακώδει, ὅ τι μέλλει ξηραίνειν ἅμα καὶ δάκρυον ὀλίγον ἄγειν, καὶ πρὸς τὰς ῥῖνας φάρμακον προσφέρειν ἢ ἑκάστης ἡμέρης, ἢ διὰ τρίτης, γνώμῃ τῇ αὐτῇ χρώμενος· τοιόνδε ἔστω τὸ φάρμακον, ὅ τι μὴ πλέον ἢ ἐμβάφιον ἀπάγειν μέλλει κατὰ τὰς ῥῖνας, ἀπάγειν δὲ κατὰ σμικρόν, τὸ δὲ κατὰ τοὺς ὀφθαλμοὺς ἀποξηραίνειν, ὡς ὅ τι ἂν τὸ τῶν ὀφθαλμῶν φάρμακον ἀποξηρήνῃ καὶ ἀποφράξῃ, κατὰ τὰς ῥῖνας ἀποτράπηται. Τὰ δὲ φάρμακα τὰ τῆς κεφαλῆς καθαρτήρια, ἃ μὲν αὐτῶν ἰσχυρά ἐστιν, ἀπὸ τῆς κεφαλῆς ἄγουσιν ὅλης· ἄσσα δὲ ἀσθενέα, ἀπὸ τῶν ὀφθαλμῶν, καὶ αὐτόθεν ἀπὸ τῶν πέλας τῆς ῥινός. **3** Ἣν δ' ἀπὸ τῆς σαρκὸς καὶ τοῦ ὀστέου, μύξης ὑποστάσης μεταξὺ τοῦ ὀστέου καὶ τῆς σαρκός, ῥεῦμα ἐς τοὺς ὀφθαλμοὺς γένηται, τῷδε δῆλόν ἐστιν, ὅτι ἐντεῦθεν ῥεῖ· τὸ δέρμα τὸ ἐπὶ τῇ κεφαλῇ φλιβόμενον ὑπείκει, καὶ ἕλκεα ἐς τὴν κεφαλὴν ἐκθύουσι, καὶ κατὰ τοὺς ὀφθαλμοὺς δακρύουσι, καὶ οὐχ ἑλκοῦνται τὰ βλέφαρα, οὐδὲ δάκνει, οὐδ' ἀμβλυώσσειν ποιεῖ, ἀλλ' ὀξὺ ὁρῶν γίνεται· τὸ γὰρ ῥεῦμα οὐχ ἁλμυρόν ἐστιν, ὡς οὐκ ἀπὸ τοῦ ἐγκεφάλου, ἀλλὰ μυξῶδες μᾶλλόν. **4** Τοῦτον ὧδε χρὴ ἰῆσθαι· φαρμάκῳ καθαίρειν χρὴ τὴν κεφαλὴν μὴ ἰσχυρῷ, καὶ τὸ σῶμα ἰσχναίνειν καὶ σιτίοισι καὶ φαρμάκοισι κάτω ὑπάγοντα, ὡς

1 δάκρυον ἄγειν A : ἄ. δ. V ‖ τὸ ἄλλο σῶμα V : τὸ σ. τὸ ἄλλο A ‖ 3 ἐκκεκλυσμένοι V : -κλεισμένοι A ‖ 4 ποιέει A ‖ 5 παρέχει A ‖ 6 μέλλει ξ. V : ξ. μ. A ‖ ἅμα V : om. A ‖ 8-9 γνώμῃ τῇ αὐτῇ A Li. : τῷ αὐτῷ V Erm. ‖ 10 ἐμβάφιον A : -φι V ‖ 12 τὸ V : om. A ‖ 13 καὶ V : ἢ κ. A ‖ κατὰ A : καὶ κ. V ‖ 19-20 γένηται A : ἐγγ- V ‖ 20 τῷδε V : τόδε A ‖ 21 φλιβόμενον A : θλ- VA[2] ‖ ἕλκεα V : ἕλκεται A ‖ 28 ὡς AV : ἕως A[2] Erm.

afin que l'atténuation du corps ait pour effet de sécher la fluxion ou que cette fluxion soit détournée par le médicament appliqué aux narines ; mais on n'en appliquera pas sur les yeux. **5** Si même ainsi le patient ne guérit pas, on incisera la tête jusqu'à ce qu'on arrive à l'os ; les incisions ne seront ni superficielles ni transversales et vous devrez inciser jusqu'à ce que vous touchiez l'os ; vous ferez de nombreuses incisions, afin que l'humeur accumulée s'échappe plus vite en coulant par les plaies et qu'en même temps par leur nombre, elles facilitent l'adhésion de la chair à l'os. C'est ainsi qu'il faut traiter. Cela finit pour le malade, si on ne s'y prend pas bien, de la façon suivante : l'œil ne se nettoie pas comme il le devrait pour conserver la vue perçante, le dépôt qui se fait le rend de plus en plus scintillant et la vue perçante du patient est perdue. **6** Si une humeur sanguinolente s'épanche dans l'humeur pure de l'œil, la prunelle ne paraît plus ronde, vu que là où est le sang, il n'y a plus de brillant et ce qu'on en voit n'est plus qu'un cercle défectueux ; de plus, le patient croit voir des objets se mouvoir devant lui et il ne voit plus rien comme en réalité[1]. **7** Dans ce cas, il faut cautériser[2] les veines qui pressent les yeux, veines[3] qui battent toujours et sont situées entre l'oreille et la tempe ; les ayant ainsi obstruées, appliquez aux yeux les remèdes humectants et faites couler autant de larmes qu'il se pourra, afin que se

les fluxions ne proviennent pas nécessairement de la tête ; cf. *Notice*, p. 13.

1. Il est possible que κατ' ἀληθείην ait remplacé un ἀτρεκέως plus ancien, comme en III, 3, où il lui était juxtaposé. Érotien a une longue note sur ἀτρεκέως (A 4), qui se termine comme suit : ἐν δὲ τῷ Περὶ τόπων τῶν κατὰ ἄνθρωπον καὶ ἐν Γυναικείων α' ἀντὶ τοῦ ἀληθῶς χρῆται τῇ λέξει ; cf. Schubring, p. 55.

2. La cautérisation comme moyen thérapeutique est fréquente dans les traités *Des maladies* ; cf. L. Bourgey, *Observation...*, p. 52-53, 155 et n. 2. Ce serait tout autre chose avec la leçon de θ en *Régime*, LVI, 3 (tome VI, 1, p. 56, 17-18 de la présente édition).

3. Il a été question de ces veines en III, 2. — Le *battement* de ces veines ne doit pas faire croire que la notion de *pouls* était reconnue à l'époque.

ἀποξηρανθῇ ἰσχναινομένου τοῦ σώματος, ἢ ἐκτρεφθῇ τῷ κατὰ τὰς ῥῖνας προστιθεμένῳ φαρμάκῳ· πρὸς δὲ τοὺς ὀφθαλμοὺς οὐδὲν δεῖ φάρμακον προσφέρειν. **5** Ἢν δὲ δὴ μηδ' οὕτως ὑγιὴς γίνηται, τὴν κεφαλὴν κατατάμνειν ἔστ' ἂν πρὸς τὸ ὀστέον ἵῃς, μὴ μετεώρους μηδ' ἐπικαρσίους τὰς τομὰς ποιεῖν· τάμνειν δὲ ἄχρι τούτου, ἄχρις ἂν τοῦ ὀστέου θίγῃς· τάμνειν δὲ πυκνά, ὡς ἂν τὸ συνεστηκὸς ἐξέλθῃ θᾶσσον διὰ τῶν ἑλκέων ἀπορρέον, ἅμα δ' αἱ τομαὶ πυκναὶ ἐοῦσαι πρόστασιν ποιέωσι | τῇ σαρκὶ πρὸς τὸ ὀστέον. Οὕτως ἰῆσθαι δεῖ· τούτῳ 302
τοιῆδε ἡ ἀποτελεύτησις γίνεται, ἢν μή τις εὐτρεπίσῃ· οὐκ ἐκκέκλυσται, ὥστ' ἐκκλυζόμενον ὀξὺ ὁρᾶν ποιεῖν, αἰεὶ τῷ ἐφισταμένῳ μαρμαρυγώδης μᾶλλον γίνεται, καὶ τὸ ὀξὺ ὁρῶν τοῦ ἀνθρώπου ἀποσβέννυται. **6** Ἢν δ' ἐς τὴν ὄψιν ἐς τὸ ὑγρὸν καθαρὸν αἱματῶδές τι ἐσέλθῃ ὑγρόν, τούτῳ ἡ ὄψις ἔνδον ἐμφαίνεται τοῦ ὀφθαλμοῦ οὐ στρογγύλον ἐὸν διὰ τόδε· ἐν ᾧ ἂν τὸ αἱματῶδες ἐνῇ, τοῦτο οὐκ ἐμφαίνεται, τούτῳ δὴ ἐλλείπει τὸ φαινόμενον περιφερὲς εἶναι, καὶ προκινεῖσθαι αὐτῷ δοκεῖ πρὸ τῶν ὀφθαλμῶν, καὶ οὐδὲν κατ' ἀληθείην ὁρᾷ. **7** Τούτου χρὴ τὰς φλέβας ἀποκαίειν τὰς πιεζούσας τὰς ὄψιας, αἳ σφύζουσιν αἰεὶ καὶ μεταξὺ τοῦ τε ὠτὸς καὶ τοῦ κροτάφου πεφύκασι· καὶ ἐπειδὰν ταύτας ἀποφράξῃς, πρὸς τοὺς ὀφθαλμοὺς φάρμακα, ὅσα ὑγραίνει, πρόσφερε καὶ δάκρυον ἄπαγε ὡς πλεῖστον, ὅπως τὸ συνεστη-

2 τῷ, προστιθεμένῳ φαρμάκῳ V : τὸ, προστιθέμενον A ‖ δὲ V : post ὀφθαλμοὺς pos. A ‖ 3 δεῖ V : δῆ A ‖ 5 μὴ μετεώρους A : om. V ‖ μηδὲ A ‖ 6 ποιεῖν V : om. A ‖ ἄχρις V : τοῦ ἄχρι A ‖ 7 πυκνά A : -άς V ‖ 9 δ' αἱ V : δὲ A ‖ 10 τῇ σαρκὶ V : τῇσι σαρξὶ A ‖ δεῖ A : add. εἰ V ‖ 11 τοιάδε AV ‖ τις εὐτρεπίσῃ A[3] (-σι A) : ταῦτ' εὐτρεπῆ V ‖ 12 οὐκ edd. : ἢ οὐκ A εἴη οὐκ V ‖ ὥστ' ἐκκλυζόμενον Joly : ὥστ' ἐκκλυσόμενον Li. ὥστε κλυζομένην A ὥστ' ἐκκαυζομένην V ‖ 14 ὁρᾶν Mack Erm. ‖ ἀποσβεννῦντα V ‖ 15 sec. ἐς V : om. A ‖ καθαρὸν V : τὸ καθαρῶ A (τῶ A[3]) ‖ 16 ὑγρόν del. Erm. ‖ ἐμφαίνεται VA[3] : -νονται A ‖ 17 οὐ V : ᾧ A ‖ 18 τούτῳ A[2, 4] (-τω) : τοῦτον A τούτου V ‖ 19 αὐτῷ V : δ' αὐτῶ A ‖ 20 ἀλήθειαν AV (ἀτρεκέως forsitan verbis κατ' ἀληθείην substituendum) ‖ 23 πεφύκασιν A ‖ 24-25 πρόσφερε A : πρόφ- V.

nettoie ce qui, condensé dans les yeux, cause la maladie. Si l'œil se rompt, employez des médicaments émollients et resserrants, afin que la plaie resserrée soit peu étendue et la cicatrice légère. En cas de taie[1], il est bon de faire pleurer l'œil.

Fluxion sur la poitrine

XIV. **1** Quand la fluxion se fait sur la poitrine et que c'est de la bile[2], vous le verrez à ceci : la douleur occupe le côté et la clavicule de ce côté, la fièvre survient, la langue est verdâtre à la partie supérieure et le patient expectore des matières coagulées. Dans cette maladie, le danger est au septième jour ou au neuvième. Quand les deux côtés sont douloureux et que le reste est comme ci-dessus, c'est une péripneumonie ; dans le cas précédent, une pleurésie. **2** Voici l'origine de ces affections : quand de la tête se fait une fluxion sur le poumon par la trachée-artère et les bronches, le poumon, étant par nature friable et sec, attire à lui tout l'humide qu'il peut ; ayant ainsi attiré, il devient plus volumineux ; si l'écoulement s'est fait sur le poumon tout entier, le lobe étant devenu plus volumineux touche les deux côtés et produit la péripneumonie et, quand il ne touche qu'un côté, la pleurésie[3]. **3** La péripneumonie est beaucoup plus dangereuse et les douleurs aux côtés et aux clavicules sont beaucoup plus fortes, la langue est beaucoup plus verdâtre, la gorge est douloureuse à cause de la fluxion, l'accablement est fort et la dyspnée survient[4], le sixième jour

1. Ἄργεμον est glosé par Érotien, A 56 : πάθος τι περὶ τοὺς ὀφθαλμοὺς λευκωματῶδες, ὅ δὴ ἐκ τῆς παρεπομένης λευκότητος, ὠνομάσθη.

2. Passage important pour la doctrine de l'auteur ; cf. *Notice*, p. 21.

3. Une référence précise à ce passage, avec mention du titre des *Lieux*, se trouve dans le chapitre περὶ πλευρίτιδος des *Anecdota medica* publiés par Fuchs dans le *Rheinisches Museum*, t. 49, 1894, p. 538 sqq. et t. 58, 1903, p. 67 sqq. ; ce chapitre se lit au t. 58, p. 93, et le texte est repris par Schubring, p. 64.

4. La glose d'Érotien à λάπτει dit : Βακχεῖος γράφει λάζεται ἔστι δὲ λαμβάνει. Sur λάζομαι, cf. *Notice*, p. 16.

κὸς ἐν τοῖσιν ὀφθαλμοῖσιν ἐκκλυσθῇ τὸ τὴν νοῦσον παρέχον. Ἢν δὲ ὁ ὀφθαλμὸς ῥαγῇ, μαλθακοῖσι φαρμάκοισι χρῆσθαι καὶ στρυφνοῖσιν, ὡς στυφόμενον τὸ ἕλκος ἐς σμικρὸν συνίῃ, καὶ ἡ οὐλὴ λεπτὴ ᾖ. Ὅταν δ' ἄργεμον ᾖ, δακρύειν τῷ ὀφθαλμῷ ἀρήγει.

XIV. **1** Ὁπόταν δὲ ἐς τὸν κίθαρον ῥέῃ καὶ χολὴ ᾖ, τῷδε δῆλόν ἐστιν · ὀδύνη ἔχει ἐς τὴν λαπάρην καὶ ἐς τὴν κληῖδα τὴν ἐς τὴν λαπάρην, καὶ πυρετός, καὶ ἡ γλῶσσα τὰ ἄνω χλωρὴ γίνεται, καὶ ἀποχρέμπτεται συμπεπηγότα · ταύτης τῆς νούσου ἑβδομαίῳ ὁ κίνδυνός ἐστιν ἢ ἐναταίῳ. Ὁπόταν ἀμφότερα τὰ πλευρὰ ἀλγῇ, τὰ δ' ἄλλα ὅμοια ᾖ τῇ ἑτέρῃ, αὕτη μὲν περιπλευμονίη ἐστίν, ἡ δ' ἑτέρη πλευρῖτις · **2** αὗται δὲ γίνονται διὰ τόδε · ὅταν ἐς τὸν πλεύμονα ῥεύσῃ ἐκ τῆς κε|φαλῆς διὰ τοῦ βρόγχου καὶ τῶν ἀρτηριῶν, ὁ πλεύμων, 304
ἅτε ψαφαρὸς ἐὼν καὶ ξηρὸς φύσει, ἕλκει ἐφ' ἑωυτὸν τὸ ὑγρὸν ὅ τι ἂν δύνηται · καὶ ἐπὴν εἱρύσῃ, μέζων γίνεται, καὶ ὅταν μὲν ἐς ὅλον ῥεύσῃ, μέζων ὁ λοβὸς γενόμενος ἀμφοτέρων ἔψαυσε τῶν πλευρέων, καὶ περιπλευμονίην ἐποίησεν · ὅταν δὲ τῆς ἑτέρης μοῦνον, πλευρῖτιν. **3** Ἡ περιπλευμονίη πολὺ ἐπικινδυνοτέρη ἐστὶ καὶ ὀδύναι πολὺ ἰσχυρότεραί εἰσιν αἱ ἐς τὰς λαπάρας καὶ ἐς τὰς κληῖδας, καὶ ἡ γλῶσσα πολὺ ὠχροτέρη, καὶ τὴν φάρυγγα ἀλγεῖ ὑπὸ τοῦ ῥεύματος, καὶ κόπος

2 ὁ A : om. V ‖ 3 χρῆσθαι VA[3] : χρῆσε A ‖ στρυφνοῖς A ‖ ὡστυφόμενον A, corr. A[3] ‖ 4 μικρὸν V ‖ συνίῃ V : συνῆι A συνῆει A[3] ‖ 6 εἰς A ‖ κίθαρον edd. : κίνθαρον V κάθαρον A κήθ- A[2] ‖ 8 sec. ἐς AV : πρὸς Lind. Erm. ‖ 9 χλορῆ A ‖ 10 ξυμπεπ- V ‖ 11 ἐναταίῳ Joly : ἐνν- AV ‖ post ἐναταίῳ add. ut titulum ἄλλη χολή AV ἄλλη χολὴ γίνεται Sch. ‖ 12 τὰ δ' ἄλλα ὅμοια ᾖ A : om. V ‖ μὲν V : ἡ A ‖ 12-13 περιπλευμονίη A : περιπν- V (quod ubique) ‖ 15 ἀρτηριῶν AV : ἀορτρῶν Zwing.[m] ἀορτέων Lind. Mack Erm. ‖ πλεύμων A : πν- V ‖ 16 ἐὼν V : ἐὸν A ‖ 17 μέζων A (*bis*) : μείζ- VA[3] (pr.) ‖ 19 πλευρέων V : -ρῶν A ‖ 19-20 περιπνευμονίην V ‖ 20-21 πλευρῖτιν edd. : πλευρίτην A πλευρίτι ῆ V ‖ Ἡ περιπλευμονίη V (-πν-) : ῆ — ίην A ἡ δὲ π. Erm. ‖ ἐπικινδυνωτέρη ἐστιν A ‖ 24 ἀλγέη A corr. A[3].

ou le septième. Le patient, si la fièvre ne le quitte pas le septième jour, meurt ou devient empyématique, ou meurt d'empyème. Si la fièvre, après une intermission de deux jours, reprend le neuvième, généralement le patient meurt ou, devenant empyématique, il réchappe ; si c'est le douzième jour, il devient empyématique ; si c'est le quatorzième[1], il guérit. **4** De fait, ceux qui deviennent empyématiques à la suite de péripneumonie ou de pleurésie, ne succombent pas, mais guérissent. En général, l'empyème se produit quand la fluxion se fait sur le même point que dans les flux bilieux ; mais dans les flux bilieux[2], beaucoup de liquide est expulsé et après cette expulsion, le flux cesse, au lieu que dans les empyèmes, le flux est moindre et ne cesse pas ; et les patients deviennent empyématiques quand l'expectoration est moindre que l'afflux du poumon. **5** En effet, cette humeur qui se rassemble dans le poumon et s'en écoule, devient du pus ; le pus rassemblé dans le poumon et dans la poitrine ulcère et corrompt ; et quand il y a ulcération, la partie ulcérée et l'expectoration fournissent un flux ; en même temps, la tête ébranlée (par la toux) envoie une fluxion plus abondante, ainsi que la partie ulcérée dans le poumon et la poitrine, et les ulcérations mises en mouvement se déchirent, de sorte que, si le flux venant de la tête s'arrêtait, celui qui vient des ulcérations suffirait à entretenir la maladie. **6** On devient encore empyématique à la suite d'une plaie et cette maladie est moins grave. Il se forme aussi des empyèmes en dehors

1. Si notre auteur accorde de l'importance au nombre *sept*, il n'est pas obnubilé par l'hebdomade comme l'auteur des *Chairs*, XIX : les nombres intermédiaires qu'il mentionne, neuf et douze, ne rentrent pas dans un système hebdomadique, auquel le nombre dix ou onze (une hebdomade et demie) aurait convenu. — Ici non plus, A n'écrit pas le nom de nombre en toutes lettres : τέ δ̄ καὶ ι ταῖος.

2. Χολή n'est pas fréquent au pluriel ; le sens ne peut guère être que *des flux de bile* ; cf. *Notice*, p. 20.

ἔχει ἰσχυρός, καὶ πνεῦμα ἑκταῖον ἢ ἑβδομαῖον λάζε-
ται. Τοῦτον ἢν μὴ ἑβδομαῖον ὁ πυρετὸς ἀφῇ, ἀποθνῄσκει,
ἢ ἀποπυΐσκεται, ἢ ἀμφότερον· ἢν δ' ἐναταῖον δύο ἡμέ-
ρας διαλιπὼν λάζηται, ὡς τὰ πολλὰ καὶ οὗτος ἢ ἀπο-
θνῄσκει, ἢ ἔμπυος διαφεύγει· ἢν δὲ δωδεκαταῖον, ἔμπυος
γίνεται· ἢν δὲ τεσσερεσκαιδεκαταῖον, ὑγιὴς γίνεται.
4 Καὶ ἔμπυοι ὅσοι ὑπὸ περιπλευμονίης ἢ πλευρίτι-
δος γίνονται, οὐκ ἀποθνῄσκουσιν, ἀλλ' ὑγιεῖς γίνον-
ται· ὡς τὰ πολλὰ ἔμπυοι γίνονται, ὅταν ῥεῦμα ἐς τὸ
αὐτὸ ὥσπερ ἐπὶ τῇσι χολῇσι γένηται· ἀλλὰ τῇσι μὲν
χολῇσι πολὺ ἀπορρεῖ, καὶ ἀπορρεῦσαν παύεται· τοῖσι
δ' ἐμπύοισιν ἔλασσόν τε ῥεῖ καὶ οὐ παύεται, καὶ ἔμπυοι
γίνονται, ὅταν ἔλασσον ἀποχρέμπτωνται ἢ ἐπιρρεῖ
ἐς τὸν πλεύμονα. **5** Τοῦτο γάρ, τὸ ἐν τῷ πλεύμονι
συνιστάμενόν τε καὶ ἐπιρρέον, πῦον γίνεται· τὸ δὲ πῦον
συνιστάμενον ἐν τῷ πλεύμονι καὶ ἐν τῷ κιθάρῳ ἑλκοῖ
καὶ σήπει· καὶ ἐπὴν ἑλκωθῇ, ἀπὸ τοῦ ἡλκωμένου ἐπιρ-
ρεῖ καὶ ἐπαναχρεμπτομένου· ἅμα μὲν ἡ κεφαλὴ μᾶλ-
λον ῥεῖ σειομένη, ἅμα δ' ἐκ τοῦ ἡλκωμένου ἐν τῷ κι-
θάρῳ καὶ | τῷ πλεύμονι μᾶλλον ῥεῖ, καὶ τὰ ἕλκεα κινεύ- 306
μενα ἐπαναρρήγνυται, ὥστε καὶ εἰ παύσαιτο τὸ ἀπὸ
τῆς κεφαλῆς ῥέον, τὸ ἀπ' αὐτῶν τῶν ἑλκέων ἱκανὸν
ἔσται νοῦσον παρασχεῖν. **6** Γίνεται δὲ καὶ ἀπὸ ἕλκεος
ἔμπυος, καὶ ῥηΐων αὕτη ἡ νοῦσος· γίνεται δὲ καὶ ἐκτὸς

1-2 λάζεται AV Baccheios apud Erot. : λάπτει Erot. Λ 16 forsitan recte ‖ 3 ἢ ἀποπυΐσκεται Li. : καὶ ἀποπνίγεται AV ‖ ἐναταῖον A : ἐνν- V ‖ 4 διαλιπὼν λάζηται V : διαλείπον λάζεται A ‖ 5 δωδεκαταῖον V : -ος A ‖ 6 γίνεται A³ : -ηται AV ‖ τεσσερεσκαιδεκαταῖον V (-σαρ-) : -ος A ‖ γίνεται VA³ : -ηται A ‖ 7 περιπλευμονίης A : πλ- V ‖ 8 οὐκ A : καὶ οὐκ V ‖ 11 πολλὺ A ‖ ἀπορρεῦσαν V : ῥεύσαντα A ‖ 12 ἐμπύοισιν edd. : -οις V ἐμποίησι A ‖ 12 et 13 ἔλασσον V : -σο A ‖ 15 τε A : ante συνιστάμενον pos. V ‖ 16 ἑλκοῖ VA³ in marg. : ἕλκει A ‖ 17 σήπη A ‖ ἡλκωμένου V : εἱλκ- A ‖ 18 ἐπαναχρεμπτομένου V : ἀναχρ- A ‖ 19 ῥεῖ σειομένη A³ (σιομ- A) : ἠονημένη V ‖ δ' V : δὲ A ‖ ἡλκωμένου V : εἱλκ- A ‖ 20 ἕλκη AV ‖ 20-21 κινεύμενα ἐπαναρρήγνυται V : ἔστε κινέμενα ἐπαναρηγν- A ‖ 21 τὸ (et 22) V : om. A ‖ 22 ῥέον V : ἢ ῥ. A ‖ 23 ἕλκους AV ‖ 24 ῥηΐων Joly : ῥᾴων AV.

du poumon, surtout à la suite de ruptures[1] et de contusions de la chair ; là en effet le pus se rassemble et, une fois rassemblé, si on pratique la succussion, il se produit un flot et un bruit ; c'est là qu'il faut pratiquer la cautérisation. **7** La phtisie survient quand la fluxion s'opère dans le même lieu que pour l'empyème, par la trachée-artère et les bronches[2] qui unissent le poumon et la trachée-artère, et quand la fluxion s'opère dans le poumon fréquemment et peu à la fois, sans y amener une humidité abondante ; car le flux se dessèche et se coagule dans la trachée, attendu qu'aucun lavage ne l'emporte, mais, arrivant peu à peu et retenu, il provoque la toux. **8** Le flux retenu dans les bronches, comme les pertuis de celles-ci sont étroits, rétrécit le passage de l'air et c'est cela qui produit de la dyspnée ; car, étant toujours en déficit, le patient désire toujours respirer ; et dans le poumon, vu qu'il n'est pas extrêmement humide, il se produit un râclement[3] ; mais quand le flux de la tête est abondant, il ne se produit pas de râclement dans le poumon ; car l'afflux est abondant. Les phtisiques deviennent empyématiques quand le corps est plutôt humide ; mais quand il est plutôt sec, les empyématiques deviennent phtisiques. **9** L'empyème se reconnaît à ceci : au début, le côté est douloureux ; une fois le pus rassemblé, la douleur continue de la même façon, la toux s'établit, l'expectoration est purulente et il y a dyspnée. Si l'éruption du pus ne s'est pas encore

1. Littré rapproche de *Vents*, 11, où on trouve le même terme, et des σπάσματα dont il est question en *Prénotions coaques*, 376 et 418 ; cf. son tome V, p. 579. En *Pr. coaques*, 396, il est question aussi de rupture (ῥῆξις), non comme cause d'empyème, mais dans l'évolution de cette affection ; cf. aussi, *ibid.*, 398.

2. Érotien, A 58, nous apprend que Baccheios donne à ce terme le sens d'*artère*, tandis qu'Épiclès et Lycos de Naples lui donnent le sens de τὰ ἐν τῷ πνεύμονι καὶ τῇ τραχείᾳ ἀρτηρίᾳ βρόγχια. Érotien donne raison à Baccheios.

3. A. Thivel, qui propose cette traduction, y retrouve avec raison le bruit de la célèbre « fluctuation hippocratique » dont il est question au paragraphe suivant.

τοῦ πλεύμονος μάλιστα μὲν ἀπὸ ῥήγματος, καὶ ὅταν ἡ σὰρξ φλασθῇ · κατὰ τοῦτο γὰρ πῦον συνίσταται, καὶ συνιστάμενον, εἴ τις σείοι τὸ σῶμα, κλυδάζεται, καὶ ψόφον παρέχει, καὶ καίονται ταῦτα. **7** Φθίσις δὲ γίνεται, ὅταν ἐς τὸ αὐτό, ὥσπερ τῷ ἐμπύῳ, ὁ ῥόος γένηται διὰ τοῦ βρόγχου καὶ τῶν ἀορτέων, αἳ συνέχουσι τὸν πλεύμονα καὶ τὸν βρόγχον, ἐς δὲ τὸν πλεύμονα ῥέῃ θαμινὰ κατ' ὀλίγον, καὶ ὑγρότητα ἐν τῷ πλεύμονι μὴ ποιῇ πολλήν · ξηραινόμενον γὰρ τὸ ἐπιρρέον ἐν τῷ βρόγχῳ πεπηγός, ὥστε οὐκ ἐκκλυζόμενον, ἀλλὰ κατ' ὀλίγον ἐπιρρέον καὶ ἐνεχόμενον βῆχα ποιεῖ · **8** ἔν τε τῇσιν ἀορτῇσιν ἐνεχόμενον τὸ ῥέον, ὥστε στεινὰς διατρήσιας ἐχουσέων τῶν ἀορτέων, στενοχωρίην τῷ πνεύματι παρέχει, καὶ τοῦτο ποιεῖ πνεῦμα ἔχειν · ὥστε γὰρ αἰεὶ λειπόμενον αἰεὶ ἐπιθυμεῖ ἀναπνεῖν, καὶ ἐν τῷ πλεύμονι, ὥστε οὐκ ἰσχυρῶς ὑγρῷ ἐόντι, ξυσμὸς ἐγγίνεται · ὅταν δὲ πολὺ ἀπορρυῇ τῆς κεφαλῆς, οὔτ' ἐν τῷ πλεύμονι ξυσμὸς γίνεται · πολὺ γὰρ αὐτῷ τὸ ἐπιρρέον ἐστί · καὶ ἔμπυοι ἐκ τῶν φθισιώντων γίνονται, ὅταν ὑγρότερον τὸ σῶμα γένηται · καὶ ὅταν ξηρότερον γένηται, ἐκ τῶν ἐμπύων φθισιῶντες. **9** Ἔμπυοι τῷδε δῆλοι γίνονται · τὴν λαπάρην ἀρχομένων πόνος ἔχει · ἐπὴν δὲ πῦον ἤδη συνεστήκῃ, ὅ τε πόνος ὁμοίως ἔχει, βήξ

1 ἀπὸ ῥήγματος V : ἀπορήγματαA -ρρ- A[3] ‖ 2 συνίσταται A : ξ. V ‖ 3 συνιστάμενον V : ξ. A ‖ εἴ A[3] (εἰ) : ἤ A om. V ‖ σείοι edd. : σείῃ AV ‖ 4 παρέχει A : γὰρ ἔχει V ‖ καίονται A[3] : κέονται A καίοντα V ‖ ταῦτα : ταύτῃ Erm. ‖ 5 τῷ VA[3] : τὸ A ‖ 6 ἀορτέων A[ras] Erot. A 58 Erm. : ἀορτρέων AV ‖ 8 ῥέῃ A (-η) : ῥέει V ‖ 9 ποιῇ Erm. (-έῃ) : ποιέει A ποιεῖν V ‖ 11 ἐνεχόμενον A : ἐπιχεόμενον V ‖ 12 τῇσιν V : τοίσιν A ‖ ἀορτῇσιν Erm. : ἀοτρ- AV ‖ στεινὰς Joly : στενὰς AV add. τὰς A Erm. ‖ 13 ἐχουσῶν τῶν ἀορτέων Erm. : ἐχούσας τὰς -τας AV ἐχούσῃσι proposuerim ‖ 14 ἔχειν V : ἔχει A ‖ 15 αἰεὶ A : om. V ‖ λειπόμενον Li. : ἀναλειπ- V λειβόμενος A ‖ ἀεὶ V ‖ 17-18 ὅταν — γίνεται V : om. A ‖ 18 αὐτῷ V[1] : αὐτὸV αὐταίω A -τέω A[4] ‖ 19 φθισιώντων Corn. : φθισίων τούτων AV ‖ 20 σῶμα AV : νόσημα A[4] ‖ γένηται V : γενόμενον A ‖ 21 τῷδε A : δὲ V δὲ τῷδε Erm. ‖ δῆλοι V : δῆλον A ‖ 22 ἀρχομένω A ‖ 23 ἤδη συνεστήκῃ A (ξ.) : ξυνεστήκοι ἤδη V.

faite, la succussion produit un bruit[1] dans le côté comme dans une outre. Si aucun de ces signes ne se manifeste, bien que le patient ait de l'empyème, on tirera le diagnostic de ceci : **10** la dyspnée est grande, la voix est un peu rauque, les pieds et les genoux enflent, surtout du côté où est le pus, la poitrine est bombée, les membres sont sans force, de la sueur se répand sur le corps entier, le patient se sent tantôt chaud, tantôt froid, les ongles se recourbent, le ventre est chaud. C'est à ces signes qu'il faut reconnaître les empyématiques[2].

Fluxions sur la moelle épinière.

XV. **1** Quand le flux se porte en arrière sur l'épine dorsale, il se produit cette sorte de phtisie : les lombes sont douloureuses et il semble au patient que le devant de la tête est vide.

Complications dues à la bile.

XVI. **1** Voici des cas dangereux par le fait de la bile[3] : s'il survient un ictère, quand apparaissent aux yeux et aux ongles des lividités ; quand les plaies, s'il y en a sur le corps, et leur voisinage deviennent livides ; quand la sueur fait éruption, non sur le corps entier, mais sur une partie seulement ; quand l'expectoration, la fièvre persistant, devient verdâtre ou s'arrête, alors que des matières verdâtres se trouvent encore dans le poumon. **2** Il faut reconnaître quand ces matières existent ou n'existent pas. Quand elles existent, il se fait du bruit dans la gorge pendant la respiration ; il y a une dyspnée dangereuse, du hoquet ; la fièvre persiste, ce qu'il faut expectorer demeurant encore dans le poumon ; et le ventre se dérange, le malade étant

1. L'expression est fort semblable à celle de traités cnidiens ; cf. *Maladies I*, 15 (VI, 164, 17-18 L) : τοῦτ' οὖν διασείεται καὶ ἐγκλυδάζεται τὸ πῦον πρὸς τὰ πλευρὰ προσπῖπτον ; cf. J. Jouanna, *Hippocrate. Pour une archéologie...*, p. 312-313 ; 316, n. 1 et L. Bourgey, *Op. laud.*, p. 158-159.

2. Littré renvoie à *Pronostic*, 17 et *Prénotions coaques*, 396.

3. L'auteur parle bien de la bile comme d'une humeur à part entière ; cf. *Notice*, p. 20 sq. En quête de traces des *Sentences cnidiennes*, J. Jurk, *Ramenta Hippocratea*, Berlin, 1900, p. 44, rapprochait ce chapitre de *Affections internes* 35 et 37, *Maladies II*, 38 et 39.

τε γίνεται, καὶ ἐπαναχρέμπτεται πῦον, καὶ πνεῦμα | ἔχει. 308
Ἢν δὲ μήπω ἐρρώγῃ, ἐν τῇ λαπάρῃ σείεται καὶ ψοφεῖ οἷον ἐν ἀσκῷ · ἢν δὲ τούτων μηδὲν προσημήνῃ, ἔμπυος δὲ ᾖ, τοῖσδε χρὴ τεκμαίρεσθαι · **10** πνεῦμα πολὺ ἔχει, φθέγγεταί τε ὑποβραγχότερον, καὶ οἱ πόδες οἰδέουσι καὶ τὰ γούνατα, μᾶλλον δὲ κατὰ τὴν λαπάρην, ἐν ᾗ τὸ πῦον ἔνεστι · καὶ ὁ κίθαρος συγκεκαμμένος ἐστί, καὶ λυσιγυῖα γίνεται, καὶ ἱδρὼς περιχεῖται ὅλον τὸ σῶμα, καὶ τοτὲ μὲν δοκεῖ θερμὸς αὐτὸς ἑωυτῷ εἶναι, τοτὲ δὲ ψυχρός · καὶ οἱ ὄνυχες περιτεταμένοι εἰσὶ καὶ ἡ κοιλίη θερμὴ γίνεται · τούτοισι χρὴ γινώσκειν τοὺς ἐμπύους.

XV. **1** Ὅταν δ' ὄπισθεν ῥεύσῃ ἐς τὴν ῥάχιν, φθίσις γίνεται τούτῳ τοιήδε · τὴν ὀσφῦν ἀλγεῖ, καὶ τὰ ἔμπροσθεν τῆς κεφαλῆς κενεὰ δοκέουσιν αὐτῷ εἶναι.

XVI. **1** Χολῇ δὲ τάδ' ἐστὶν ἐπικίνδυνα, ἴκτερος ἢν ἐπιγένηται, ἐν τοῖσιν ὀφθαλμοῖσι καὶ ἐν τοῖσιν ὄνυξι πελιδνὰ ὅταν γένωνται, καὶ ἐς τὸ σῶμα ὅταν ἔχῃ ἕλκεα καὶ τὰ περὶ τὰ ἕλκεα πελιδνὰ ᾖ, καὶ ὁ ἱδρὼς ὁπόταν μὴ κατ' ὅλον τὸ σῶμα ἐκθύῃ, ἀλλὰ καθ' ἓν μέρος τοῦ σώματος, καὶ ὅταν τοῦ πυρετοῦ ἔτι ἐόντος ἐπαναχρέμπτηται χλωρόν, ἤ, ἐόντος ἐντὸς ἐν τῷ πλεύμονι ἔτι τοῦ χλωροῦ, ἡ ἐπανάχρεμψις παύσηται · **2** τοῦτο δεῖ γινώσκειν ὅταν ἐνῇ καὶ ὅταν μὴ ἐνῇ · ὅταν ἐνῇ, ἐμψοφεῖ ἐν τῇ φάρυγγι ἀναπνέοντος, καὶ πνεῦμα ἐπικίνδυνον καὶ λὺγξ καὶ ὁ πυρετὸς ἔτι ἐών, ἀποχρέμματος ἔτι ἐν

1 γίνεται V : ἔχει A ‖ 2 ψοφεῖ V (-έει) : ψοφοὶ A ‖ 3 προσημήνῃ A : προσῆ. μείνῃ V ‖ 4 δὲ ᾖ A : δέει V ‖ πουλὺ V ‖ 5 ὑποβραγχότερον A : ὑπὸ βραχυτέρου V ‖ 6 κατὰ V : καὶ τὰ A in marg. ἢ κατὰ τὴν A[3] ‖ 7 ἔνεστι A : ἐστὶ V ‖ συγκεκαμμένος V : -καυμένος A ‖ 8 περιχεῖται V : περιέχει τε A ‖ 13 τούτῳ VA[3] : τοῦτο A ‖ τοιάδε AV add. γίνεται A ‖ 14 κενὰ AV ‖ 15 Χολῇ edd. : χολῇ A χολὴ V ‖ post ἐπικίνδυνα titulus περὶ ἰκτέρου A ‖ 16 pr. ἐν A : om. V ‖ ὄνυξιν A ‖ 17 ἐς del. Erm. ‖ 18 ὁ V : om. A ‖ 20 ὄντος AV ‖ 21 ἐόντος ἐντὸς A : ἐνόντος V ‖ 22 τοῦτο AV : τούτῳ Zwing.[m] τούτῳ δὲ Erm. ‖ δεῖ V : δὲ γίνεται A ‖ 23 ἐνῇ (*ter*) V (-ῆ) A[3] : ἔνι A ‖ 25 λὺγξ V[1] : λὺξ AV ‖ ἔτι ἐών A[ras, 4] (ὢν) : αἰτίων vel σιτίων A ἀπιὼν V.

déjà faible. Ce sont là des signes de danger dans la pleurésie et la péripneumonie.

Traitement de la pleurésie et de la péripneumonie.

XVII. **1** Il faut traiter ainsi la pleurésie : on n'apaisera pas la fièvre avant sept jours ; on prescrira pour boisson ou le mélicrat acidulé ou un mélange de vinaigre et d'eau ; on donnera cette boisson aussi abondamment que possible, afin qu'il y ait humectation et que l'humectation provoque l'expectoration ; on calmera la douleur par des médicaments échauffants ; on donnera en potage ce qui provoque l'expectoration ; on recourra aux bains le quatrième jour ; le cinquième et le sixième, on fera des frictions huileuses ; le septième, à moins que la fièvre ne doive cesser, on donnera un bain, afin que le bain détermine la sueur. **2** C'est aussi au cinquième et au sixième jour qu'il faut recourir aux expectorants les plus énergiques, afin que le malade passe le septième jour[1] aussi bien que possible. Si la fièvre ne s'est pas calmée le septième jour, elle se calmera le neuvième, à moins qu'il ne survienne quelques-uns des symptômes dangereux. La fièvre ayant cessé, on préparera les potages les plus faibles et on les donnera. Survient-il des selles, on diminuera les boissons si le corps est encore fébrile ; si la fièvre a cessé, on donnera les potages de blé. Traitez la péripneumonie de la même façon.

Taitement de l'empyème.

XVIII. **1** Pour l'empyème, on purgera la tête avec des médicaments peu énergiques, de manière à faire petit à petit une dérivation[2]

1. On pressent ici une certaine valorisation du nombre sept, comme dans l'énumération des fluxions de la tête ; ici comme là, il ne s'agit pas d'un principe absolu, comme il l'est au dernier chapitre des *Chairs*.

2. On songe à la *métastase* des traités coaques (cf. L. Bourgey, *Op. laud.*, p. 240-241) ; les *Maladies des femmes* I, 26 et 29 ont μεταλλαγαί ; *Maladies I* (18 et 29), *Maladies III* (6) et *Affections* (9 ; 12 ; 19) attestent μεθίστημι et (en *Affections*, 12) μετάστασις.

τῷ πλεύμονι ἐνεόντος, καὶ ἡ κοιλίη ἀσθενέος ἤδη ἐόντος ὑποχωρέουσα · ταῦτα πλευρίτιδος καὶ περιπλευμονίης ἐπικίνδυνα.

XVII. **1** Πλευρῖτιν ὧδε χρὴ ἰῆσθαι · τὸν πυρετὸν μὴ παύειν ἑπτὰ ἡμερέων, ποτῷ χρῆσθαι ἢ ὀξυμελικρήτῳ, ἢ ὄξει καὶ ὕδατι · ταῦτα δὲ χρὴ προσφέρειν ὡς πλεῖστα, ὡς ἐπίτεγξις γένηται καὶ γινομένη | ἐπανάχρεμψιν ποιῇ · (310) καὶ τὴν ὀδύνην παύειν θερμαντηρίοισι φαρμάκοισι, καὶ καταρρυφεῖν διδόναι ὅ τι ἐπανάχρεμψιν ποιήσει, καὶ λουτροῖσι χρῆσθαι τεταρταίοισι · τῇ δὲ πέμπτῃ καὶ τῇ ἕκτῃ χρίειν ἐλαίῳ · τῇ δὲ ἑβδόμῃ λούειν, ἢν μὴ ὁ πυρετὸς μέλλῃ ἀφιέναι, ὡς ὑπὸ τοῦ λουτροῦ ὁ ἱδρὼς ἐγγένηται · **2** καὶ ἔτι τῇ πέμπτῃ καὶ τῇ ἕκτῃ ἰσχυροτάτοισι χρῆσθαι τοῖσιν ἐπαναχρεμπτηρίοισι φαρμάκοισιν, ὡς τὴν ἑβδόμην ὅτι ῥήϊστα ἡμέρην ἀγάγῃ · ἢν δὲ μηδὲ τῇ ἑβδόμῃ ἡμέρῃ παύσηται, τῇ ἐνάτῃ παύσεται, ἢν μή τι ἄλλο τῶν ἐπικινδύνων γένηται · ἐπὴν δ' ὁ πυρετὸς ἀφῇ, ῥυφήματα ὡς ἀσθενέστατα ποιέων προσφέρειν · ἢν δὲ ἰνηθμὸς ἐγγένηται, ἢν μὲν ἔτι θερμοῦ ἐόντος τοῦ σώματος, τῶν ποτῶν ἀφαιρεῖν · ἢν δὲ τοῦ πυρετοῦ ἀφεικότος, πυρίνοισι τοῖσι ῥυφήμασι χρῶ. Καὶ τὴν περιπλευμονίην τὸν αὐτὸν τρόπον ἰῶ.

XVIII. **1** Τοὺς ἐμπύους καθαίρειν τὴν κεφαλὴν μὴ ἰσχυροῖσι φαρμάκοισιν, ἀλλὰ κατὰ μικρὸν ἀποτρέ-

1 ἐνεόντος A : ἐόντος V ‖ ἀσθενέος V : -νέοντος A ‖ 3 ἐπικίνδυνα V : om. A ‖ 4 titulus πῶς δεῖ ἰᾶσθαι πλευρίτην A ‖ 5 πότω V ‖ χρῆσθαι A : δὲ χρήσθω V ‖ ὀξυμελικρήτῳ V : ὀξηρῷ μελ- A ‖ 7 γένηται καὶ V : om. A ‖ ποιῇ V (-έῃ) : ποιέει A ‖ 9 καταρροφεῖν AV ‖ 11 pr. τῇ om. A ‖ 12 alt. ὁ om. A ‖ 14 τοῖσι A corr. A[3] ‖ 15 ῥήϊστα V : ῥῆστα A ‖ ἀγάγει A ‖ 16 μὴ δὲ AV ‖ ἡμέρα A ‖ ἐνάτῃ Erm. : ἐννάτῃ V $\bar{\theta}$ A ‖ 16-17 παύσεται V : παύεται A ‖ 19 ἰνηθμὸς Erot. I 11 : ἰνθμὸς A νυγμὸς V ‖ θερμοῦ Li. : νεαροῦ AV Erm. ‖ ἐόντος V : post. σώματος pos. A ‖ 20 σώματος : νοσήματος Erm. ‖ 21 ἀφεικότος V : ἀφίκοντος A ἀπιόντος Erm. ‖ πυρίνοις AV ‖ τοῖσι A : τοῖς V ‖ ῥυφήμασι VA[3] : ῥηφ- A ‖ 23 ἐμπύους A : -ύρους V ‖ 24 φαρμάκοισι A corr. A[3].

sur le nez, et en même temps, on donnera des aliments évacuants. Quand on n'est plus au début de la maladie, et que déjà la fluxion s'est détournée, on provoquera l'expectoration, on excitera la toux et on donnera des médicaments qui auront infusé, et des aliments en même temps. Quand il faut provoquer l'expectoration, on donnera des aliments plus abondants, salés, gras, et du vin astringent ; et on excitera la toux quand il en est ainsi.

Traitement de la phtisie.

XIX. **1** Les patients atteints de phtisie seront traités de la même manière, si ce n'est qu'on ne donnera pas à la fois beaucoup de pain[1] et que ce qui accompagne ne sera pas en plus grande quantité que le pain ; on prescrira de prendre avec le pain un vin aqueux, afin qu'il n'échauffe pas, qu'il ne communique pas sa chaleur au corps affaibli et que tous deux, le vin et le corps, échauffant en même temps, ne provoquent pas de la température.

Traitement de la fluxion au ventre.

XX. **1** Quand une fluxion abondante se porte par l'œsophage au ventre, il survient des évacuations par le bas et quelquefois par le haut. Dans ce cas, s'il y a de la douleur dans le ventre, on évacue d'abord à l'aide d'un médicament ou de l'infusion d'orge ; puis, on administre un médicament astringent ; on emploie des aliments relâchants tant qu'il y a douleur ; mais quand la douleur a cessé, on a recours aussi aux aliments astringents. On applique encore le même traitement quand les évacuations durent plusieurs jours. Quand le patient est faible, et qu'en raison de cette faiblesse, il ne peut s'alimenter, on lui fera d'abord un lavement avec de l'infusion d'orge ; puis, après ce lavement, on lui donnera quelque chose d'astringent[2].

1. Σιτίον est l'aliment de base, tiré de céréales ; ὄψον est ce qu'on mange avec. Littré traduisait σιτίον par « le pain et la pâte », pour rester au plus près de la notion grecque.

2. A et V ont, en plus, quatre mots fort semblables qui doivent être, comme l'a vu Littré, une paraphrase de ἐπὴν τούτῳ καθήρῃς, qui précède immédiatement. Il n'y a en tout cas pas moyen de conserver ce bout de texte ; cf. Schubring, p. 38.

πειν ἐς τὰς ῥῖνας, καὶ ἅμα διαχωρητικοῖσι σιτίοισι χρῆσθαι· καὶ ἐπὴν ἡ ἀρχὴ τοῦ νοσήματος μηκέτι ᾖ, ἀλλ' ἐκτρέπηται ὁ ῥόος, ἐπανάχρεμψιν ποιεῖσθαι, καὶ βῆχα ποιεῖν, καὶ ἐγχύτοισι φαρμάκοισι χρῆσθαι καὶ σιτίοισιν ἅμα· ὁπόταν δὲ δέῃ ἀπόχρεμψιν ποιεῖσθαι, καὶ πλείοσι σιτίοισι καὶ ἁλυκοῖσι χρῆσθαι καὶ λιπαροῖσι καὶ οἴνῳ αὐστηρῷ, καὶ βῆχα ποιεῖν ὅταν ὧδε ἔχῃ.

XIX. **1** Καὶ τοὺς ὑπὸ τῆς φθίσιος τὸν αὐτὸν τρόπον τἄλλα, πλὴν τὰ σιτία μὴ πολλὰ ἅμα, καὶ τὰ ὄψα
μὴ πλείονα ἢ τὰ σιτία, καὶ τῷ | οἴνῳ ὑδαρεῖ χρῶ ἐπὶ 312
τῷ σιτίῳ, ὡς μὴ θερμαίνῃ, καὶ τῷ σώματι ἀσθενεῖ ἐόντι θερμότητα παρέχῃ, καὶ ἅμα ἀμφότερα θερμαίνωσιν ἐν τῷ αὐτῷ χρόνῳ καὶ θερμωλὴν ποιέωσι.

XX. **1** Ῥεῦμα πολὺ ὁπόταν διὰ τοῦ οἰσοφάγου ἐς τὴν κοιλίην ῥεύσῃ, ἴνησις γίνεται κάτω, ἔστι δ' ὅτε καὶ ἄνω· τούτῳ ἢν μὲν ὀδύνη ἐνῇ ἐν τῇ γαστρί, ὑπεξάγειν πρῶτον φαρμάκῳ ἢ χυλῷ, ἔπειτα φαρμάκῳ ἰσχητηρίῳ χρῆσθαι, τοῖσι δὲ σιτίοισι διαχωρητικοῖσιν ἕως ἂν ὀδύνη ἔχῃ· ἐπὴν δὲ παύσηται ἡ ὀδύνη, καὶ τοῖσι σιτίοισιν ἰσχητηρίοισι χρῆσθαι· τὸν αὐτὸν δὲ τρόπον καὶ ἐπὴν πολλὰς ἡμέρας ἴνησις ἔχῃ, ἰῆσθαι· ἢν δὲ ἀσθενὴς ᾖ καὶ μὴ δύνηται προσφέρεσθαι ὑπὸ ἀσθενείης, κλύζειν πρῶτον μὲν χρὴ χυλῷ πτισάνης, ἔπειτα ἐπὴν τούτῳ καθήρῃς, τῶν στυφόντων τινί.

2 ᾖ A : ἴῃ V ‖ 3 ἐκτρέπηται A : -πεται V ‖ post ῥόος add. ὡς Erm. ‖ 5 δέῃ A (-η) : δεῖ V ‖ 7 ὧδε V : om. A ‖ ἔχῃ VA[3] : ἔχει A ‖ 9 σιτία V : σίτα A ‖ 11 θερμαίνῃ VA[3] : -νει A ‖ 12 παρέχῃ VA[3] : -χει A ‖ 13 θερμωλὴν A : -λῆ V Erm. ‖ ποιέωσι edd. (-ν) : ποιέουσι AV hic interpungit A[3], post XX, 1, πολὺ V Erm. ‖ 14 πουλύ V ‖ post ὁπόταν add. δὲ Erm. ‖ 15 ἴνησις Mack : ἵμησις A νῆσις V ‖ 16 ἐνῇ V : om. A ‖ 16-17 ὑπεξάγειν V : -αγάγειν A ‖ 17-18 ἰσχητηρίῳ AV Erot. Φ 10 : ἰσχυτ- Nachmanson σχετηρίῳ Danielson ‖ 18 σιτοίοισι A ‖ 19 ὀδύνη V : ἡ ὀ. A ‖ ἔχῃ V : ἔχει A ‖ 21 ἴνησις Mack : ἡ νῆσις V ἡ ἴησις A ‖ ἔχῃ V : ἔχει A ‖ δὲ V : δ' A ‖ 22-23 ἀσθενίης A ‖ 23 πτυσάνης A ‖ 24 καθηρεις A ‖ τινί Corn. : add. ὕστερον ἐπὴν τοῦτο κλύσῃς A ὕ. ἐ. τούτω κλύσῃ V.

Fluxion sur les vertèbres.

XXI. **1** Quand la fluxion, se portant dans la chair en arrière près des vertèbres, a produit l'hydropisie, il faut recourir au traitement que voici : faire à la chair du cou, entre les veines, trois escharres ; après cette cautérisation, resserrer de manière à avoir les cicatrices les plus fines ; la voie étant ainsi interceptée, appliquer aux narines un médicament qui provoque la dérivation [1], un médicament peu énergique, appliqué plusieurs fois jusqu'à ce que la dérivation soit opérée. Échauffez le devant de la tête, refroidissez la partie postérieure ; et quand vous avez échauffé le devant de la tête, faites manger les aliments les plus phlegmatiques et les moins relâchants, afin que les canaux du devant de la tête se dilatent autant que possible. **2** Après que la voie est interceptée et que vous avez dérivé la fluxion, s'il en est arrivé, avant votre entremise, quelque chose dans le corps, on traitera ainsi : si le transport s'est fait de préférence sur la peau, on prescrira des bains de vapeur pour l'extérieur : s'il s'est fait au dedans sur le ventre et qu'il n'y ait rien de manifeste à l'extérieur, on fera boire un médicament évacuant ; s'il s'est fait des deux côtés, on l'enlèvera des deux côtés. Il faut avoir soin d'éliminer par la voie la plus directe [2], soit par le bas, soit par le haut, soit par tout autre endroit où le corps offre des voies d'élimination.

Fluxion sur les hanches.

XXII. **1** Quand la fluxion produit le mal de hanche, il faut appliquer une ventouse et attirer au dehors sans faire de scarification ; et, donnant pour l'intérieur des échauffants en boisson, on échauffe, afin qu'il y ait issue, et par le dehors à la peau, à l'aide de l'attraction de la ventouse, et par l'intérieur au ventre, à l'aide de la chaleur. En effet, quand la voie est interceptée et que la fluxion n'a pas où aller, elle se porte sur les articulations, flue sur les endroits qui cèdent et produit le mal de hanche.

1. Cf. *supra*, la note au chapitre xviii, 1.

2. La même recommandation, formulée de manière très semblable, se retrouve à la fin de xlv, 2 (cf. aussi xxiv, 1), alors que ces deux sections du texte sont très différentes : détail à verser au dossier de l'unité d'auteur.

XXI. **1** Ὁπόταν δ' ἐς τὴν σάρκα ὄπισθεν παρὰ τοὺς σπονδύλους ῥεῦσαν ὕδρωπα ποιήσῃ, ὧδε χρὴ ἰῆσθαι· καίειν τὴν σάρκα τὴν ἐν τῷ τραχήλῳ μεταξὺ τῶν φλεβῶν ἐσχάρας τρεῖς, καὶ ἐπὴν καύσῃς, συνάγειν καὶ ποιεῖν ὡς ἰσχνοτάτας οὐλάς· καὶ ἐπὴν ἀποφράξῃς, πρὸς τὰς ῥῖνας φάρμακον πρόσφερε, ὡς ἐκτρέπηται, καὶ ἀσθενὲς αὖτις καὶ αὖτις, ἕως ἂν ἀποτρεφθῇ· καὶ τὰ μὲν ἔμπροσθεν τῆς κεφαλῆς θέρμαινε, τὰ δ' ὄπισθεν ψῦχε· καὶ ἐπήν σοι ἐκτεθερμασμένος ᾖ τὰ ἔμπροσθεν τῆς κεφαλῆς, σιτία ἐσθίειν τὰ φλεγματωδέστατα καὶ ἥκιστα | διαχωρητικά, ὡς ὅτι μάλιστα διευρυνθέωσιν 314
αἱ ῥοαὶ αἱ ἔμπροσθεν τῆς κεφαλῆς· **2** ἔπειτα δ' ἐπὴν ἀποφράξῃς καὶ ἀποτρέψῃς τὴν ἐπίρρυσιν, ἤν τι πρὶν ἢ εὐτρεπίζειν τὸ ῥεῦμα ἐς τὸ σῶμα ἔλθῃ, ὧδε χρὴ ἰῆσθαι· ἢν μὲν μᾶλλον πρὸς τὸ δέρμα ἐκκεχωρηκὸς ᾖ, τὰ ἔξωθεν πυριῶντα· ἢν δ' ἔνδον πρὸς τὴν κοιλίην, ἔξωθεν δὲ μὴ δῆλον ᾖ, φάρμακον πιπίσκοντα· ἢν δ' ἐπ' ἀμφότερα, ἀμφοτέρων ἀφαιρεῖν· ἐπιτηδεύειν δὲ χρὴ ἐγγυτάτην ἔξοδον ποιεῖν, ἤν τε κάτω, ἤν τε ἄνω, ἤν τε ἄλλῃ ὅπῃ τοῦ σώματος ἔξοδοί εἰσιν.

XXII. **1** Ὁπόταν ἰσχιὰς ἀπὸ ῥόου γένηται, σικύην χρὴ προσβάλλειν, καὶ ἕλκειν ἔξω, καὶ μὴ κατακρούειν, καὶ ἔνδοθεν θερμαντήρια φάρμακα πιπίσκοντα διαθερμαίνειν, ὅπως ἔξοδος ᾖ καὶ ἔξω ἐς τὸ δέρμα ὑπὸ τῆς ἑλκύσιος τῆς σικύης, καὶ ἐντὸς πρὸς τὴν κοιλίην ὑπὸ τῆς θερμασίης· ὁπόταν γὰρ ἀποφραχθῇ καὶ μὴ ἔχῃ ὅπῃ ὁδοιπορῇ, ὁδοιπορέουσα ἐς τὰ ἄρθρα ῥεῖ ἐς τὸ ὑπεῖκον, καὶ ἰσχιάδα ποιεῖ.

1 Ὁπόταν A : -ε V ‖ 2 ῥεῦσαν A : ῥεύσαντας V ‖ post ποιήσῃ add. πῶς δεῖ ἰᾶσθαι ὕδρωπα titulum A ‖ 4 καύσῃς V : καύσις A ‖ 7 καὶ αὖτις A : om. V ‖ 8 ἔμπροσθεν VA³ : ὄπισθεν A ‖ 11 διευρυνθῶσιν AV ‖ 12 ῥοαὶ A : ῥοιαὶ V ‖ δ' om. A ‖ 13 ἀποτρέψῃς V : -στρέψῃς A ‖ ἐπίρρησιν V ‖ 14 ἢ om. A ‖ 16 ἔνδον V : ἔνδοθεν A ‖ 22 κατακρούειν VA³ : -ην A ‖ 26 ἔχῃ VA³ : -ει A ‖ 27 ὁδοιπορῇ V : om. A ‖ ἐς τὰ ἄρθρα del. Erm. ‖ 28 ὑπεῖκον VA³ : -ῆκον A.

Traitement de la phtisie postérieure.

XXIII. **1** Phtisie postérieure : dans ce cas, il faut purger la tête avec un médicament peu énergique, jusqu'à ce que la fluxion soit détournée. Vous emploierez le même régime que précédemment, vous donnerez en boisson un médicament purgatif et vous ferez un lavement avec du lait [1]. Pour le reste, vous traiterez par des bains de vapeur.

Tuméfaction de la rate.

XXIV. **1** Eau dans l'épiploon. Quand la rate devient grosse par la fièvre, et cela arrive quand le corps s'exténue (car tout ce qui fait grossir la rate consume le corps [2]), quand donc le corps est amaigri, que la rate est gonflée et que l'épiploon s'est atténué en même temps que le corps, la graisse qui se trouve dans l'épiploon se fond. Quand tout cela est vide de graisse et que, de la rate qui prospère, l'eau coule dans l'épiploon, ce dernier, qui est le plus voisin et qui a des vaisseaux, et même des vaisseaux vides, reçoit ce flux. Une fois que la maladie est développée dans le corps, tout se tourne vers la partie affectée, à moins qu'on n'y applique un bon traitement ; et encore, même le bon traitement comporte du danger. **2** On traitera ainsi le malade : faire boire des médicaments qui évacueront l'eau et donner les aliments les plus phlegmatiques ; si, même avec ce régime, l'état ne s'améliore pas, pratiquer des cautérisations aussi légères et superficielles que possible, de manière que l'eau puisse être retenue ; ces cautérisations seront placées en cercle autour du nombril, mais non au nombril même ; puis, chaque jour, on donnera issue au liquide. Parmi les maladies auxquelles vous avez affaire [3], c'est pour les plus dangereuses qu'il faut courir des risques ; si vous réussissez, vous rendez la

1. Littré traduit plus vaguement : « vous nettoierez le ventre par le bas avec du lait » ; il ne s'agit certainement pas de boire du lait pour se nettoyer le ventre : κλύσον est bien distinct de πίσον.

2. Galien cite ce passage de mémoire, en inversant les verbes : καὶ μὴν ὅσοις γε τὸ σῶμα θάλλει, τούτοις ὁ σπλὴν φθίνει, φησὶν Ἱπποκράτης... (*Scripta minora*, III, 197) ; cf. aussi *Airs, eaux, lieux*, 7, et Schubring, p. 68-69*.

3. J'opte résolument pour la variante de A, contre la version banalisante de V. L'emploi de παραλαμβάνω est un des traits assez typiques

XXIII. **1** Ἡ ὄπισθεν φθίσις · τούτῳ τὴν κεφαλὴν καθαρτέον ἀσθενεῖ φαρμάκῳ, ἕως ἂν ἀποτρεφθῇ ὁ ῥόος, καὶ τῇ διαίτῃ ὥσπερ ἔμπροσθεν χρῶ, φάρμακον δὲ πίσον ἐλατήριον, καὶ κάτω γάλακτι κλύσον, τὰ δ' ἄλλα πυρίησιν ἰῶ.

XXIV. **1** Ὕδωρ ἐς τὸ ἐπίπλοον. Ἐπὴν ὁ σπλὴν ὑπὸ πυρετοῦ μέγας γένηται, γίνεται δὲ ὅταν τὸ σῶμα λεπτυνθῇ, τοῖσι γὰρ αὐτοῖσιν ὅ τε σπλὴν θάλλει καὶ τὸ σῶμα φθίνει · ὅταν δὲ τὸ σῶμα λεπτὸν ᾖ καὶ ὁ σπλὴν θάλλῃ καὶ τὸ ἐπίπλοον ἅμα τῷ σώματι λεπτυνθῇ, ἡ πιμελὴ ἣ ἐν τῷ ἐπιπλόῳ ἐστί, τήκεται · ἐπὴν δὲ ταῦτά τε κενεὰ πιμελῆς γένηται καὶ ἀπὸ τοῦ σπληνὸς θάλλοντος ἀπορρέῃ ἐς τὸ ἐπίπλοον, ὡς ἐγγύτατα ἐὸν τὸ ἐπίπλοον, ὥστε τεύχεα ἔχον καὶ ταῦτα κενεά, ἐσδέχεται · καὶ ἐπὴν τὸ | νόσημα ἅπαξ ἐν τῷ σώματι γένηται, 316
ἐς τὸ νοσέον τρέπεται, ἢν μή τις εὐτρεπίζῃ, ὡς καὶ τὸ εὐτρεπιζόμενον ἐπικίνδυνον. **2** Τοῦτον ὧδε ἰῆσθαι · φάρμακα πιπίσκειν ὑφ' ὧν ὕδωρ καθαιρεῖται, καὶ σιτία τὰ φλεγματωδέστατα διδόναι · ἢν δὲ μηδ' οὕτω ῥηΐων γένηται, καίειν ὡς λεπτότατα καὶ ὡς ἐπιπολαιότατα, ὅπως τὸ ὕδωρ ἴσχειν δύνῃ, πέριξ τοῦ ὀμφαλοῦ κύκλον, καὶ ἐς τὸν ὀμφαλὸν μή, καὶ ἀφιέναι ἑκάστης ἡμέρης. Τῶν νοσημάτων ὅ τι ἂν ἐπικίνδυνον παραλάβῃς, ἐν τούτοισι παρακινδυνεύειν χρή · ἐπιτυχὼν μὲν γὰρ ὑγιέα

1 Ἡ A : om. V ‖ φθίσις · V : φύσις A (add. · A[3]) ‖ 2 καθαρτέο. A corr. A[4] ‖ ἀποτρεφθῇ V : -στρεφθῇ A ‖ 3 πίσον edd. : πεῖσον A πίσαι V ‖ 4 ἐλατηρον A ‖ 4-5 πυρίησιν VA[ras.3] : πυρίησ. · A ‖ 5 ἰῶι A ‖ 6 ἐπίπλοιον AV ‖ 7 γίνεται V : γίνηται A ‖ 10 ἐπίπλοιον AV ‖ 11 ἣ V : ἡ A ‖ ἐπιπλόῳ A : -οίω V ‖ ἐστί, τήκεται V : ἐστήκεται A ἐκτή- edd. ‖ 12 κενὰ AV ‖ 13 ἐπίπλοιον AV (et 14) ‖ ὡς : ὥστε Erm. ‖ 13-14 τὸ ἐπίπλοον ὥστε del. Erm. ‖ 14 ἔχον AV[1] : ἔχων V ‖ 15 τὸ V : τὸν A ‖ 16 εὐτρεπίζει A ‖ ὡς A : om. V ‖ 18 καθαιρεῖται V : -θαίρεται A -θαρεῖται Erm. ‖ σιτία τὰ A : om. V ‖ 19 ῥηΐων Joly : ῥάων V ῥάιον A ῥαίων A[3] ‖ 20 καίην A corr. A[3] ‖ ἐπιπολαιότατα V : -λειώτατα A ‖ 21 κύκλον A : κυκῶν V κύκλῳ Erm. ‖ 22 μή Foes : μίαν AV μέγαν Zwing.[m] ‖ 23 ἐπικίνδυνον παραλάβῃς A : ἐπικινδυνότατόν ἐστιν V.

santé ; si vous échouez, l'issue sera ce qu'elle devait être et comme elle devait être.

Hydropisie chez l'enfant.

XXV. **1** Chez un enfant, on traitera ainsi l'hydropisie : dans les parties tuméfiées et pleines d'eau, on pratiquera avec un bistouri des mouchetures nombreuses et petites ; et on les pratiquera successivement sur chaque partie du corps ; on recourra aux bains de vapeur et on oindra continuellement les mouchetures avec un médicament échauffant.

Pleurésie sèche.

XXVI. **1** La pleurésie sèche, sans fluxion, se produit quand le poumon est desséché à l'excès par une soif imposée. Le poumon étant sec, s'il est encore desséché plus que le comporte sa nature, devient maigre et faible et, dès qu'il a touché le côté, qui est humide, il s'y colle et produit la pleurésie ; alors survient de la douleur au côté et à la clavicule, de la fièvre et une expectoration blanche. **2** Dans ce cas, on soignera avec des boissons abondantes, des bains, un médicament pour la douleur et d'autres qui favorisent l'expectoration. Un tel patient guérit en sept jours ; la maladie est sans danger et il ne faut pas donner d'aliments.

Fièvre.

XXVII. **1** Les fièvres se produisent à cause de ceci[1] : le corps ayant reçu un excès de phlegme, les chairs se gonflent, le phlegme et la bile[2] enfermés deviennent immobiles, rien ne se rafraîchit ni par issue ni par mouvement et rien d'autre ne s'évacue. Quand il y a fatigue,

du vocabulaire de l'auteur (cf. *Notice*, p. 16) ; dans les autres cas cependant, le complément d'objet de ce verbe n'est pas la maladie, mais le malade et c'est bien là, évidemment, la forme normale. Le passage du malade à la maladie est très naturel chez un médecin : je ne pense pas qu'on puisse y voir une objection contre le texte retenu ici.

1. La citation du pseudo-Galien va du début de ce chapitre à ἄλλου ὑπιόντος et les *Lieux* y sont mentionnés par : ἐν τῷ Περὶ ἐντὸς τόπων. Le texte se lit p. 9 de l'édition Helmreich, *Handschriftliche Studien zu Galen*, II. Teil, Ansbach, 1911 ; le même titre est déjà cité plus haut au début du texte (Helmreich, p. 5), pour introduire l'extrait du ch. XLII.

2. Comme très souvent dans la *Collection*, la bile et le phlegme

ποιήσεις, ἀτυχήσας δέ, ὅπερ καὶ ὡς ἔμελλε γίνεσθαι, τοῦτ' ἔπαθε.

XXV. **1** Παιδίῳ δὲ χρὴ ὕδρωπα ὧδε ἰῆσθαι· τὰ οἰδέοντα καὶ ὕδατος ἔμπλεα ἐξοίγειν μαχαιρίῳ πυκνὰ καὶ σμικρὰ ἐξοίγοντα, ἐξοίγειν δ' ἐν μέρει ἑκάστῳ τοῦ σώματος, καὶ πυρίῃσι χρῆσθαι, καὶ αἰεὶ τὸ ἐξοιγόμενον χρίειν θερμαντηρίῳ φαρμάκῳ.

XXVI. **1** Πλευρῖτις ξηρὴ ἄνευ ῥόου γίνεται ὅταν ὁ πλεύμων λίην ξηρανθῇ ὑπὸ δίψης ἀναγκαίης· ὁ γὰρ πλεύμων, ἅτε ξηρὸς ἐών, ἐπήν τι μᾶλλον ξηρανθῇ τῆς φύσιος, ἰσχνὸς γίνεται, καὶ ἀκρατὴς γενόμενος, κλιθεὶς ἐς τὸ πλευρὸν ὑπ' ἀκρασίης, ψαύει τοῦ πλευροῦ· καὶ ἐπὴν θίγῃ ὑγροῦ ἐόντος, ἅπτεται, καὶ πλευρῖτιν ποιεῖ· τότε δὲ καὶ ὀδύνη γίνεται ἐς τὸ πλευρὸν καὶ ἐς τὴν κληῖδα, καὶ πυρετός, καὶ ἐπαναχρέμπτεται λευκόν. **2** Τοῦτον χρὴ πολλοῖσι ποτοῖσιν ἰῆσθαι, καὶ λούειν, καὶ τῆς ὀδύνης φάρμακον διδόναι καὶ τἄλλα τὰ ἀνάχρεμψιν ποιεῦντα· | οὗτος ἐν ἑπτὰ ἡμέρῃσιν 318
ὑγιὴς γίνεται, καὶ τὸ νόσημα ἀκίνδυνόν ἐστι, καὶ σιτία οὐ χρὴ διδόναι.

XXVII. **1** Πυρετοὶ διὰ τόδε γίνονται, ὅταν τοῦ σώματος ὑπερφλεγμήναντος αἱ σάρκες ἀνοιδήσωσι, καὶ τὸ φλέγμα καὶ ἡ χολὴ κατακλεισθέντα ἀτρεμίζωσι, καὶ μὴ ἀναψύχηται μηδὲν μήτ' ἐξιὸν μήτε κινεύμενον, μήτ' ἄλλου ὑπιόντος. Ὁπόταν κόπος ἔχῃ καὶ πυρε-

1 ποιήσης A corr. A³ ‖ ἔμελλεν A ‖ 2 post ἔπαθε add. titulum πῶς δεῖ ὕδρωπα παιδίον ἰᾶσθαι A ‖ 4 ἐξοίγειν AV : -άγειν Foes ‖ 5 δ' V : δὲ A ‖ ἑκάστῳ : ἕκαστα Erm. ‖ 6 πυρίῃσι A : πυρίῃ V ‖ χρῆσθαι A : χρήσασθαι V ‖ ἀεὶ V ‖ τὸ A : τὸν V ‖ 7 χρίην A ‖ post φαρμάκῳ add. titulum περὶ πλευρίτιδος A ‖ 9 et 10 πλεύμων V : πν- A ‖ ἀναγκαίης V : -ας A ‖ 11-12 κλιθεὶς A : καὶ κ. V ‖ 12 ψαύει V : παύει A ‖ 15 κληΐδα AV ‖ 16 πολλοῖσιν A ‖ πότοισιν V ‖ 18 ἑπτὰ ἡμ- A : ἡμ- ἑ. V ‖ 19 ἐστὶν A ‖ 21 Πυρετοὶ — γίνονται A ps.-Gal. (γιγν-) : om. V ‖ 22 καὶ : add. ὁκόταν ps-Gal. ‖ 23 ἀποτρεμίζῃ ps.-Gal. ‖ 24 μὴ ἀναψύχηται A : μητ' ἀ. ps.-Gal. om. V ‖ 25 ἔχει A corr. A³.

fièvre et pléthore, on lave avec beaucoup d'eau chaude, on oint avec un corps (gras) liquide et on échauffe autant que possible, afin que la chaleur, le corps s'étant ouvert, s'en aille par la sueur ; **2** tout cela doit se faire trois ou quatre jours de suite et, si le mal ne cesse pas, on fera boire un médicament cholagogue [1]. On ne rafraîchira pas la fièvre avant le quatrième jour et on ne fera pas boire d'évacuant tant que le corps est turgescent ; car alors, il n'y a que des évacuations insignifiantes, attendu que la turgescence est générale ; mais quand le corps est atténué, on administre le médicament et le patient évacuera. **3** Dans la fièvre, il ne faut ni donner des aliments ni procurer des évacuations avec des potages ; comme boisson, de l'eau chaude, du mélicrat et du vinaigre coupé d'eau ; on fera prendre ces boissons en aussi grande quantité que possible ; en effet, la boisson, si elle n'est pas froide, entrant et demeurant chaude, débarrasse le corps malade soit par l'urine, soit par la transpiration ; le corps, étant ainsi partout ouvert, respirant et mis en mouvement, fait ce qui lui est utile. **4** Si, le corps étant atténué, la fièvre brûle, c'est signe qu'elle n'est pas produite par l'abondance du phlegme ; si elle ne cesse pas, alimentez et provoquez un phlegme abondant ; si, même ainsi, cela ne réussit pas, il est évident qu'il ne fallait pas produire la fièvre. Dans ce cas, on fera boire un médicament qui évacue par la voie que la fièvre occupe particulièrement, soit le bas, soit le haut ; si c'est en haut, par le haut ; si c'est en bas, par le bas. **5** Non seulement les personnes faibles ne doivent pas moins que les personnes fortes boire un évacuant, mais encore on le donnera semblable ou avec cette seule différence qu'il sera fort pour les forts et faible pour les faibles. Les échauffements seront traités par les boissons et les potages, de

sont les humeurs de loin les plus importantes au plan nosologique ; cf. mon article, *Le système cnidien des humeurs*, dans *La Collection hippocratique et son rôle dans l'histoire de la médecine* (Colloque de Strasbourg, 1972), Leyde, 1975, p. 120 sqq.

1. D. Goltz, *Studien zur altorient. und gr. Heilkunde...*, Wiesbaden, 1974, p. 148 sq. a dressé la longue liste des variétés de médicaments mentionnées par notre auteur.

τὸς καὶ πλησμονή, λούειν χρὴ πολλῷ, καὶ χρίειν ὑγρῷ, καὶ θερμαίνειν ὡς μάλιστα, ὡς ἡ θερμωλή, ἀνοιχθέντος τοῦ σώματος, ὑπὸ τοῦ ἱδρῶτος ἐξέλθῃ· **2** ἑξῆς δὲ ταῦτα ποιεῖν καὶ τρεῖς καὶ τέσσερας ἡμέρας· καὶ ἢν μὴ παύηται, φάρμακον πίσαι χοληγὸν καὶ 〈μὴ〉 ψύχειν τὸν πυρετόν, πρὶν ἢ τεταρταῖος ᾖ, μηδ' ἕως ἂν τὸ σῶμα θάλλῃ, πιπίσκειν φάρμακον· οὐ γὰρ ἰνῶνται εἰ μὴ σμικρόν, ὥστε συνοιδέοντος τοῦ σώματος· ἐπὴν δὲ ἰσχνὸς ᾖ, πιπίσκειν, καὶ ἰνήσεται. **3** Πυρετῷ σιτίον μὴ προσφέρειν, μηδὲ ῥυφήμασιν ὑπεξάγειν, καὶ ποτὸν ὕδωρ θερμὸν καὶ μελίκρητον καὶ ὄξος σὺν ὕδατι, ταῦτα δὲ πιπίσκειν ὡς πλεῖστα· ἢν γὰρ ψυχρὸν μὴ ἐσίῃ, τὸ ποτὸν θερμὸν ἐὸν καὶ μένον ἐκ τοῦ σώματος τοῦ νοσέοντος ἀφαιρεῖ, ἤν τε διουρήσῃ, ἤν τε διϊδρώσῃ· πάντη δὲ ἀνοιγόμενόν τε καὶ ἀναπνέον καὶ κινεύμενον τὸ σῶμα συμφέρον πρήσσει. **4** Ἐπὴν δὲ ἰσχνὸν ἐόντα καίῃ, δῆλον ὅτι οὐ διὰ τὸ φλεγμαίνειν ὁ πυρετὸς ἔχει· καὶ ἢν μὴ παύηται, τρέφειν, καὶ φλεγμαίνειν ποιεῖν· καὶ ἢν μηδ' οὕτω συμφέρῃ, δῆλον ὅτι οὐκ ἐχρῆν τὸν πυρετὸν παρέχειν· τοῦτον χρὴ φάρμακον πίσαι, ὡς ὑπεξάγῃ, ὅπῃ ἂν μᾶλλον ὁ πυρετὸς ἔχῃ, ἤν τε ἄνω, ἤν τε κάτω,
ἢν | μὲν ἄνω, ἄνω, ἢν δὲ κάτω, κάτω. **5** Οὐδὲν δ' ἧσσον 320
δεῖ τοὺς ἀσθενέας τῶν ἰσχυρῶν φάρμακον πιπίσκειν, ἀλλ' ὁμοίως ἢ μοῦνον οὕτω, τοῖσι μὲν ἰσχυροῖσιν ἰσχυρόν, τοῖσι δ' ἀσθενέσιν ἀσθενές. Τὰς δὲ πυρώσιας ποτοῖσι

1 ὑγρῷ C edd. : ὑγρῶν A ὑγρὸν VA^4 ‖ 2 ὡς ἡ θερμωλή A : ὡσεὶ θερμώδη V ‖ 3 sec. τοῦ V : om. A ‖ 4 δὲ ταῦτα A : δ' εὖ αὐτὰ V ‖ 5 παύεται A ‖ χοληγὸν A Erot. X 17 : χολικὸν V χοληγαγικὸν Asul. ‖ μὴ add. Li. Erm. ‖ 6 μηδ' ἕως V : μὴ δὲ ὡς A ‖ 7 ἰνῶνται A : κρίνονται V ‖ 9 πιπίσκειν καὶ V : πιπίσκευναι A ‖ ἰνήσεται A Erot. I 12 : εἰν- V ‖ 10 ποτὸν A : ποιῶν V πιὼν Erm. ‖ 11 μελίκρητον A : -τα V ‖ 12 ψυχρὸν μὴ A : μὴ ψ. V ‖ ἐσίῃ A : ἐστὶ V ‖ 16 πρήσσει A : πρήσει V ποιήσει Asul. ‖ ὄντα A ‖ 17 δηλονότι V ‖ 19 μηδ' V : μὴ A ‖ ξυμφέρει A ‖ ὅτι οὐκ V : ὄντι τῶν A ‖ τὸν VA^1 : τῶν A ‖ 20 παρέχειν VA^3 : -χει A ‖ 21 ἔχει A ‖ ἤν τ' ἄνω, ἤν τε κάτω A : ~ V (cum duobus τε) ‖ 23 ἀσθενέας A : -νέοντας V ‖ φάρμακον Li. : φαρμάκων AV ‖ 24 ἢ V : ἢν A (ἀλλ' ὅμως μοῦνον Erm.) ‖ 24-25 τούς, ἰσχυρούς, τούς, ἀσθενέας Erm.

manière à résoudre la fièvre par un médicament rafraîchissant, le cammaron[1] ou tout autre semblable ; si les rafraîchissants ne réussissent pas, usez, aussitôt après, des échauffants ; puis, si le mal ne cesse pas encore, revenez aux rafraîchissants.

L'ictère.

XXVIII. **1** L'ictère doit être traité ainsi : quand vous prenez un patient en charge, alimentez-le et humectez-le pendant trois ou quatre jours avec des bains et des substances qui engraissent, à la fois boissons et aliments ; le corps étant humecté, évacuez et desséchez ; faites sortir aussitôt les humeurs grasses, en administrant de tous côtés un remède qui peut chasser l'humeur ; à la tête, appliquez un purgatif peu énergique, faites boire des diurétiques ; avant les aliments, pendant le temps que vous expulsez l'humeur perturbée, donnez une pilule (purgative), afin que, à partir de ce moment, le corps ne soit pas nourri. **2** Quand l'atténuation se produit, purifiez avec des bains : prenez la racine du concombre sauvage, pilez-la, mettez-la dans l'eau et préparez un bain de cette façon. Ne faites pas boire des cholagogues, afin de ne pas troubler le corps davantage. Quand l'humeur perturbée est sèche, alimentez le malade sans donner ni purgatif ni diurétique, mais bien un vin généreux et tout ce qui rend le corps plus rouge. Si le malade est jaune, il faut de nouveau évacuer, sans dessécher aucunement, afin qu'il n'y ait pas coagulation tant que le malade est jaune.

L'ulcère malin

XXIX. **1** L'ulcère malin s'étend sur le corps de cette façon : lorsque la chair environnante se remplit

1. Érotien offre une longue notice à καμμάρῳ (K 31) et cite notre texte de τὰς (om. δὲ) πυρώσιας jusqu'à χρῷ. Le terme a plusieurs formes selon les exégètes cités : κάμμαρον, κάμαρον, κάμμορον, κάμορον. On hésitait sur la signification : pour Zeuxis, c'est un ψυκτικόν ; pour Dioscoride, c'est l'aconit ; pour Lycus, il est synonyme de ἀλειπτήριον, πυριατήριον ; Zénon, le disciple d'Hérophile, dit que les Doriens d'Italie appellent ainsi (c'est-à-dire : κάμμορον ou κάμαρον) la ciguë, οἷον κακόμορόν τι ὄν. C'est le passage le plus intéressant pour nous en égard à d'autres dorismes des *Lieux*. Érotien préfère l'avis de Zeuxis, mais donne le second prix à Zénon. Au reste, cette notice comporte des difficultés et des lacunes. De ce fait, la notice de Galien (XIX, 107, 14 K), le seul passage du *Glos-*

καὶ ῥυφήμασιν, ὥστε τὸν πυρετὸν ψυκτηρίῳ φαρμάκῳ ἐκλύειν, καμμάρῳ ἢ ἄλλῳ τινὶ τοιούτῳ· καὶ ἐπὴν μὴ λύσῃς τῷ ψυκτηρίῳ, θερμαντηρίοισι χρῶ ἑξῆς· ἐπὴν δὲ μὴ παύηται, ψυκτηρίοισι πάλιν χρῆσθαι.

XXVIII. **1** Ἴκτερον ὧδε χρὴ ἰῆσθαι· ἐπὴν παραλάβῃς, τρέφε, καὶ λουτροῖσι καὶ πιαντηρίοισι καὶ ποτοῖσι καὶ σιτίοισι καθυγραίνειν ἢ τρεῖς ἢ τέσσερας ἡμέρας· ἐπὴν δ' ὑγρανθῇ τὸ σῶμα, καθαίρειν καὶ ξηραίνειν τὸ σῶμα, λιπαρά τε ἐξαίφνης ἐξαρύσαι, πάντῃ προσφέρων φάρμακον ᾗ δυνατὸν ὑγρότητα ἐξάγειν· πρὸς δὲ τὴν κεφαλὴν καθαρτηρίῳ ἀσθενεῖ· καὶ οὐρητικὰ πιπίσκειν· καὶ πρὸ τῶν σιτίων τοῦτον τὸν χρόνον, ὃν καθαίρεις τὴν τεταραγμένην ὑγρότητα, κατάποτον δίδου, ὡς μὴ τρέφηται ἀπὸ τούτου τοῦ χρόνου τὸ σῶμα· **2** ὅταν δὲ | ἰσχναίνηται, καὶ λουτροῖσι 322
κάθαιρε· τοῦ δὲ σικύου τοῦ ἀγρίου τὴν ῥίζαν κόψας, ἐς ὕδωρ ἐμβαλών, ἀπὸ τούτου λοῦε· χοληγὰ δὲ φάρμακα μὴ πίπισκε, ὡς μὴ ταράσσῃ μᾶλλον τὸ σῶμα τοῦτον· ἐπὴν δὲ ξηρὸν ᾖ τὸ τεταραγμένον, τρέφε, μηδενὶ ὑποχωρητικῷ φαρμάκῳ, μηδὲ διουρητικῷ, ἀλλ' οἴνῳ οἰνώδει καὶ ἅσσα ἐρυθρότερον ποιεῖ τὸν ἄνθρωπον, τούτοισιν· ἢν δὲ χλωρὸς ᾖ, πάλιν ἐξαρύσαι, ξηραίνειν δὲ μηδαμά, ὡς μὴ παγῇ χλωρὸς ἐών.

XXIX. **1** Θηρίον ἐπέρχεται ἐπὶ τὸ σῶμα διὰ τόδε·

1 ὥστε A : ὥσπερ V ‖ 2 καμμάρῳ cf. Erot. K 31 Gal. XIX, 107, 14 ‖ 2-3 μὴ λύσῃς Erot. : λύσῃς A ναυτιῶτο V ‖ 4 post χρῆσθαι titulus θεραπία ἰκτέρου A ‖ 5 ἰῆσθαι A : -ᾶ- V ‖ 6 πιαντηρίοις V ‖ 7 ἢ A : om. V ‖ τέσσαρας AV ‖ 9 πάντη A : add. τε V ‖ 10 προσφέρων φάρμακος V : πρὸς φακον A ‖ ᾗ edd. : ἡ A εἰ VA³ ‖ δυνατὸν V : add. ἢ A ‖ 11 δὲ V : τε A ‖ 13 ὃν Li. : ἣν V om. A ‖ τεταραγμένην V : τεταγμένην A ‖ 13-14 κατάποτον A : καὶ ἄποτον V ‖ 14 τρέφηται V : τρέπητε A -ται A³ ‖ 16 κάθαιρε A : καθαίρειν V ‖ 17 χοληγὰ A Erot. : χόλεια V χολήγαγα Asul. ‖ 18 pr. μὴ V : om. A ‖ 19 ξηρὸν ᾖ V : ξηνηνης A ‖ 20 μηδὲ διουρητικῷ A : om. V ‖ 21 ἐρυθρώτατον A ‖ 23 μηδαμά, ὡς V (-ᾶ ·) : μηδαμῶς A ‖ χλορὸς A corr. A³ ‖ 24 θηρίον VA³ : θηρίων A ‖ ἐπὶ τὸ σῶμα ante ἐπέρχεται Gal. *Gloss.* XIX, 103, 13.

de phlegme[1], que les bords[2] de l'ulcère sont élevés et l'ulcère humide, qu'un *ichor* desséché se dépose sur l'ulcère ou que l'ulcère est pris dans une induration ou la gangrène, alors l'*ichor* fourni par l'ulcère est empêché de s'écouler au dehors en raison de la couche endurcie qui recouvre l'ulcère du côté des chairs. Les chairs s'en laissent pénétrer, étant elles-mêmes gonflées par l'excès de phlegme et l'*ichor*, venant s'infiltrer, les corrompt et les tuméfie.
2 Dans ce cas, on oindra l'ulcère même avec des médicaments humectants[3], afin que cette humectation permette à l'écoulement de se porter au dehors et non sous la chair ; quant aux écoulements de l'ulcère, on y appliquera des réfrigérants, afin que la chair refroidie se condense et ne donne pas lieu, en se déchirant, à une contre-fluxion. En général, il faut oindre le voisinage des ulcères avec des réfrigérants et appliquer des humectants sur les ulcères mêmes.

Angine.

XXX. **1** L'angine provient du sang, quand se coagule le sang des veines du cou. Dans ce cas, on tirera du sang par les veines des membres et en même temps, on procurera des évacuations par le bas, afin que ce qui produit la maladie soit dérivé. La langue, quand elle a de grandes ulcérations, sera traitée de même.

Remonter à l'origine des maladies.

XXXI. **1** Les maladies doivent être soignées dans leur origine : si elles proviennent des fluxions, on fera cesser les fluxions d'abord ; si elles proviennent d'autre chose, on détruira l'origine

saire où Érotien soit nommé, pose des problèmes délicats : cf. A. Nikitas, in Πλάτων, 22, 1970, p. 207-210.

1. Galien, dans son *Glossaire*, note : θηρίον · τήν τε ἕλμινθα καὶ τὸ ἄγριον ἕλκος, ὡς ἐν τῷ Περὶ τόπων τῶν κατὰ ἄνθρωπον, puis il cite le début de ce chapitre, jusqu'à τόδε, et à la suite, la fin du paragraphe 1, à partir de καὶ ὁ(πό)ταν. Littré traduisait « ulcère férin ». Θηριώδης qualifie des délires en *Prén. C.*, 84 ; 151 ; 241.

2. Galien mentionne κρημνοί dans son *Glossaire*, XIX, 114, 16 Kühn et Rufus d'Éphèse signale qu'Euryphon l'employait (H. Grensemann, *Knidische Medizin I*, p. 42-43).

3. Je corrige ὑγραίνοντας des manuscrits, peu satisfaisant, et que Ermerins corrige en ὑγραίνοντα, d'après le chapitre XXXII, 1, où on lit ὑγραίνουσι φαρμάκοισιν, et ici-même, l. 12 : ψύχουσι.

ἐπὴν φλεγμήνῃ ἡ σὰρξ ἡ πέριξ, καὶ οἱ κρημνοὶ μεγάλοι ἔωσι τοῦ ἕλκεος, καὶ τὸ ἕλκος ὑγρόν, καὶ ἐπὶ τοῦ ἕλκεος ἐξηρασμένος ἐπῇ ἰχώρ, ἢ τὸ ἕλκος συμπεπηγὸς ᾖ ἢ συνσεσηπός, ὁ ἰχὼρ ὁ ἀπὸ τοῦ ἕλκεος ἀπορρέων κωλύεται ἔξω χωρεῖν ὑπὸ τοῦ ἐπιπεπηγότος ἐπὶ τοῦ ἕλκεος πρὸς τὴν σάρκα· ἡ δὲ σὰρξ ὑποδέχεται, ὥστε μετέωρός γ' ἐοῦσα αὐτὴ ὑπὸ φλεγμασίης, καὶ ὅταν ἀφίκηται ὁ ἰχὼρ ὑπορρέων, σήπει καὶ μετεωρίζει. **2** Τοῦτον φαρμάκοισιν ὑγραίνουσιν αὐτὸ τὸ ἕλκος χρίειν, ὡς ὑγραινομένου ἔξω τὸ ῥεῦμα ῥέῃ ἐκ τοῦ ἕλκεος, καὶ μὴ ὑπὸ τὴν σάρκα καὶ τὰ κατάρροα τοῦ ἕλκεος ψύχουσι φαρμάκοισιν, ὡς χειμιοῦσα συμπιλῆται ἡ σὰρξ καὶ μὴ διαρραγεῖσα ἀντεπιρρέῃ· καὶ τἄλλα δ' ἕλκεα ψύχουσι περιχρίειν, καὶ ἐπ' αὐτὰ τὰ ὑγραίνοντα ἐπιτιθέναι.

XXX. **1** Κύναγχος ἀπὸ αἵματος γίνεται, ὅταν τὸ αἷμα παγῇ τὸ ἐν τῇσι φλεψὶ τῇσιν ἐν τῷ τραχήλῳ· τούτῳ ἀπὸ τῶν ἐν τοῖσι γυίοισι φλεϐῶν αἷμα ἀφαιρεῖν, καὶ ἅμα κάτω ὑπεξάγειν, ὡς τὸ τὴν νοῦσον παρέχον τοῦτο κατασπασθῇ· καὶ γλῶσσαν, ὁπόταν ἕλκεα ἔχῃ μεγάλα, ὡσαύτως εὐτρεπιστέον.

| XXXI. **1** Τὰ νοσήματα χρὴ ἀπ' ἀρχῆς ἰῆσθαι·
ὅσα μὲν ἀπὸ τῶν ῥόων γίνεται, τοὺς ῥόους παύειν πρῶ- 324
τον· ὅσα δ' ἀπ' ἄλλου, παύειν τὴν ἀρχὴν τοῦ νοσή-

1 ἡ πέριξ V : om. A ‖ 3 ἢ V : om. A ‖ 4 ἢ συνσεσηπός edd. : ἢ ξυνσεσηπὼς A ξύνεσιν εἴπως V ‖ 4-6 ἀπορρέων — ἕλκεος V : om. A ‖ 5 ἐπὶ Li. : ὑπὸ V ‖ 7 γ' A : om. V ‖ αὐτὴ A : om. V ‖ ὅταν : ὁκόταν Gal. XIX, 103, 15 ‖ 8 ὑπορρέων : ἀπορ- Gal. ‖ σήπη A ‖ μετεωρίζη A ‖ 8-9 Τοῦτον V : τοῦτο A τούτω A^3 ‖ 9 ὑγραίνουσιν Joly : -νοντας AV -νοντα Erm. ‖ 12 φαρμάκοισι A corr. A^3 ‖ χειμιοῦσα V Gal. XIX, 154, 11 : χιμιιοῦσα A χρὴ μὴ ἰοῦσα A^3 ‖ συμπιλῆται A : συμπέληται V ‖ 16 ante Κύναγχος titulus περὶ κυνάγχης A ‖ 18 τούτῳ Lind. : -των AV ‖ γύοισι V ‖ ἀφαιρέην A -ρέειν VA^3 ‖ 20 τοῦτο : ταύτη Erm. ‖ 20-21 ἔχῃ μεγάλα A : μ. σχῆν ‖ 21 εὐτρεπισθέον A corr. A^3.

du mal et on traitera ; puis, l'humeur qui a flué, si elle est abondante, on l'évacuera ; si elle est peu abondante, on rétablira (le malade) par le régime.

Fracture du crâne.

XXXII. **1** Fracture du crâne : si l'os est largement brisé, il n'y a pas de danger[1] ; on traitera ce cas par des médicaments humectants. S'il est fracturé de manière à produire une fêlure, le danger est grand ; on trépanera afin que l'*ichor* coulant à la fêlure de l'os ne corrompe pas la méninge. Car l'humeur, vu l'étroitesse (de la fissure), entre, mais ne sort pas, et dès lors cause douleur et délire. Un tel malade doit être trépané, et trépané largement, afin qu'il y ait issue, et non pas entrée seulement pour l'*ichor*. On emploiera les médicaments qui attirent à eux l'humeur et on baignera.

Remarques diverses.

XXXIII. **1** Chez un fébricitant, ne purgez pas la tête, afin de ne pas provoquer le délire ; car les médicaments qui purgent la tête sont échauffants ; et la chaleur du médicament s'ajoutant à la chaleur de la fièvre fait délirer. Blessures mortelles : tout blessé qui va mal et qui vomit de la bile noire[2] succombe. Tout malade qui, pris d'évacuation, étant affaibli et maigre, s'affale brusquement sur le sol[3], meurt. **2** Un malade pris de chaleur fébrile et déjà affaibli, chez qui surviennent de petits ulcères livides tout autour, succombe. Quand, sur un homme affecté d'une maladie quelconque et déjà affaibli, il y a une éruption livide, le cas est mortel. Quand, après

1. Littré renvoie à *Plaies de la tête*, chapitres 4 et 17.

2. C'est la seule mention de la bile noire dans ce traité ; le fait est loin d'être exceptionnel : cf. *Le système cnidien des humeurs*, p. 108 sqq. Rien n'indique ici la conception que l'auteur se fait de la bile noire, mais il y a tout lieu de croire qu'il n'y voit qu'une variété de bile et non une humeur constituante comme *Nature de l'homme*.

3. L'insertion de ἐς par Littré me paraît à retenir, mais sa traduction est fort peu satisfaisante : « devient sec soudainement ». J'ai cherché mieux, d'après le passage du *Phèdre*, 254 c : ὥστ' ἐπὶ τὰ ἰσχία ἄμφω καθίσαι τὼ ἵππω, où je pense, contrairement à L. Robin, que ἵππω est sujet de καθίσαι.

ματος, καὶ εὐτρεπίζειν· ἔπειτα τὸ συνερρυηκός, ἢν μὲν πολὺ ᾖ, ἐξάγειν· ἢν δ' ὀλίγον, διαιτῶν καθιστάναι.

XXXII. **1** Κεφαλῆς κατάγματα· ἢν μὲν τὸ ὀστέον καταγῇ καὶ συντριβῇ, ἀκίνδυνον· καὶ ἰῆσθαι χρὴ τοῦτον ὑγραίνουσι φαρμάκοισιν· ἢν δὲ ῥαγῇ καὶ ῥωγμὴ ἐγγένηται, ἐπικίνδυνον· τοῦτον πρίειν, ὡς μὴ κατὰ τὴν ῥωγμὴν τοῦ ὀστέου ἰχὼρ ῥέων τὴν μήνιγγα σήπῃ· ὥστε γὰρ κατὰ στεινὸν ἐσιὼν μέν, ἐξιὼν δὲ οὔ, λυπεῖ καὶ μαίνεσθαι ποιεῖ τὸν ἄνθρωπον· τοῦτον χρὴ πρίειν, ὡς ἔξοδος ᾖ τῷ ἰχῶρι, μὴ μοῦνον ἔσοδος, εὐρέως διαπρισθέντος, καὶ φαρμάκοισι χρῆσθαι, ἅσσα ἐφ' ἑωυτὰ τὸ ὑγρὸν ἕλκουσι, καὶ λούειν.

XXXIII. **1** Πυρεταίνοντι κεφαλὴν μὴ κάθαιρε, ὡς μὴ μαίνηται· θερμαίνουσι γὰρ τὰ τὴν κεφαλὴν καθαίροντα φάρμακα· πρὸς δὴ τὸ ἀπὸ τοῦ πυρετοῦ θερμὸν τὸ ἀπὸ τοῦ φαρμάκου προσελθὸν μανίην ποιεῖ. Θανάσιμα τρώματα· ἐφ' ᾧ ἄν τινι κακῶς ἔχοντι χολὴν μέλαιναν ἀπεμέσῃ, ἀποθνῄσκει ὁ τὸ τρῶμα ἔχων. Καὶ ὑπὸ ἰνηθμοῦ ὃς ἂν ἐχόμενος καὶ ἔχων ἀσθενέως καὶ λεπτὸς ἐὼν ἐξαπίνης ⟨ἐς⟩ ξηρὸν καθίζῃ, ἀποθνῄσκει. **2** Ἐπὴν ὑπὸ θερμωλῆς ἐχομένῳ ἑλκύδρια ἐκθύωσιν ἀσθενεῖ ἐόντι πέριξ πελιδνά, ἀποθνῄσκει. Ἐπὴν ὑπό τινος νοσήματος ἐχομένῳ ἀσθενεῖ ἤδη ἐόντι πελιδνὰ ἐκθύῃ, θανάσι-

1 συνερρυηκὸς A : ἐρρ- V ‖ 2 διαιτῶν A : δια των V ‖ 4 Κεφαλῆς κατάγματα Corn. : titulus κεφαλῆ κατηγυρία · πῶς δεῖ ἰᾶθαι κεφαλὴν κλασθεῖσαν A κεφαλῆς κατάγια V ‖ 5 χρὴ V : om. A ‖ τοῦτον A : τοῦτο V ‖ 6 φαρμάκοισι A ‖ ῥωγμὴ V (ῥώγμη) : ῥώμη A ‖ 8 ἰχὼρ V : ὁ ἰ. A ‖ 9 στενὸν AV ‖ ἐσιὼν μὲν Corn. : ~ V μὲν ἐξιὼν A ‖ ἐξιὼν δὲ V : ἐσιὼν δ' A ‖ 11 εὐρέως A[3] : -έος AV ‖ 11-12 διαπρισθέντος V : διατρηθέντος A ‖ 12 ἑωυτὰ V : -τῶ A ‖ 14 κάθαιρε A : -ηρε V ‖ 15 θερμαίνουσιν A ‖ τὰ A : om. V ‖ 17-18 θανάσιμα τρώματα Corn. : titulus θανάσιμα τῶν τρομάτων A (τρω- A[3]) θανασιμάτων τρωμάτων V ‖ 19 ἀπεμέση V (-η) : ἀνει- A ἂν ἐμέση A[ras. 3] ‖ ἰνηθμοῦ A : ἠνιθ- V ‖ 20 ὃς ἂν ἐχόμενος A[3] : ὁσαν ἐχ- A ὁ ἐνεχ- V ‖ 21 ἐς add. Li. ‖ καθίζῃ edd. : -ζει AV ‖ 22 ἐκθύωσιν A : ἐκρυῶσιν V.

un purgatif, il y a superpurgation et évacuations par le haut et par le bas, il faut faire boire fréquemment du vin d'abord coupé, ensuite pur, ce qui arrête les évacuations. **3** Si le patient n'a pris ni purgatif ni vomitif, la bile, quand elle fait éruption spontanément[1] par le bas ou par le haut, est plus difficile à arrêter ; en effet, la bile spontanée est expulsée par une violence née dans le corps ; mais la bile qu'un médicament fait couler est expulsée par une violence étrangère. Si vous prenez en charge un malade qui a de la diarrhée et qui vomit, n'arrêtez pas le vomissement ; en effet, le vomissement arrête les selles ; et plus tard, il sera plus facile d'arrêter le vomissement ; mais si ce patient est faible, vous lui donnerez, après un vomitif, un médicament soporifique. D'ordinaire, si le sang produit la maladie, il cause de la douleur, et si c'est le phlegme, de la pesanteur.

Autres conseils.

XXXIV. **1** Quand on a affaire à une maladie qu'on ne connaît pas, il faut faire boire un remède qui ne soit pas énergique ; si l'état s'améliore, la voie est indiquée, il faut traiter en atténuant ; mais si, loin de s'améliorer, l'état empire, c'est le contraire ; s'il ne convient pas d'atténuer, il conviendra de rendre phlegmatique et de varier fréquemment, en se fondant sur cette conviction[2]. **2** Si une maladie[3] saisit un patient fort, alors qu'elle est faible, recourez alors avec hardiesse à un médicament plus fort que le mal, de sorte que, s'il arrive d'entraîner avec (l'humeur) peccante quelque portion d'humeur saine, il n'en résultera aucun dommage ; mais si vous

1. Cette conception se retrouve ailleurs dans la *Collection* : cf. *Épidémies*, V, 19, où c'est aussi la bile qui s'ébranle spontanément et V, 64 (= VII, 60), où les humeurs gagnent spontanément le haut. *Spontanément* veut dire : non provoquée par une action extérieure, par une drogue notamment ; cela n'implique pas une suspension de la causalité, comme je l'ai insinué dans *Le niveau de la science hippocratique*, Paris, 1966, p. 226-227.

2. La même expression se retrouve au ch. XIII, 2.

3. J'admets que la leçon de A est la bonne, même si le composé παραλάζομαι est un *hapax*, λάζομαι étant typique de notre traité et plusieurs autres composés étant attestés ailleurs. Littré corrigeait par une forme impossible : παραλήψηται.

μον. Ἐπὴν φάρμακόν τις πιὼν ὑπέρινος ᾖ καὶ κάτω
καὶ ἄνω ὑπεκχωρῇ, οἶνον καταρρυφεῖν τὸ μὲν πρῶτον
κεκρημένον, ἔπειτα ἄκρητον θαμινὰ δι|δόναι, καὶ παύε- 326
ται. **3** Φάρμακον δὲ μήτ' ἰνηθμῷ μήτ' ἐμετήριον
⟨πιόντος⟩ χολή [δ'], ἐπὴν αὐτομάτη ῥαγῇ ἢ κάτω ἢ ἄνω, χαλεπωτέρη παύειν· ἡ γὰρ αὐτομάτη ὑπὸ βίης γινομένης τῷ σώματι βιῆται· ἢν δ' ὑπὸ φαρμάκου ῥέῃ, οὐχ ὑπὸ συγγενέος βιῆται· ἐπὴν παραλάβῃς ἰνώμενόν τε καὶ ἐμεῦντα, μὴ παύειν τὸν ἔμετον· ὁ γὰρ ἔμετος τὸν ἰνηθμὸν παύει· ῥηΐων δὲ ὁ ἔμετος ὕστερον παύσαιτο ἄν· ἢν δ' ἀσθενὴς ᾖ ὁ ταῦτα πάσχων, ὕπνου φάρμακον ἐμετηρίσας διδόναι. Τὸ μὲν αἷμα ὁπόταν νοῦσον ποιῇ, ὀδύνην παρέχει, τὸ δὲ φλέγμα βάρος, ὡς τὰ πολλά.

XXXIV. **1** Τῶν νοσημάτων ὧν μὴ ἐπίστηταί τις, φάρμακον πίσαι μὴ ἰσχυρόν· ἢν δὲ ῥηΐων γένηται, δέδεικται ὁδός, εὐτρεπιστέον ἐστὶν ἰσχνήναντα· ἢν δὲ μὴ ῥηΐων ᾖ, ἀλλὰ χαλεπώτερον ἔχῃ, τἀναντία. Ἢν μὴ ἰσχναίνειν συμφέρῃ, φλεγμαίνειν συνοίσει καὶ θαμινὰ μεταλλάσσειν, ταύτῃ τῇ γνώμῃ χρώμενος. **2** Τῶν δὲ νοσημάτων ἤν τι, ἰσχύοντος μὲν τοῦ ἀλγέοντος, παραλάζηται, τοῦ δὲ νοσήματος ἀσθενέος, ἐνταῦθα μὲν ἰσχυροτέρῳ θαρσεῦντα τῷ φαρμάκῳ τοῦ νοσήματος χρῆσθαι, ὥστε καὶ ἤν τι τοῦ ὑγιαίνοντος ᾖ ἀπάγειν σὺν τῷ ἀσθενέοντι, οὐδεμία βλάβη ἐστίν· ἐπὴν δὲ τὸ μὲν

1 ὑπέρινος ᾖ A (ἢ) : ὑπερνοσῆ V ‖ 2 καταρρυφεῖν Joly : -ρροφεῖν V -ρροφὴν A ‖ 4 Φάρμακον V : -α A -ων Erm. ‖ ἰνηθμῷ : εἰνήθμῶ V ἰνηθμῶν A ‖ 5 πιόντος addidi ‖ δ' seclusi ‖ ῥαγεῖ A corr. A^3 ‖ κάτω, ἄνω V : ~ A ‖ 6 χαλεπωτέρα AV ‖ 7 γινομένης V : γεν- A ‖ τῷ VA^3 : τὸ A ‖ βιᾶται (et 8) AV ‖ 8-9 παραλάβῃς ἰνώμενον A Erot. : παραλάβη σινόμενον V ‖ 10 ἰνηθμὸν A : ἠνι- V ‖ ῥηΐων Joly : ραΐων A ῥέων V ‖ ἔμετος V : πυρετὸς A ‖ 13 βάρος A : om. V ‖ 15 ὧν A : om. V ‖ 16 et 18 ῥηΐων Joly : ῥάων V ῥᾶων, ῥᾶον A ‖ 17 δέδεικται VA^3 : δέδεκται A ‖ 18 ἔχει A ‖ 19 συμφέρει A ‖ 20 μεταλλάσσειν V : μεταλάσσον A -σων A^3 ‖ δὲ V : om. A ‖ 21 τι Joly : τις AV ‖ 21-22 παραλάζηται A : παραλλάξηται V ‖ 24 τι V : τινα A.

intervenez quand la maladie est plus forte et le malade faible, soignez avec des médicaments faibles, qui triompheront de la maladie même et l'expulseront sans affaiblir en rien le patient.

Gymnastique et médecine.

XXXV. **1** La gymnastique et la médecine sont de nature contraire* : la gymnastique n'a pas besoin de procurer des changements, mais la médecine en a besoin. A l'homme sain, il ne convient pas de changer la condition présente, mais cela convient au malade.

Ulcères.

XXXVI. **1** Parmi les maladies, celles qui, étant des ulcères, font saillie au-dessus de la surface du corps, doivent être traitées à la fois par les médicaments et par la faim.

Fluxion de la tête.

XXXVII. **1** Ce qui convient pour une fluxion venant de la tête, c'est le vomissement.

Maladies anciennes. Plaies.

XXXVIII. **1** Les maladies anciennes* sont plus difficiles à guérir que les récentes ; aussi faut-il préalablement renouveler les maladies anciennes. C'est ainsi que dans un ulcère calleux on détruit avec un médicament corrosif la partie endurcie, puis on réunit. Parmi les médicaments, ceux qui rendent le plus phlegmatique réunissent les plaies mondifiées, et ce sont ceux qui atténuent qui mondifient*. **2** Si on réduit des plaies qui ne sont pas encore à point, le corps nourrit le mal qui est dans la plaie*. S'il faut réduire une plaie et la remplir, il convient de rendre phlegmatique, même si on veut soigner une plaie de la tête*, car les chairs soulevées par les aliments poussent la chair corrodée par les médicaments et servent d'auxiliaire. Mais si la plaie est boursouflée, il faut atténuer par l'alimentation.

νόσημα ἰσχυρότερον, τὸν δὲ νοσέοντα ἀσθενέα λάβῃς, ἀσθενέσι τοῖσι φαρμάκοισιν εὐτρεπίζειν, ἅσσα αὐτοῦ τοῦ νοσήματος περιέσονται καὶ ἀπάξουσιν, ἀσθενέστερον δὲ μηδὲν ποιήσουσι τὸν ἀλγέοντα.

XXXV. **1 Γυμναστικὴ δὲ καὶ ἰητρικὴ ὑπεναντία πέφυκεν, ἡ μὲν γὰρ γυμναστικὴ οὐ δεῖται μεταλλαγὰς ποιεῖν, ἀλλ' ἡ ἰητρική· τῷ μὲν | γὰρ ὑγιαίνοντι οὐκ** 328 **ἀρήγει ἐκ τοῦ παρεόντος μεταλλάσσειν, τῷ δὲ ἀλγέοντι.**

XXXVI. **1 Τῶν δὲ νοσημάτων ἅσσα μὲν ἕλκεα ἐόντα ὑπερέχοντα τοῦ ἄλλου σώματός εἰσιν, ἅμα τοῖσι φαρμάκοισι καὶ λιμῷ χρὴ ἰῆσθαι.**

XXXVII. **1 Ῥόου συμφέρον ἐκ κεφαλῆς ῥέοντος, ἔμετος.**

XXXVIII. **1 Τὰ παλαιὰ νοσήματα χαλεπώτερον ἰῆσθαι τῶν νέων· ἀλλὰ νοσήματα τὰ παλαιὰ νέα πρῶτον ποιεῖν· ἕλκος πεπωρωμένον, ἐκβάλλοντα τὸ σκληρὸν σηπτηρίῳ φαρμάκῳ, ἔπειτα συνάγειν. Τῶν φαρμάκων ὅσα φλεγμαίνειν ποιέουσι μάλιστα, ταῦτα συνάγουσι τὰ καθαρά· τὰ δ' ἰσχναίνοντα, ταῦτα δὴ καθαίρουσιν. 2 Ἢν δέ τις συνάγῃ τὰ μήπω ὡραῖα ἐόντα, τὸ νοσέον τρέφει σῶμα ὃ ἂν ἕλκος ἔχῃ· καὶ ἢν μὲν συνάγειν δέῃ τὸ ἕλκος καὶ ἐμπλῆσαι, φλεγμαίνειν ἀρήγει, καὶ ἢν ἐν κεφαλῇ σάρκα βούλῃ· ἐπαναφερομένη γὰρ ἡ σὰρξ ὑπὸ τῶν σιτίων ὠθεῖ τὴν ὑπὸ τοῦ φαρμάκου σηπομένην καὶ συμμαχεῖ· ἢν δὲ μετέωρον ᾖ λίην, ἰσχναίνειν τοῖσι σιτίοισι.**

3 καὶ ἀπάξουσιν A : om. V ‖ 3-4 : ~ ἀσθενέστερον A ‖ 5-6 ὑπεναντία πέφυκεν V : ὑπέφυκεν ὑπεν- A ‖ 7 ἡ ἰητρική VA³ : ἰητρικῇ A ‖ 8 μεταλάσσειν A ‖ 11 χρὴ ἰῆσθαι V : χρῆσθαι A ‖ 12 ξυμφέρον AV ‖ 14 νοσήματα V : τὰ ν. A ‖ 16 πεπωρωμένον A : -ρημένον V ‖ 18 φλεγμαίνειν V : -νει ἢ A ‖ ποιέουσι Joly : ποιέει AV ‖ συνάγουσιν A ‖ 19 δ'ἰσχναίνοντα A : διϊσχν- V ‖ δὴ Joly : δὲ AV ‖ 20 ὄντα V ‖ 21 ξυναγεὶν A ‖ 22 ἐμπλῆσαι V : ἐκπλ- A ‖ 23 ἐπαναφερομένη A : -τρεφομένη V ‖ 25 ξυμμαχεῖ AV ‖ ἢν δὲ A : τὴν δὲ V ‖ ᾖ λίην A : ἃ λείην V.

Remarques diverses. XXXIX. **1** Aux gens affligés, malades et qui veulent se pendre, faites prendre le matin en boisson la racine de mandragore à une dose moindre qu'il ne faudrait pour causer le délire. On traitera ainsi le spasme : allumer du feu des deux côtés du lit, faire prendre en boisson la racine de mandragore à une dose moindre qu'il ne faudrait pour causer le délire, et appliquer aux tendons de la partie postérieure des sachets chauds. La fièvre qui naît du spasme cesse le même jour, le lendemain ou le surlendemain[1]. **2** La fièvre qui naît d'une rupture n'attaque pas plus de trois ou quatre jours ; si, supposée provenir d'une rupture, elle se prolonge davantage, c'est qu'elle provient d'autre chose, et il ne faut pas la traiter comme provenant d'une rupture. Un patient qui a les pieds et les mains contractées se met lui-même dans le délire[2].

Cautérisation des veines. XL. **1** Il faut cautériser la veine de façon telle que la maladie du patient...[3]; si, après cautérisation, du sang s'écoule, il faut, pour que cela ne soit pas dangereux, faire ces deux choses : si la cautérisation ne traverse pas, la veine ne se ferme pas à l'endroit de la douleur pour laquelle on l'a brûlée, mais elle rend service par l'écoulement qu'elle fournit. Au contraire, si la cautérisation traverse, il n'y a pas d'écoulement. En effet, dans ce cas, les deux bouts de la veine qui a été brûlée se rétractent et sèchent ; mais s'il reste un pont, ce pont procure l'écoulement du sang et humecte. **2** Quand du sang coule de la veine, il faut la traverser obliquement par la cautérisation ; ce moyen est-il insuffisant ? On la tranchera en haut et en bas de chaque côté, afin que le sang qui coule soit détourné ; en effet, il est plus aisé

1. Littré renvoie à *Aphorismes*, IV, 57 et *Prénotions coaques*, 152-153 ; il faut ajouter *Crises*, 62, comme l'a vu G. Preiser (Kiel, 1957) : une utilisation de mémoire ou légèrement modifiée.

2. Littré renvoie à *Pronostic*, 3 et *Prénotions coaques*, 487 ; utilisation en *Crises*, 63, avec texte modifié dans son expression.

3. Sur la cautérisation des veines, cf. *Vision*, III (*infra*, p. 169) et L. Bourgey, *Op. laud.*, p. 75 et n. 3. Littré et Kapferer admettent que ἐπιτήδειον se rapporte à φλέβα, mais l'adjectif n'est pas au féminin ; c'est plutôt une glose (en neutre) insérée dans le texte. Une lacune semble certaine ensuite...

XXXIX. **1** Τοὺς ἀνιωμένους καὶ νοσέοντας καὶ ἀπάγχεσθαι βουλομένους, μανδραγόρου ῥίζαν πρωῒ πιπίσκειν ἔλασσον ἢ ὥς μαίνεσθαι. Σπασμὸν ὧδε χρὴ ἰῆσθαι· πῦρ παρακαίειν ἑκατέρωθεν τῆς κλίνης, καὶ μανδραγόρου ῥίζαν πιπίσκειν ἔλασσον ἢ ὥς μαίνεσθαι, καὶ πρὸς τοὺς τένοντας τοὺς ὀπισθίους σακκία προστιθέναι θερμά. Ἀπὸ σπασμοῦ πυρετὸς ἢν ἐπιλάβῃ, παύεται αὐθημερὸν ἢ ὑστεραίῃ ἢ τῇ τρίτῃ | ἡμέρῃ. **2** Ἀπὸ ῥήγματος 330 πυρετὸς οὐ λάζεται πλέον ἢ τρεῖς ἢ τέσσερας ἡμέρας· ἢν δὲ ⟨πλέον⟩ λάζηται, οἰόμενον ἀπὸ ῥήγματος ἔχειν, ἀπ' ἄλλου τινὸς λάζοιτο ἄν, καὶ οὐ χρὴ ὥς ἂν ἀπὸ ῥήγματος εὐτρεπίζειν. Ὁπόταν ἄνθρωπος συντεταμένος ᾖ τοὺς πόδας καὶ τὰς χεῖρας, μανίην ἑωυτῷ ποιεῖ.

XL. **1** Φλέβα δὲ ὧδε χρὴ καίειν [ἐπιτήδειον], ὥστε τὸ νόσημα ὃ ἂν καὶ ᾖ νοσέων ⟨...⟩· ἢν κεκαυμένος ᾖ ὤνθρωπος, ῥέῃ δέ τι τοῦ αἵματος, ὡς μὴ ἐπικίνδυνον ᾖ τοῦτο αὐτῷ, ἀμφότερα ταῦτ' ἐστὶ ποιεῖν· ἢν ⟨μὴ⟩ διακαύσῃς, ταύτῃ ἐν τῷ πόνῳ, οὗ εἵνεκα ἐκαίετο, οὐ συμφύεται, ὠφέλησε δὲ τῷ ῥόῳ· ἢν γὰρ διακαῇ, οὐ ῥεῖ· ἐπὴν γὰρ διακαῇ, τὸ ἄκρον ἑκάτερον ἀνατρέχει τῆς φλεβὸς ᾗ διεκάη, καὶ συναυαίνεται· ἢν δέ ⟨τι⟩ καταλελειμμένον ᾖ, ὑπὸ τοῦ καταλελειμμένου, διαρρέοντος τοῦ αἵματος, ὑγραίνεται· **2** ἢν δ' αἷμα ῥέῃ ἐκ φλεβός, διακαίειν ἐπικαρσίην· ἢν δὲ μὴ παύηται πρὸς ταῦτα, ἄνω καὶ κάτω ἑκατέρωθεν διατάμνειν, ὡς

2 πρωῒ πιπίσκειν V : πρωπιπ- A ‖ 3 post μαίνεσθαι add. titulum ἴασις σπασμοῦ A ‖ 7 Ἀπὸ σπασμοῦ πυρετὸς V : om. A ‖ παύεται A : -σεται V ‖ 10 πλέον addidi ‖ οἰόμενον Erm. : -ος AV ‖ 15 ἐπιτήδειον seclusi ‖ 16 καὶ ᾖ V : καίῃς A ‖ νοσέων V : om. A lac. ind. Erm. in nota ‖ ἢν V : ἐπὴν A ‖ 17 ὤνθρωπος A : ἄν- V ‖ τι V : ἐπὶ A ‖ 18 τοῦτο V : τῶδε A τόδε A[1,3] ‖ ποιεῖν — 19 ταύτῃ V : om. A ‖ μὴ add. Li. ‖ 19 τῷ V : τὸ A ‖ 21 ῥεῖ V : ῥέῃ A ‖ 22 ᾗ διεκάη A : ᾗ διακαῇ V ‖ συναυαίνεται : forsitan ἐξαυ- ex Erot. E 26 ‖ τι addidi ‖ 24 αἵματος A : ῥεύματος V ‖ δ' A : δὲ V ‖ αἷμα ῥέῃ A : om. V ‖ 25 post ἐκ praebet λ V.

d'arrêter par un médicament le sang coulant divisé que coulant en masse. Pour la douleur dans la tête, vous tirerez du sang par les veines ; si la douleur ne cesse pas et dure longtemps, cautérisez les veines et la santé se rétablit ; si au contraire vous purgez la tête, la souffrance augmente.

Complexité de la médecine.

XLI. **1** Il n'est pas possible d'apprendre vite[1] la médecine ; la raison en est qu'il est impossible qu'il s'y forme une doctrine fixe ; par exemple, celui qui apprend à écrire[2] par la seule méthode qu'on enseigne, sait tout ; et ceux qui savent, savent tous de la même façon ; car la même chose faite semblablement aujourd'hui et autrefois ne pourrait se changer en son contraire, mais elle est toujours semblable et n'a pas besoin d'opportunité[3]. **2** Au lieu que la médecine ne fait pas toujours la même chose à cet instant et tout de suite après[4], qu'elle agit de façon opposée chez le même individu et que les mêmes choses y sont opposées à elles-mêmes : les purgatifs ne procurent pas toujours la purgation du ventre et leur action est double ; bien plus, les purgatifs ne se comportent pas comme (absolument) contraires des astringents. **3** Le ventre se resserre, ce resserrement excessif remplit le corps de phlegme, et comme du phlegme arrive (alors) dans le ventre, le resserrement, de cette façon, produit l'évacuation ; car le phlegme étant parvenu dans le ventre, il s'opère une purgation. Mais dans cet (autre) cas[5], les substances purgatives de nature

1. P. Pohlenz (*Hippokratesstudien*, p. 98, n. 1) a proposé de suivre V, mais C. W. Müller, *Op. laud.*, in *Sudhoffs Archiv*, 1965, p. 232, n. 3 rétorque notamment que le début du ch. XLVI implique la possibilité d'un enseignement de la médecine.

2. Cf. *Notice*, p. 27, n. 1 ; et aussi H. Herter, *Die Treffkunst des Arztes in hippokratischer und platonischer Sicht*, in *Sudhoffs Archiv...*, 47, 3, 1963, p. 271, n. 4, avec bibliographie.

3. Sur ce passage et la notion de καιρός, cf. la *Notice*, p. 28. A. Thivel maintient αἰεί et traduit : « elle est toujours exactement la même ».

4. Érotien glose αὐτίκα (A 72) : Βακχεῖος ἐν α′ φησὶν ἤδη, Ἐπικλῆς δ' εὐθέως· ἔστι δέ που καὶ ἀντὶ τοῦ μετὰ ταῦτα λεγομένη ἡ λέξις.

5. Je donne une traduction un peu appuyée, ici et plus bas, pour mieux faire ressortir la pensée fort cohérente de l'auteur.

ἀποτρεφθῇ τὸ αἷμα ῥέον· διαλελαμμένον γὰρ φαρμάκῳ ῥήϊον παύειν ἢ τὸ ἀθρόον. Ὀδύνης ἐν κεφαλῇ τοῦ αἵματος ἀφαιρεῖν ἀπὸ τῶν φλεβῶν· ἢν δὲ μὴ παύηται, ἀλλὰ πολυχρόνιον ᾖ, διάκαιε τὰς φλέβας, καὶ ὑγιὴς γίνεται· ἢν δὲ κεφαλὴν καθήρῃς, μᾶλλον πονεῖς.

XLI. **1** Ἰητρικὴν οὐ δυνατόν ἐστι ταχὺ μαθεῖν διὰ τόδε, ὅτι ἀδύνατόν ἐστι καθεστηκός τι ἐν αὐτῇ σόφισμα γενέσθαι, οἷον ὁ τὸ γράφειν ἕνα τρόπον μαθὼν ὃν διδάσκουσι, πάντα ἐπίσταται· καὶ οἱ ἐπιστάμενοι πάντες ὁμοίως διὰ τόδε, ὅτι τὸ αὐτὸ καὶ ὁμοίως ποιεύμενον νῦν τε καὶ οὐ νῦν οὐκ ἂν τὸ ὑπεναντίον γένοιτο, ἀλλ' [αἰεὶ] ἐνδυκέως | ὅμοιόν ἐστι, καὶ οὐ δεῖ καιροῦ. **2** Ἡ δὲ 332 ἰητρικὴ νῦν τε καὶ αὐτίκα οὐ τὸ αὐτὸ ποιεῖ, καὶ πρὸς τὸν αὐτὸν ὑπεναντία ποιεῖ, καὶ ταὐτὰ ὑπεναντία σφίσιν ἑωυτοῖσι· πρῶτον ὑπεκχώρησιν κοιλίης τὰ ὑπεκχωρητικὰ οὐκ αἰεὶ ποιέουσι, καὶ τὰ ὑπεκχωρητικὰ ἀμφότερα ποιέουσι, τάχα δὲ οὐδ' οὕτως ἔχουσι τὰ ὑπεκχωρητικὰ τοῖσι στασίμοισιν ὡς ὑπεναντία. **3** Ἐπιστάσῃς τῆς κοιλίης, διὰ τὴν λίην στάσιν ἐφλέγμηνε τὸ σῶμα, ἐς ⟨δὲ⟩ τὴν κοιλίην φλέγματος ἀφικομένου, οὕτως ἡ στάσις ὑπεκχώρησιν ἐποίησεν· ἐπὴν γὰρ τὸ φλέγμα ἐς τὴν κοιλίην ἐσέλθῃ, ἰνηθμὸς γίνεται. Ἐν τούτῳ δὲ τὰ ὑπεκχωρητικὰ φύσει στάσιν ποιέουσιν ἐν τῇ κοιλίῃ· ἢν μὲν [μὴ] ὑπεκχωρητικὰ προσφέρῃς, ἐκλύηται

2 ῥήϊον Joly : ῥᾷον A ῥέον V ‖ ἢ τὸ ἀθρόον A : τὸ ἄρθρον V ‖ post ἀθρόον titulus ὀδύνης ἐν κεφαλῇ AV ‖ 3-4 παύειται A corr. A³ ‖ 4 πολλυχρόνιον A ‖ διάκεε A corr. A³ ‖ 5 καθήρῃς A : καθάρῃς V ‖ πονεῖς V (-έεις) : πονέειν A πονέσει Erm. ‖ 6 ταχὺ A : om. V ‖ 7 ἐστὶν A ‖ τι A : om. V ‖ 10 post ὁμοίως add. γράφουσι Erm. ‖ τόδε, ὅτι V : τόδ' ἐστὶ A ‖ 11 οὐκ ἂν V : οὐ καὶ A ‖ αἰεὶ A, ἀεὶ V seclusi ‖ 12 ἐνδυκαίως A ‖ 13 τὸ αὐτὸ V : τοῦτο A ‖ 14 ὑπεναντία — ταὐτὰ A : om. V ‖ ταὐτὰ Müller : ταύτα A ‖ σφισι A corr. A³ ‖ 15 ὑπεκχώρησιν κοιλίης τὰ A : om. V ‖ 16 οὐκ αἰεὶ (ἀεὶ V) — 18 ὑπεκχωρητικὰ V : om. A ‖ 18 στασίμοις A ‖ 19 ἐφλέγμηνε Joly : φλεγμῆναν AV ‖ 20 δὲ addidi ‖ 21 ὑπεκχώρησιν V : ἐπ- A ‖ 22 εἰσέλθῃ A ‖ ἰνηθμὸς A : ἐνησμὸς V ‖ 23 στάσιν A : στάσιμον V ‖ 24 μὴ del. Li. ‖ προσφέρῃς A : ποιέῃς V ‖ ἐκλύηται V : -εται A ἐκκλύζηται Erm.

procurent le resserrement : si vous administrez des purgatifs et que ce qui fait la maladie se résolve et s'humecte, la santé, après ce lavement, se rétablit ; en sorte que les astringents exercent[1] la même action que les évacuants et les évacuants que les astringents. **4** De la même façon, les substances phlegmatiques rendent[2] jaunes et de mauvais teint, aussi bien que les substances atténuantes donnent bon teint. Dans chaque cas, le remède est le contraire opposé au contraire : par exemple, lorsqu'il y a phlegmasie chez un patient jaune, on la résout en administrant quelque remède atténuant : ici, l'atténuant a remédié au phlegmatique. Mais le secouru de tantôt va maintenant secourir à son tour le secourant, si le patient est jaune et de mauvais teint par atténuation : en effet, si on administre alors un médicament phlegmatique, le teint jaune disparaît.

Contraires et semblables.

XLII. **1** La douleur se produit et par le froid et par le chaud, et par l'excès et par le défaut. Elle se produit, dans les parties du corps qui ont éprouvé un refroidissement, par le réchauffement ; dans celles qui ont éprouvé un échauffement, par le refroidissement ; elle se produit dans les parties de nature froides, par le chaud, dans celles de nature chaudes par le froid, de nature sèches par l'humide, de nature humides par le sec. Car les douleurs surviennent toutes les fois qu'il y a changement

1. L'emploi très fréquent du verbe pluriel avec un sujet neutre pluriel (cf. *Notice*, p. 16) est un reflet du parler dorien de l'auteur : cf. V. Schmidt, *Dorismen...*, in *Corpus Hippocraticum*, p. 57-58.

2. Ici, le verbe est au singulier et il n'y a pas lieu de corriger : d'une phrase à l'autre, on peut admettre l'alternance. Dans une même phrase par contre, cela me paraît plus difficile, une retouche dans la tradition manuscrite étant au moins aussi probable.

δὲ τὸ νοσεῖν ποιέον καὶ ὑγραίνηται, ἐπὴν ἐκκλυσθῇ, γίνεται ὑγιής · καὶ οὕτω τά τε στάσιμα τοῖσιν ὑπεκχωρητικοῖσι τωὐτὸ ποιέουσι τῆς κοιλίης, καὶ τοῖσι στασίμοισι τὰ ὑπεκχωρητικά. **4** Τὸν αὐτὸν δὲ τρόπον [καὶ τοὺς ἐρυθροὺς καὶ τοὺς χλωρούς] καὶ τὰ φλεγματώδεα χλωροὺς ποιεῖ καὶ ἀχρόους, καὶ τὰ ἰσχναίνοντα εὐχρόους · ἑκατέρου δ' ἐστὶ φάρμακον τὰ ὑπεναντία τῷ ὑπεναντίῳ · αὐτίκα ὅταν φλεγμαίνῃ χλωρὸς ἐών, ἐκλύεται, ἤν [μὴ] τι ἰσχναίνῃ φάρμακον προσενεχθέν · ἐνθάδε τῷ φλεγμαίνοντι τὸ ἰσχναῖνον ὠφέλησε · τούτων δὲ τό ποτε ὠφελεύμενον τῷ ὠφελεῦντι νῦν ὠφελεῖ ἐνταῦθα, ὅταν ὑπὸ ἰσχνότητος ἄχροος καὶ χλωρὸς ᾖ · ἢν γάρ τις φλεγματῶδες προσφέρῃ, παύεται τὸ χλωρόν.

XLII. **1** 'Οδύνη τε γίνεται καὶ διὰ τὸ ψυχρὸν καὶ 334
διὰ τὸ θερμὸν καὶ διὰ τὸ πλέον λίην καὶ διὰ τὸ ἔλασσον · καὶ ἐν μὲν τοῖσιν ἐψυγμένοισι τοῦ σώματος διὰ τὸ θερμαῖνον, ἐν δὲ τοῖσι τεθερμασμένοισι διὰ τὸ ψῦχον ὀδύνη γίνεται · καὶ ἐν μὲν τοῖσι ψυχροῖσι φύσει διὰ τὸ θερμόν, ἐν δὲ τοῖσι θερμοῖσι φύσει διὰ τὸ ψυχρόν · καὶ ἐν μὲν τοῖσι ξηροῖσι φύσει ὑγραινομένοισιν, ἐν δὲ τοῖσιν ὑγροῖσι φύσει ξηραινομένοισι · τὴν γὰρ φύσιν διαλλασσομένοισιν ἑκάστοισι καὶ διαφθειρομένοισιν

2 τοῖς A ‖ 3 τωὐτὸ : ταὐτὸ Li. στάσιν AV ‖ 4 Τὸν V : καὶ τὸν A ‖ 4-5 καὶ τους — χλωρούς del. Erm. ‖ 5 sec. καὶ V : om. A ‖ 6 ἰσχναίνοντα A : -νόμενα V ‖ 7 ἐστὶ V : ἐτί A ‖ ὑπεναντία τῷ A : om. V ‖ 8 χλωρὸς V : χολος A ‖ 9 μὴ del. Corn. ‖ ἰσχναίνῃ V : -νήνῃ A ‖ 12 ἐνταῦθα A : ἔνθα V ‖ ὅταν A : ὁπόταν V ‖ ἄχροος V : ἀθρόος A ‖ 13 τις V : om. A ‖ 14 Titulum in marg πῶς γίννεται ὀδύνη add. A² ‖ 14-15 καὶ διὰ τὸ θερμὸν V : om. A (θερμόν, ψυχρόν Gal. ps.-Gal) ‖ 15 πλεῖον A ‖ 16 καὶ ἐν μὲν AV Gal. : ἐν μὲν οὖν ps.-Gal. ‖ τοῖσι A corr. A³ ‖ ἐψυγμένοισι Gal. : add. φύσει τοῖσιν ἐκ AV add. φύσει ps.-Gal. ‖ σώματος Gal. ps.-Gal. : add. πρὸς τὸ δέρμα AV Sch. ‖ 17 θερμαῖνον V : -νόμενον A θερμὸν Gal. ps-Gal. ‖ post θερμαῖνον add. λίην ὀδύνη γίνεται AV ‖ τεθερμασμένοισι Gal. : θερμοῖσι φυσει VA (-σι) θερμοῖσι ps.-Gal. ‖ ψῦχον Erm. : ψυχρὸν AV Gal. ps.-Gal. ψυχραῖνον Li. ‖ 20 φύσει V : καὶ φ. A ‖ ὑγραινομένοις AV ‖ 20-21 τοῖς AV ‖ 21 τὴν γὰρ φύσιν AV Gal. *Epid.* VI : καὶ τοῖσι τὴν φ. Gal., *Plac.* et *De caus. sympt.* τοῖσι γὰρ τ. φ. Gal., *De inaeq. intemp.* ‖ 22 διαλασσομένοις AV ‖ ἑκάστοισι AV ps.- Gal.: om. Gal. ubique ‖ διαφθειρομένοις AV.

et corruption de la constitution naturelle[1]. Les douleurs se guérissent par les contraires ; chaque maladie a quelque chose de spécifique ; ainsi, aux parties chaudes devenues malades par le froid conviennent les échauffants et ainsi de suite. **2** Mais voici une autre manière : la maladie est produite par les semblables et par les semblables que l'on fait prendre, le malade revient de la maladie à la santé. Ainsi, ce qui produit la strangurie qui n'existait pas, supprime la strangurie qui existait ; la toux, comme la strangurie, est causée et supprimée par les mêmes choses. **3** Voici (encore) une autre manière : la fièvre née de la phlegmasie, tantôt est produite et supprimée par les mêmes choses, tantôt est supprimée par le contraire de ce qui l'a produite[2]. Ainsi, si on veut laver le sujet avec de l'eau chaude et lui donner des boissons abondantes, il est ramené à la santé par la phlegmasie ; car ce qui rend phlegmatique supprime la fièvre existante. Mais elle est supprimée aussi si l'on veut administrer un purgatif et un vomitif : la fièvre est supprimée aussi bien par ce qui la produit que par ce qui la supprime. **4** Si, à un homme qui vomit, on donne à boire de l'eau en abondance, on le débarrasse, par le vomissement, de ce qui le fait vomir ; de cette façon, vomir enlève le vomissement. Mais de cette autre façon aussi : en arrêtant le vomissement, parce qu'on fera passer par le bas ce qui, étant dans le corps, cause le vomissement. Ainsi, de deux façons contraires, la santé se rétablit. Et s'il en était de

1. Galien a cité plusieurs fois des passages de ce paragraphe (dont le style est savamment balancé) ; la citation la plus étoffée se trouve en *Plac.*, 636, 2 sqq. Müller (je remercie M. Ph. de Lacy d'avoir bien voulu me faire savoir que le texte de l'édition à laquelle il travaille ne diffère de celui de Müller que sur des détails orthographiques, sauf qu'il ne met pas καὶ τοῖσι τὴν φύσιν entre *cruces*) ; les autres se trouvent en *De causis sympt.*, I, 6 (VII, 115, 13 sq. Kühn), *De tremore, palp...*, 6 (VII, 620, 6 K), *De inaequali intemp.*, 3 (VII, 739, 8 K.) et au sixième *Commentaire à Épidémies VI* (*C. M. G.*, V, 10, 2, 2, p. 343, 2) ; cf. Schubring, p. 65-66. Le pseudo-Galien (Helmreich, p. 5) cite tout le § 1 jusqu'à ὀδύναι γίνονται et ensuite le début du § 2 jusqu'à νοῦσος γίνεται.

2. Cette restitution d'Ermerins est capitale pour la compréhension de tout ce passage. Pour toute la fin du chapitre, C. W. Müller propose des restitutions et une interprétation différentes de ce que j'avance ici : voyez la *Note additionnelle*, p. 83.

αἱ ὀδύναι γίνονται· ὑγιάζονταί τε αἱ ὀδύναι τοῖσιν ὑπεναντίοισιν· ἴδιον ἑκάστῳ νοσήματί ⟨τί⟩ ἐστι· τοῖσι θερμοῖσι φύσει, διὰ δὲ τὸ ψυχρὸν νοσέουσι, θερμαῖνόν τε καὶ τἄλλα οὕτω κατὰ λόγον. **2** Ἄλλος ὅδε τρόπος· διὰ τὰ ὅμοια νοῦσος γίνεται, καὶ διὰ τὰ ὅμοια προσφερόμενα ἐκ νοσεύντων ὑγιάζονται· οἷον στραγγουρίην τὸ αὐτὸ ποιεῖ οὐκ ἐοῦσαν, καὶ ἐοῦσαν τὸ αὐτὸ παύει· καὶ βὴξ κατὰ τὸ αὐτό, ὥσπερ καὶ στραγγουρίη, ὑπὸ τῶν αὐτῶν γίνεται καὶ παύεται. **3** Ἄλλος ὅδε τρόπος· πυρετὸς ὁ διὰ φλεγμασίην γινόμενος, τοτὲ μὲν ὑπὸ τῶν αὐτῶν γίνεται καὶ παύεται, τοτὲ δὲ τοῖσιν ὑπεναντίοισιν ⟨παύεται⟩ ἢ ⟨οἷσιν⟩ ἐγένετο· τοῦτον μὲν γὰρ εἴ τις βούλεται λούειν ὕδατι θερμῷ καὶ ποτὰ πολλὰ διδόναι, ὑγιὴς γίνεται διὰ τὸ φλεγμαῖνον· τοῖσι ⟨γὰρ⟩ φλεγμαίνειν ποιέουσι προσφερομένοισιν ὁ ἐὼν πυρετὸς γίνεται ὑγιής· καὶ ⟨γίνεται ὑγιὴς⟩ εἴ τις βούλεται φάρμακον πίσαι ὑποχωρητικὸν καὶ ἐμετικόν· τὸν αὐτὸν τρόπον τοῖσί | τε ποιέουσι παύεται, καὶ τοῖσι 336 παύουσι [γίνεται]. **4** Τούτῳ μὲν γὰρ εἴ τις ἐμέοντι ἀνθρώπῳ βούλεται ὕδωρ δοῦναι πιεῖν πολύ, ἐκκλυσθήσεται δι' ἃ ἐμεῖ σὺν τῷ ἐμέτῳ· οὕτω μὲν διὰ τὸ ἐμεῖν ὁ ἔμετος παύεται· ὧδε ⟨δὲ⟩ διὰ τὸ παύειν, ὅτι κάτω ποιήσει αὐτῷ ἐλθεῖν ἐκεῖνο, ὃ ἐνεὸν ἔμετον ποιεῖ· ἀμφοτέροισι τοῖσιν ὑπεναντίοισι τρόποισιν ὑγιὴς γίνεται. Καὶ

1 αἱ ὀδύναι : ὀδ. Gal. ‖ ὑγιάζονται Erm. : ὑγιαίνονται AV ‖ 2 ἴδιον V : ἰδίῳ A ‖ νοσήματι VA³ : νόσημα A ‖ τι addidi ‖ 2-3 τοῖσι θερμοῖσι φύσει A : om. V ‖ 3 δὲ τὸ A : τόδε V ‖ θερμαῖνόν τε Foes in nota : θερμαίνονται AV -μαῖνόν τι Erm. ‖ 4 οὕτω Sch. : τούτων AV ‖ Ἄλλος ὅδε τρόπος titulus V ἄ. ὧδε τρ. A ‖ 5 νόσος A ‖ 6 ὑγιάζονται Erm. : ὑγιαίνονται AV ‖ 9-10 Ἄλλος ὅδε τρόπος titulus AV ‖ 10 et 11 τοτὲ edd. : τότε A τότε, τοτὲ V ‖ 11-12 τοῖς ὑπεναντίοις A ‖ 12 παύεται add. Erm. ‖ ἢ om. V ‖ οἷσιν add. Erm. ‖ τοῦτον A⁴ : τοῦτο A τούτω A³ τοτὲ V ‖ 14 γὰρ addidi ‖ 15 προσφερομένοις A ‖ ὢν AV ‖ 16 γίνεται ὑγιὴς addidi ‖ 18 παύεται V : ποιέεται A ‖ 19 γίνεταί delevi ‖ Τούτῳ Joly : τοῦτο AV ‖ 21 οὕτω A : οὐ τῶ V ‖ 22 παύεται A : -σεται V ‖ ὧδε δὲ Joly : ὧδε A ᾧ δὲ V τῷ δὲ Erm. ‖ 23 ἐκεῖνο Joly : ἐξ ἐκείνου AV ‖ ὃ ἐνεὸν V : ὅθεν ἐὸν A ‖ 24 τοῖσι A corr. A³ ‖ τρόποις AV.

même dans tous les cas, il y aurait une doctrine établie et l'on traiterait tantôt par les contraires suivant la nature et l'origine de la maladie, tantôt par les semblables, suivant encore la nature et l'origine de la maladie.

Faiblesse du corps. XLIII. **1** La cause de ce défaut de règle est la faiblesse du corps. Le corps est nourri également par des aliments égaux ; et les aliments sont dominés par le corps. Mais quand l'ingestion est excessive[1] ou quand, après tout autre changement, le corps est dominé, ce sont les aliments qui dominent. Or, dans le cas où le corps est dominé par ce qu'on lui procure, les mêmes choses qui font prospérer le corps, à la fois le dominent[1] et produisent l'effet contraire. **2** Par exemple, se baigner dans l'eau chaude, tant que le corps a le dessus, fait prospérer ; mais quand le corps a le dessous, fait maigrir. La bonne chère agit comme le bain : tant que les deux ont le dessous, ils font prospérer ; quand ils ont le dessus, ils provoquent des diarrhées et autres maux. **3** Quand ce qu'on ingère subit un changement, il est nécessaire que le sujet à qui on l'administre change aussi ; car le corps, changé, rendu peu actif et vaincu par toute chose, éprouve des accidents. Il en est de même pour les purgatifs, pour les substances qui procurent l'embonpoint,

1. C'est Nachmanson, *Erotiansstudien*, p. 335-336, qui propose de restituer ici μάσσον qui aurait été éliminé par πλέον ou par πλέον ἢ ἔλασσον. J'opte comme cet auteur pour la seconde solution, car ἔλασσον ne paraît pas convenir au contexte.

2. J'ai restitué le pluriel à plusieurs verbes, selon la règle générale de notre auteur. L'usage n'étant pas une règle absolue, la correction ne s'impose pas de manière contraignante. Toutefois, dans cette même phrase, le dernier verbe, ποιέουσιν, est attesté par nos deux bons manuscrits. Il m'est difficile de croire que, dans la même phrase, l'auteur suivrait deux règles différentes. Une normalisation, large, mais non totale, comme souvent, dans la tradition manuscrite me paraît probable, d'autant plus que le premier verbe, l. 9, est altéré dans la tradition et que les trois derniers sont solidaires et syntaxiquement très liés. Cf. aussi xxxviii, 1 et ici, ligne 22, où le τοῦτο initial a pu entraîner le singulier ποιέει.

εἰ μὲν οὕτως εἶχε πᾶσι, καθεστήκει ἄν, οὕτω τὰ μὲν τοῖσιν ὑπεναντίοισιν εὐτρεπίζεσθαι οἷά τέ ἐστι καὶ ἀφ' ὅτου ἐγένετο, τὰ δὲ τοῖσιν ὁμοίοισιν οἷά τέ ἐστι καὶ ἀφ' ὅτου ἐγένετο.

XLIII. **1** **Τούτου δ' αἴτιόν ἐστιν ἡ τοῦ σώματος ἀσθενείη · τὸ γὰρ σῶμα ὑπὸ μὲν τῶν σιτίων ἴσων ἴσως τρέφεται, ὑπὸ δὲ τοῦ σώματος τὰ σιτία κρατεῖται · ἐπὴν δὲ μάσσον προσενέγκηται, ἢ ἀλλοίως μεταλλάξαν κρατῆται, κρατέουσι καὶ τὰ σιτία · καὶ ὁπόταν κρατῆται τὸ σῶμα ὑπὸ τῶν προσοισμάτων, ⟨ἃ⟩ θάλλειν ποιέουσι ταὐτὰ καὶ κρατέουσι ἅμα τοῦ σώματος τά τε ὑπεναντία ποιέουσιν.** **2** **Αὐτίκα τὸ λοῦσθαι θερμῷ, ἕως μὲν ἂν τὸ σῶμα κρατῇ τοῦ προσοίσματος, θάλλειν ⟨ποιεῖ ·⟩ ἐπὴν δὲ κρατηθῇ, ἰσχνὸν ποιεῖ τὸ σῶμα · καὶ τὸ εὐωχεῖσθαι ὁμοίως τῷ λοῦσθαι ποιεῖ · ταῦτα γὰρ ἕως μὲν ἂν κρατέωνται, θάλλειν ποιέουσιν · ἐπὴν δὲ κρατέωσιν, ὑπεκχωρήσιάς τε ποιέουσι καὶ ἀλλοίας κακίας ·** **3** **ὁπότε δὲ ὃ προσφέρεται τοῦτο μεταλλάσσεται, | ἀνάγκη καὶ ᾧ προσφέρεται τοῦτο μετατρέπεσθαι · τὸ γὰρ σῶμα μετατρεπόμενον καὶ ὀλιγοεργὲς ἐὸν καὶ** 338
ὑπὸ παντὸς νικώμενον τὰς παλιγκοτίας παρέχει. Τοῦτο δὲ ποιέουσι καὶ τὰ ὑποχωρητικὰ καὶ τὰ θάλλειν ποιέοντα

1 καθεστήκει edd. : καθεισ- V καθιστήκη A (?) -κει A[1] || 2 ὑπεναντίοις A || 2 et 3 ἀφότου V || 3 ἐγένετο A : -νοντο V || 3 τὰ δὲ — 4 ἐγένετο V : om. A del. et lac. ind. Erm. || 5 δ' V : δὲ A || 6 γὰρ V : μὲν γ. A || 7 δὲ A : τε V || 8 μάσσον Joly μᾶσσον Erot. M 9 : πλέον ἢ ἔλασσον AV || ἢ V : om. A || ἀλλοίως A : ὥς ἀλλότως V || μεταλλάξαν Erm. : -ας AV || 8-9 κρατῆται Li. : κρατέεται V om. A || 9 κρατέουσι Joly : κρατεῖ τόδε Li. κρατέεται δὲ AV || 10 ἃ add. Li. || ποιέουσι Joly : -έει AV || 11 ταὐτὰ Li. : ταύτα A ταῦτα V || κρατέουσι Joly : -έει V κραταίειν A -τεειν A[4] || 12 ποιέουσι A (corr. A[3]) || αὐτίκα · V || 13 θάλλειν ποιεῖ Joly : θάλλει AV || 15 γὰρ A : μὲν γὰρ V || 15-16 ἂν κρατέωνται, θάλλειν V : om. A || 17 ὑπεκχωρήσεις AV || 18 ὃ V : ω A ὧ A[3] (τὸ προσφερόμενον Lind. Li.) || μεταλλάσσεται A : -αλάσσεται V || 19 ᾧ προσφέρεται τοῦτο Lind. Li. : τὸ προσφερόμενον AV || 20 ἐὸν : ὂν A ἐστι V || 21 νικώμενον A μὲν ὂν V || 22 ποιέουσι Joly : ποιέει AV.

pour celles qui atténuent : elles produisent cette action propre et toutes les actions qui y sont contraires.

De la mesure en médecine. XLIV. **1** La médecine a peu de temps pour agir[1]; celui qui le comprend a là un principe fixe et il sait qu'elles sont les réalités et les non-réalités[2] qui constituent la mesure à connaître en médecine : c'est-à-dire que les purgatifs deviennent non purgatifs et que les autres (médicaments) sont contraires, et que les plus contraires ne sont pas les plus contraires. **2** La mesure consiste en ceci : administrer les aliments en quantité telle que le corps puisse les surmonter ; s'il les surmonte, de toute nécessité l'aliment qui relâche relâchera, et l'aliment phlegmatique sera phlegmatique. Si donc le corps surmonte les aliments, il ne se produit ni maladie ni contrariété du fait de leur absorption et c'est là la mesure que le médecin doit connaître. Mais quand on dépasse la mesure, le contraire survient*. **3** En effet, tant que le corps surmonte l'aliment ingéré, il se nourrit ; mais quand il dépasse cette mesure, le contraire survient et le sujet maigrit. De même, tout ce qui procure la phlegmasie exerce, tant que le corps en triomphe, l'action propre à sa mesure et à sa nature, c'est-à-dire que ce qui est phlegmatique rend phlegmatique ; mais si la mesure est dépassée, le contraire se produit*.

1. Les leçons de A et de V sont équivalentes pour le sens, mais πολυχρόνιος, préféré par Heidel, est un terme plus banal, alors que καιρός est une notion fondamentale pour notre auteur. L'idée elle-même est fréquente dans la *Collection* ; cf. le tout premier et célèbre *Aphorisme* et d'autres références chez L. Bourgey, *Op. laud.*, p. 273, n. 2.

2. C'est la traduction de Littré, qui renvoie à *Art*, 2. J. H. Kühn, *System- und Methodenprobleme im C. H.*, Wiesbaden, 1956, p. 37, commente εἴδεα par « Einzelarten der Heilmittel », mais A. E. Taylor, *Varia Socratica*, p. 239, est plus explicite et a raison de garder à εἴδεα un sens plus général : « bodies » which, in virtue of their specific « properties » provide some τροφή for the special « stuffs » of kindred kind found in the organism ; τὰ μὴ εἴδεα, bodies of an alien kind, unrepresented in the organism, and therefore incapable of being τροφή to any of its constituants ». Gillespie n'a pas abordé ce passage (in *Classical Quarterly*, 1912) ni, sauf erreur, H. Diller, *Zum Gebrauch von εἶδος und ἰδέα in vorplatonischer Zeit*, in *Medizingeschichte in unserer Zeit, Festgabe Artelt*, Stuttgart, 1971, p. 23-30.

⟨καὶ τὰ⟩ ἰσχναίνοντα · ταῦτα τὸ σῶμα ποιέουσι, καὶ τἄλλα πάντα τὰ ὑπεναντία τούτοισι πάσχοντα.

XLIV. **1** Ἡ δὲ ἰητρικὴ ὀλιγόκαιρός ἐστι · καὶ ὃς τοῦτο ἐπίσταται, ἐκείνῳ καθέστηκε, καὶ ἐπίσταται τὰ εἴδεα καὶ τὰ μὴ εἴδεα, ἃ δή ἐστιν ἐν ἰητρικῇ ὁ καιρὸς γνῶναι · ὅτι τὰ ὑποχωρητικὰ οὐχ ὑποχωρητικὰ γίνεται, καὶ τἄλλα ὅτι ὑπεναντία ἐστί, καὶ τὰ ὑπεναντιώτατα οὐχ ὑπεναντιώτατα. **2** Ὁ δὲ καιρὸς ὅδ' ἐστί · τὰ σιτία προσφέρειν, ὅσων μέλλει τὸ σῶμα προσφερομένων τὸ πλῆθος κρατεῖν, ὥστ' ἢν μὲν οὕτω ποιῇ, πᾶσα ἀνάγκη τὸ ὑποχωρητικὸν σιτίον προσφερόμενον ὑποχωρητικὸν εἶναι, καὶ τὸ φλεγματῶδες φλεγματῶδες. Ἢν κρατῇ οὖν τὸ σῶμα τῶν σιτίων, οὔτε νοῦσος οὔτε ὑπεναντίωσις γίνεται προσφερομένων, καὶ οὗτος ὁ καιρός ἐστιν ὃν δεῖ τὸν ἰητρὸν εἰδέναι · ἐπὴν δὲ τὸν καιρὸν ὑπερβάλλῃ, τὸ ὑπεναντίον γίνεται, † καὶ οἱ πρὶν ὑπερπέσσειν οἴονται ἔχειν, καὶ † τὸ θερμαίνεσθαι · **3** ἕως μὲν γὰρ ἂν τὸ σῶμα τοῦ προσοίσματος κρατῇ, τρέφεται τὸ σῶμα · ἐπὴν δὲ τοῦτον τὸν καιρὸν ὑπερβάλλῃ, τὸ ὑπεναντίον γίνεται, ἰσχναίνεται γάρ · καὶ τἄλλα πάντα δὲ τὰ φλεγμαίνειν ποιεῦντα, ἕως μὲν ἂν κρατῇ τὸ σῶμα, ἔτι τὰ πρὸς τὸν καιρὸν καὶ τὰ κατὰ φύσιν ποιέουσιν ἕκαστον, | τὰ φλεγματώδεα 340 φλεγμαίνειν · ἐπὴν δὲ ὑπερβάλλῃ τὸν καιρόν, τὰ ὑπεναντία γίνεται.

1 καὶ τὰ add. Erm. || ἰσχναίνοντα : add. τε A ἰσχναῖνον V || 2 τὰ V : om. A || 3 ὀλιγόκαιρος V : -χρόνιος A || 4 ὃς : ὅστις Heidel || ἐκείνῳ A (-ω) : ἐκεῖνο V || καθέστηκεν A || 5 ἃ δή Zwing. : ἃ μὴ V om. A || 6 ὑποχωρητικὰ A : -ρήματα V || οὐχ ὑποχωρητικὰ V : om. A || 11-12 προσφερομένων Erm. : -ρόμενον AV || 13 οὖν Corn. : γὰρ ἐν A om. V || 14 γίνεται : add. τῶν A || 15 οὗτος A : αὐτὸς V || εἰδέναι V : γνῶναι A || 16-17 καὶ οἱ — θερμαίνεσθαι del. Erm. || οἱ AV || ὑπερπεσὴν A -πέσσειν A[3] ὑπερπέσσειν μεμαθηκότες Heidel || 18 ἂν V : om. A || 20 γίνεται V : om. A || 22 ἔτι τὰ Li. : ἔτι τὲ V ἔστιν δὲ τὰ A τὰ Erm. || 23 ποιέουσιν ἕκαστον V : ~ A || 25 cum γίνεται desinit A τέλος περὶ τόπων τῶν κατὰ ἀνῶν A ἄνον corr. A[3].

Médicaments. XLV. **1** Tout ce qui modifie l'état présent est médicament ; et toutes les substances qui ont assez de force sont modificatrices. On peut modifier par un médicament, si l'on veut et, si l'on ne veut pas, par l'aliment. Au malade convient tout changement hors de l'état présent ; car le mal, si on ne le change pas, augmente. **2** Il ne faut pas prescrire les médicaments forts de nature dans les maladies faibles ; en diminuant la dose, on diminuera la force. Pour les constitutions fortes, on se servira de médicaments forts, pour les constitutions qui ne sont pas fortes, de médicaments faibles, sans changer le médicament, mais en se conformant à la nature de chaque patient. Pour les maladies faibles, on prescrira des médicaments faibles de nature, pour les maladies fortes, des remèdes forts de nature. Les maladies doivent être évacuées et par la partie qui leur est par nature la plus voisine, et par la voie qui est chaque fois la plus directe. **3** Les purgatifs sont les suivants : substances glissantes et incisives, substances qui s'atténuent dans les parties chaudes (le ventre est chaud), substances salines et toutes celles qui se rapprochent le plus des précédentes. Les substances non purgatives mais resserrantes sont celles qui produisent des flatuosités (les substances humides, en séchant, engendrent des flatuosités), ainsi que les substances astringentes, celles qui se coagulent par la chaleur, celles qui sont friables, celles qui sont sèches. **4** Tout ce qui atténue à l'extérieur est phlegmatique à l'intérieur[1] ; ces substances, en même temps qu'elles sont phlegmatiques, sont resserrantes[2]. Les purgatifs qui atténuent sont échauffants ; il en est de même des substances à la fois acides et phlegmatiques. Tout ce qui refroidit le ventre est purgatif ; et aussi les substances froides et les substances humides ; quand elles ne sont pas purgatives, elles échauffent. **5** Les subs-

1. Pour l'interprétation de tout ce passage, cf. *Notice*, p. 30.

2. Ἰσχυτήρια ne saurait être qu'une correction, sans doute antérieure à Littré. Ce terme ne semble pas attesté par ailleurs, alors qu'ἰσχητήριος, en xx, 1, a la caution de nos deux manuscrits.

XLV. **1** Πάντα φάρμακά εἰσι τὰ μετακινέοντα τὸ παρεόν· πάντα δὲ τὰ ἰσχυρότερα μετακινέουσιν· ἔξεστι δέ, ἢν μὲν βούλῃ, φαρμάκῳ μετακινεῖν· ἢν δὲ μὴ βούλῃ, σιτίῳ· ἅπαντα δὲ νοσέοντι μετακινεῖν ἐκ τοῦ παρεόντος ἀρήγει· ἢν γὰρ μὴ μετακινήσῃς τὸ νοσέον, αὔξεται. **2** Φάρμακα οὐ χρὴ τὰ ἰσχυρὰ φύσει ἐπὶ τῶν ἀσθενέων νοσημάτων διδόναι, ὀλιγότητι τοῦ φαρμάκου ἀσθενὲς ποιεῦντα· ἀλλὰ τοῖσι μὲν ἰσχυροῖσι φύσει φαρμάκοισιν ἰσχυροῖσι χρῆσθαι, τοῖσι δ' ἀσθενέσι φαρμάκοισι μὴ ἰσχυροῖσι, μηδὲ μεταποιεῦντα τὸ φάρμακον, ἀλλὰ κατὰ φύσιν ἑκάστοισι· τοῖσι μὲν ἀσθενέσιν ἀσθενέα φάρμακα φύσει, τοῖσι δὲ ἰσχυροῖσι νοσήμασιν ἰσχυρὰ φύσει τὰ φάρμακα. Τὰ δὲ νοσήματα ᾗ πελαστάτω πέφυκεν, ἐξάγειν, ταύτῃ δ' ἐξάγειν ᾗ ἑκάστῳ ἔξοδος ἐγγυτάτω. **3** Τὰ ὑποχωρητικὰ τοιάδε ἐστίν, ὅσα ὀλισθηρὰ καὶ τμηματώδεα, καὶ ὅσα ἐν τοῖσι θερμοῖσι λεπτύνονται· ἡ γὰρ κοιλίη θερμή ἐστι· καὶ τἄλλα τὰ ἁλμυρὰ καὶ ὅσα τῶν τοιούτων πλεῖστον ἔχουσι. Τὰ δ' οὐ διαχωρητικά, ἀλλὰ στάσιμα, ὅσα φῦσαν παρέχουσι· τὰ γὰρ ὑγρὰ ξηραινόμενα φῦσαν ποιέουσι, καὶ τὰ στύφοντα καὶ τὰ ὑπὸ θερμοῦ πηγνύμενα καὶ τὰ ψαθυρὰ καὶ τὰ ξηρά. **4** Πάντα δὲ [τὰ] ἐντὸς φλεγμαίνειν ποιέουσι προσφερόμενα, ἅσσα τὰ ἐκτὸς ἰσχναίνουσι· ταῦτα δὲ καὶ ἰσχητήριά ἐστι καὶ φλεγματώδεα. Καὶ τὰ ὑποχωρητικὰ ἰσχναίνοντα θερμαίνουσι τὰ τοιαῦτα· ἔτι δὲ τὰ ὀξέα καὶ φλεγματώδεα. Πάντα δὲ τὰ ψύχοντα τὰ ἐν τῇ κοιλίῃ [τὰ δὲ τοιαῦτα] ὑποχωρητικά ἐστι· καὶ τὰ ψυχρὰ καὶ τὰ ὑγρά· ὁπόταν δὲ μὴ ὑποχωρητικὰ ἔωσι, θερμαίνουσι. **5** Ψύχουσι δὲ καὶ τὰ θερμὰ ἐς τὴν

4 σιτίῳ edd. : σιτέω V ‖ 9 φαρμάκοισιν edd. : — οις ἐπὶ : V ‖ τοῖς V ‖ 9-10 φαρμάκοις V ‖ μεταποιέοντα Foes : τὰ ποιεῦντα V ‖ 12 ἀσθενῆ V ‖ 13 ᾗ Foes in nota : ἢ V ‖ 16 τμητώδεα V corr. V[1] ‖ 20 ποιοῦσι V ‖ 22 τὰ del. Erm. ‖ 24 ἰσχητήρια V : ἰσχυτ- Li. ‖ 25 τὰ τοιαῦτα del. Erm. ‖ 27 τὰ δὲ τοιαῦτα del. Erm.

tances chaudes introduites dans le ventre et provoquant rapidement des selles, sont refroidissantes ; mais, ne provoquant pas de selles, elles sont échauffantes dans le ventre. Les substances qui produisent la plénitude sont particulièrement phlegmatiques ; celles qui, prises en grande quantité, ne produisent pas la plénitude, sont laxatives.

Médecine et chance.

XLVI. **1** La médecine me paraît dès aujourd'hui être découverte tout entière, la médecine qui est telle[1] et qui enseigne à chaque cas les caractères (des maladies) et les occasions. Celui qui sait ainsi la médecine ne se repose aucunement sur la chance[2] ; avec ou sans chance, il réussira. La médecine entière est solidement établie et les très belles doctrines qui la constituent ne semblent avoir aucun besoin de la chance. La chance est souveraine, n'obéit pas au commandement, et la prière même ne la fait pas venir ; mais la science[3] obéit et elle a la chance pour elle quand celui qui sait veut en user. **2** Et puis, quel besoin la médecine a-t-elle de la chance ? S'il est des médicaments évidents pour les maladies, ces médicaments, s'ils en sont, n'attendent pas, je pense, la chance pour rendre la santé. Mais s'il est utile de les donner avec l'aide de la chance, alors ce qui est médicament ne guérit pas plus les maladies que, avec l'aide de la chance, ce qui n'est pas médicament. **3** Celui qui exclura la chance de la médecine ou de toute autre affaire, en prétendant que ce ne sont pas les gens connaissant bien une chose qui ont de la chance, me paraît se tromper du tout au tout ; car, selon moi, ceux-là seuls ont bonne ou mauvaise chance qui savent faire quelque chose bien ou mal. Avoir de la chance, c'est faire bien ; or, c'est ce que font ceux qui savent. Avoir mauvaise chance, c'est,

1. A moins que le texte ne soit corrompu, on peut comprendre : « telle que je l'ai exposée dans cette œuvre » ou bien, avec A. Thivel : « la médecine qui fait en sorte d'enseigner... ». — Cf. *Ancienne médecine*, 2, et *supra*, *Notice*, p. 30.

2. Pour l'opposition τέχνη-τύχη, voyez la bibliographie chez F. Heinimann, *Eine vorplatonische Theorie der τέχνη*, in *Museum Helveticum*, 18, 1961, notes 11 et 18.

3. Depuis le ch. xli, l'usage constant de ἐπίσταμαι et ici du subs-

κοιλίην προσφερόμενα καὶ ταχὺ ⟨διαχώρησιν ποιεύμενα⟩, διαχώ|ρησιν δὲ μὴ ποιεύμενα θερμά ἐστιν ἐν 342
τῇ κοιλίῃ. Τούτων ὅσα πλησμονὴν ποιεῖ, μάλιστα φλεγματώδεά ἐστιν · ἃ δὲ πλεῖστα προσφερόμενα οὐ ποιεῖ πλησμονήν, διαχωρητικά.

XLVI. **1** Ἰητρικὴ δή μοι δοκεῖ ἤδη ἀνευρῆσθαι ὅλη, ἥτις οὕτως ἔχει, ἥτις διδάσκει ἕκαστα καὶ τὰ ἤθεα καὶ τοὺς καιρούς. Ὃς γὰρ οὕτως ἰητρικὴν ἐπίσταται, ἐλάχιστα τὴν τύχην ἐπιμένει, ἀλλὰ καὶ ἄνευ τύχης καὶ σὺν τύχῃ εὖ ποιηθείη ἄν. Βέβηκε γὰρ ἰητρικὴ πᾶσα, καὶ φαίνεται τῶν σοφισμάτων τὰ κάλλιστα ἐν αὐτῇ συγκείμενα ἐλάχιστα τύχης δεῖσθαι · ἡ γὰρ τύχη αὐτοκρατὴς καὶ οὐκ ἄρχεται, οὐδ' ἐπ' εὐχῇ ἐστιν αὐτὴν ἐλθεῖν · ἡ δ' ἐπιστήμη ἄρχεταί τε καὶ εὐτυχής ἐστιν, ὁπόταν βούληται ὁ ἐπιστάμενος χρῆσθαι. **2** Ἔπειτα τί καὶ δεῖται ἰητρικὴ τύχης; εἰ μὲν γὰρ ἔστι τῶν νοσημάτων φάρμακα σαφέα, οἶμαι, οὐκ ἐπιμένει τὴν τύχην τὰ φάρμακα ὑγιέα ποιῆσαι τὰ νοσήματα, εἴ πέρ ἐστι [τὰ] φάρμακα · εἰ δὲ σὺν τῇ τύχῃ διδόναι ὠφελεῖ, οὐδὲν μᾶλλον τὰ φάρμακα ἢ καὶ τὰ μὴ φάρμακα σύν γε τῇ τύχῃ ὑγιέα ποιέουσι προσφερόμενα τοῖσι νοσήμασιν. **3** Ὅστις δὲ τὴν τύχην ἐξ ἰητρικῆς ἢ ἐξ ἄλλου τινὸς ἐξελάσει, φάμενος οὐ τοὺς καλῶς τι πρῆγμα ἐπισταμένους χρῆσθαι τύχῃ, τὸ ὑπεναντίον δοκεῖ μοι γινώσκειν · ἐμοὶ γὰρ δοκέουσι μοῦνοι καὶ ἐπιτυγχάνειν καὶ ἀτυχεῖν οἱ καλῶς τι καὶ κακῶς πρῆξαι ἐπιστάμενοι · ἐπιτυγχάνειν τε γὰρ τοῦτ' ἐστὶ τὸ καλῶς ποιεῖν, τοῦτο δὲ οἱ ἐπιστάμενοι ποιέουσιν · ἀτυχεῖν δὲ, τοῦτ' ἐστὶν ὃ ἄν τις μὴ ἐπίστηται, τοῦτο μὴ καλῶς ποιεῖν · ἀμαθὴς

1-2 διαχώρησιν ποιεύμενα Li. e Corn. (δ. ποιέουσι) : om. V ‖ 6 ἰατρικὴ V ‖ 7 ἤθεα Heidel : ἔθεα V εἴδεα Erm. ‖ 10 ξὺν V ‖ 10 εὖ ποιηθείη Joly : εὐπ- V ‖ 19 τὰ del. Erm. ‖ 20 post φάρμακα addenda putat ἄνευ γε τῆς τύχης Thivel ‖ ἢ edd. : εἰ V ‖ 21 τῇ om. V restituit supra lin. V¹ ‖ 29 ἂν Erm. : ἣν V ‖ ποιεῖν Erm. (-έειν) : ποιέῃ V ποιέει Li.

ne sachant pas, ne pas bien faire[1]; or, étant ignorant, comment aurait-on de la chance? Si en effet on avait de la chance sur un point, ce succès serait sans conséquence, vu que celui qui ne fait pas correctement échouerait en n'exécutant pas les autres points qui s'imposent.

Gynécologie.

XLVII. **1** Maladies appelées de femme. La matrice est la cause de toutes les maladies, car, de quelque façon qu'elle se déplace hors de sa position naturelle, elle provoque des maladies, soit qu'elle vienne en avant, soit qu'elle se retire. Quand la matrice est déplacée en dehors sans porter son orifice sur les lèvres[2] et sans y toucher, la maladie est très peu considérable. **2** Mais si, portée en avant, elle applique son orifice sur les lèvres, d'abord ce contact cause de la douleur; puis, la matrice étant interceptée et obstruée par cette application (de son orifice) sur les lèvres, le flux des menstrues ne se produit pas. Ce flux, retenu, détermine gonflement et souffrance. **3** Si, descendant et déviée, elle s'applique à l'aine, elle provoquera de la douleur; si, se portant en haut, elle est déviée et interceptée, de cette façon aussi elle engendre une maladie par le resserrement. Quand la matrice est malade de la sorte, elle cause de la douleur aux hanches et à la tête[3]. **4** Si la matrice remplie[4] se gonfle, rien ne s'en écoule et elle est pleine; étant pleine, elle touche les hanches. Quand la matrice, pleine de liquide et élargie, ne donne plus issue au flux et qu'elle touche les hanches, elle cause des douleurs et aux hanches et à l'aine; des sortes de boules courent dans le ventre et

tantif ἐπιστήμη est fort remarquable; tel était l'usage de Protagoras selon A. Keus, *Ueber philosophische Begriffe und Theorien in den hippokr. Schriften*, Cologne, 1914, p. 41. Dans la *Collection*, le substantif ne se trouve ailleurs qu'en *Loi* (*fin*). Bruno Snell croit qu'il était étranger à l'ionien, malgré le fragment 181 de Démocrite. L'opposition ἐπιστήμη-τύχη est beaucoup plus rare que celle de τέχνη-τύχη; cf. Eschine de Sphettos, fr. 8, 56 sq. Dittmar. Voyez Br. Snell, *Die Ausdrücke für den Begriff des Wissens in der vorplatonischen Philosophie*, Philologische Untersuchungen, 29, Berlin, 1924, p. 84 sqq.

1. Ceci revient à une sorte d'absorption de la τύχη par l'ἐπιστήμη.

2. Le mot est utilisé dans un autre sens au ch. XXIX; Galien (*l. l.*) signale aussi le sens ici présent et Érotien, K 71, ne signale que ce dernier.

3. Littré renvoie à *Épidémies*, VI, 1, 1, tome V, p. 266.

4. M. J. Jouanna (*Archéologie...*, p. 170) suit Littré sous prétexte

δὲ ἐών, πῶς ἂν ἐπιτύχοι; εἰ γάρ τι καὶ ἐπιτύχοι, οὐκ
ἂν ἀξίως λό|γου τὴν ἐπιτυχίην ποιήσαιτο · ὁ γὰρ μὴ 344
καλῶς ποιέων οὐκ ἂν ἐπιτύχοι τἄλλα τὰ οἰκότα μὴ
πρήσσων.

XLVII. **1** Τὰ γυναικεῖα νοσεύματα καλεύμενα · αἱ ὑστέραι πάντων τῶν νοσημάτων αἴτιαί εἰσιν · αὗται γὰρ ὅπη ἂν ἐκ τῆς φύσιος μετακινηθέωσι, νούσους παρέχουσιν, ἤν τε προέλθωσιν, ἤν τε παραχωρήσωσι. Καὶ ὅταν μὲν μὴ βάλλουσαι τὸ στόμα αἱ μῆτραι καὶ μὴ ψαύουσαι τῶν κρημνῶν μετακεκινημέναι ἔωσιν ἔξω, σμικροτάτη νοῦσός ἐστιν · **2** ἐπὴν δὲ προκινηθέωσιν ἐς τὸ ἔμπροσθεν καὶ ἐμβάλλωσι τὸ στόμα ἐς τὸν κρημνόν, πρῶτον μὲν ψαύσασα πόνον παρέσχεν, εἶτα ἀποφραχθείσης τῆς μήτρης καὶ ἐπιπωμασθείσης ὑπὸ τῆς ἐμβλήσιος τῆς ἐς τὸν κρημνόν, οὐ γίνεται ῥόος τὰ καταμήνια · τοῦτο δὲ συνιστάμενον οἶδός τε καὶ ὀδύνην παρέχει. **3** Καὶ ἢν μὲν κάτω κατελθοῦσα καὶ ἀποστραφεῖσα ἐμβάλῃ ἐς τὸν βουβῶνα, ὀδύνην παρέξει · ἢν δ' ἄνω ἐπαναχωρήσασα ἀποστραφῇ καὶ ἀποφραχθῇ, καὶ οὕτω διὰ τὴν ἀραιότητα νοῦσον παρέχει · ὁπόταν δὲ διὰ τοῦτο νοσῇ, ἐς τὰ ἰσχία καὶ τὴν κεφαλὴν ὀδύνην ποιεῖ. **4** Ὁπόταν δὲ αἱ μῆτραι πλησθεῖσαι συνοιδήσωσιν, οὐ ῥεῖ οὐδὲν καὶ πλέαι γίνονται · ἐπὴν δὲ πλέαι γίνωνται, ψαύουσι τῶν ἰσχίων · ἐπὴν δὲ πλησθεῖσαι αἱ μῆτραι ὑγρότητος καὶ διευρυνόμεναι οὐ χωρέωνται, ψαύωσι δὲ τῶν ἰσχίων, ὀδύνας παρέχουσι καὶ ἐς τὰ ἰσχία καὶ ⟨ἐς⟩ τὸν βουβῶνα, καὶ οἷον σφαῖραι ἐν τῇ γαστρὶ ὑποτρέχουσι, καὶ

1 ἐπιτύχοι Mack : -χοιεν V ‖ 3 οἰκότα Joly : εἰκ- V ‖ 5 Τὰ — καλεύμενα del. Erm. ‖ 6 ὑστέραι : add. τῇσι γυναιξὶ Erm. ‖ 7 φύσεως V ‖ 13 παρέσχεν : add. ἡ μήτρη Erm. ‖ ἀποφραχθείσης τῆς μήτρης καὶ ἐπιπωμοσθείσης Erm. (sine τῆς μήτρης) Joly : nominative V ‖ 14 ἐμβλήσεως V ‖ 15 καταμήνια : add. καλεύμενα Lind. ‖ 16 τοῦτο δὲ : add. οὐ Asul. ‖ 22 πλησθεῖσαι V Sch. : πρησ- Li. Erm. ‖ 23 γίνωνται edd. : -ονται V ‖ 25 καὶ : om. Li. ‖ ψαύωσι Li. : -ουσι V ‖ 26 ἐς add. Lind.

la femme a mal à la tête, tantôt d'un côté, tantôt partout, suivant le développement de la maladie. **5** Il faut traiter ainsi ces accidents : si la matrice ne fait que s'avancer et s'il y a lieu de faire des onctions, employez ce que vous voudrez parmi les substances de mauvaise odeur, soit du cédros, soit du myssoton[1], soit toute autre substance fétide ; faites des fumigations ; mais pas de bain de vapeur, pas d'aliment ou de boisson diurétique pendant ce temps, pas de bain chaud. **6** Si la matrice est remontée sans être déviée, employez en pessaires les aromatiques qui échauffent en même temps. Ce sont les suivants : la myrrhe, un parfum ou toute autre substance à la fois aromatique et échauffante. Employez-les en pessaires ; faites par le bas des fumigations avec la vapeur de vin, baignez à l'eau chaude, administrez des diurétiques. Ceci est manifeste : si la matrice, se portant en haut, n'est pas déviée, le flux s'opère ; mais si elle est déviée, le flux appelé menstrues ne s'opère pas. **7** Cette maladie doit être traitée d'abord avec le bain de vapeur que voici : on jette des figues sauvages dans du vin, on le fait chauffer, on met autour de l'orifice du vase où le vin s'échauffe, une coloquinte que l'on aura préparée ainsi : elle aura été coupée par le milieu et vidée, on en aura abattu la petite extrémité afin de l'appliquer comme un couvercle sur les outres ; l'odeur, traversant cette ouverture étroite, arrivera à la matrice. On fera des affusions d'eau chaude ; on emploiera en pessaires les médicaments échauffants. **8** Les échauffants sont ceux qui, parmi les précédents, sont emménagogues, à savoir : la bouse de vache[2], la bile de bœuf, la myrrhe, l'alun, le galbanum et autres substances semblables ; on les emploiera en quantité aussi grande que possible. On évacuera par le bas à l'aide de médicaments évacuants qui ne provoquent pas le vomissement ; on les donnera peu énergiques, afin que la purgation ne dégénère pas en superpurgation. **9** On fera ainsi les pessaires, si on

que πλησθεῖσαι ferait double emploi avec πλέαι ; mais πλέαι est répété dans la même ligne, et πλησθεῖσαι revient à la ligne suivante : le style archaïque n'a guère le souci d'éviter les répétitions. M. Jouanna croit d'ailleurs que πρησθεῖσαι est, non pas une correction, mais la leçon de A contre V : en réalité, A n'existe plus comme témoin du texte depuis le ch. XLV.

1. Cf. Aristophane, *Cavaliers*, 771 ; c'est une sorte d'aïoli où entrent, avec des gousses d'ail, des olives noires.

2. La bouse de vache est utilisée à plusieurs reprises, de même que

τὴν κεφαλὴν πονέουσι, τοτὲ μὲν ἐς τὸ ἕτερον μέρος, τοτὲ δὲ ὅλην, οἵη γίνεται καὶ ἡ νοῦσος. **5** Ὧδε δὴ ταῦτα εὐτρεπιστέον· ἢν μὲν προέλθῃ μοῦνον καὶ ᾖ διαχρίειν, χρῶ ᾧ | τινι βούλει τῶν κακόδμων, ἢ κέδρῳ, 346 ἢ μυσσωτῷ, ἢ ἄλλῳ τινὶ τῶν βαρύτερον καὶ κακὸν ὀζομένων, καὶ κάπνιζε, καὶ μὴ πυρίῃ, μηδὲ σιτίῳ μηδὲ ποτῷ οὐρητικῷ χρῶ τούτου τοῦ χρόνου, μηδὲ λοῦε θερμῷ. **6** Ἢν δ' ἀνακεχωρήκῃ καὶ μὴ ἀπεστραμμένη ᾖ, τοῖσιν εὐόδμοισι προσθετοῖσι χρῶ, ὅσα ἀναθερμαίνουσιν ἅμα· ταῦτα δὲ τοιάδε εἰσί· σμύρνῃ, ἢ μύρῳ, εἴθ' ἑνὶ ἄλλῳ εὐόδμῳ καὶ θερμαίνοντι ἅμα· τοιούτοισι προσθετοῖσι χρῶ· καὶ πυριῆν οἴνῳ κάτωθεν, καὶ θερμῷ ὕδατι λούειν, καὶ διουρητικοῖσι χρῶ. Τὸ δὲ δῆλόν ἐστιν, ἢν μὴ ἀποστραφῇ ἀνακεχωρηκυῖα, ῥεῦμα γίνεται· ἢν δ' ἀπεστραμμένη ᾖ, οὐ γίνεται ῥόος τὰ καταμήνια καλεύμενα· **7** τοῦτο τὸ νόσημα πυρίῃ πρῶτον τοιῇδε χρὴ ἰῆσθαι, ἐς οἶνον ἐρινεὰ ἐμβάλλοντα, θερμαίνοντα τοῦτον, περιθέντα σικυωνίην περὶ τὸ στόμα τοῦ τεύχεος, ἐν ᾧ ἂν θερμαίνηται, ὧδε ποιῆσαι· σικυωνίην μέσην διαταμών, ἐκκενώσας, τὸ ἄκρον ἀποταμὼν σμικρόν, ὡς ἐπ' ἀσκίων τοῦτο περιπωμάσαι, ὅπως ἂν ἡ ὀδμὴ διὰ τοῦ στεινοῦ ἰοῦσα πρὸς τὴν μήτρην ἀφίκηται· καὶ θερμῷ ὕδατι αἰονᾶν, καὶ φαρμάκοισι θερμαίνουσι χρῆσθαι προσθετοῖσι. **8** Θερμαίνοντα δ' ἐστὶ τὰ ἄγοντα τῶν πρόσθεν, τὰ δὲ τοιάδε, βόλβιτον, χολὴ βοός, σμύρνα, στυπτηρίη, χαλβάνη, καὶ ἄλλο ὃ τοιοῦτόν ἐστι, τούτων ὡς πλείστοισι, καὶ ὑπεξάγειν ἐλατηρίοισι φαρμάκοισι κάτω ὅσα ἔμετον ⟨οὐ⟩ ποιέουσιν, ἀσθενέουσιν, ὅπως μὴ ἰνηθμὸς γένηται ἐκ τῆς ὑπερινήσιος. **9** Τὰ δὲ προσθετὰ

5 μυσσωτῷ Lind. : μυσεωτῶ V ‖ βαρύτερον Erm. : -υτέρων V ‖ 6 πυρία V ‖ πότω V ‖ 8 ἀνακεχωρήκει V ‖ 12 πυριᾶν V ‖ 17 ἐρινεὰ : ἐρινέα V ‖ ἐμβάλλοντα edd. : -τος V ‖ 18-19 τεύχους V ‖ 22 στενοῦ V ‖ ἰοῦσα Joly : ἰεῖσα V ‖ 26 στυπτιρίη V ‖ 28 οὐ add. Lind. ‖ 29 ἰνηθμὸς edd. : ἠνιθμὸς V ‖ ὑπερινήσιος Li. : ὑπερηνίσηος V.

veut qu'ils soient forts : faites cuire à demi du miel, jetez-y, parmi les substances à pessaires consignées par écrit, celles qui sont emménagogues ; cela fait, disposez ces pessaires comme des suppositoires, mais faites-les longs et minces. La femme sera couchée sur le dos ; on élèvera les pieds du lit qui correspondent aux pieds de la malade ; puis on appliquera le pessaire et on fera chauffer la partie soit sur un vase de nuit soit sur tout autre récipient, jusqu'à ce que le pessaire soit fondu ; si l'on veut qu'il agisse moins énergiquement, on l'appliquera enveloppé dans un linge. **10** Si, la matrice étant pleine de liquide, l'orifice se tuméfie et cause l'aménorrhée[1], il faut procurer le retour des règles par des pessaires, par des bains de vapeur comme il a été écrit, agissant de même que pour l'aménorrhée précédente. Si la matrice, se portant en avant, est déviée, il faut procurer le retour des règles comme pour l'aménorrhée précédente. **11** Quand le flux est excessif, on n'échauffera ni avec de l'eau chaude ni avec rien d'autre ; on n'emploiera ni diurétiques ni aliments relâchants ; dans le lit, le bout du côté des pieds sera plus élevé, afin que la pente ne favorise pas le flux ; et en même temps, vous emploierez les pessaires astringents. Les flux, dès que les règles surviennent, sont sanguinolents ; quand ils diminuent, ils deviennent semblables à du pus. Le flux appelé menstrues est plus sanguinolent chez les jeunes femmes, plus muqueux chez les femmes plus âgées[2].

d'autres excréments, dans les traités gynécologiques de la *Collection* ; pour des références et l'interprétation, cf. *Le niveau de la science hippocratique*, p. 55 et n. 6.

1. 'Αρροίη n'est attesté qu'ici dans la *Collection*, mais trois fois en cinq lignes. Galien (ἄρροια) en donne le sens exact (ἐποχὴ ἐμμήνων, XIX, 86, —), tandis qu'Érotien glose par ἀρρωστία, un sens qui n'est pas hippocratique (cf. A. A. Nikitas, 'Ερευναὶ ἐπὶ τῶν πηγῶν τοῦ Λεξικοῦ τοῦ 'Ερωτιανοῦ, Athènes, 1971, p. 141-143).

2. Cette section présente beaucoup de points de contact avec les traités gynécologiques de la *Collection* ; c'est le cas aussi pour les *Épidémies* et *Aphorismes* gynécologiques (cf. *Le niveau*..., p. 64-69). L'essentiel de la doctrine, en cette matière comme en beaucoup d'autres, est commun à toute la médecine grecque classique. Il n'y a là aucun argument solide pour l'attribution à l'un des auteurs gynécologues de la *Collection*.

ὧδε χρὴ ποιεῖν, ἢν βούλῃ ἰσχυρὰ ποιεῖν· μέλι ἡμίεφθον ποιέων, ἔμβαλε τῶν γεγραμμένων προσθετῶν τῶν ἄγειν ποιεόντων, καὶ ἐπὴν ἐμβάλλῃς, ποίησον ὥσπερ τὰς βαλάνους τὰς πρὸς τὴν ἕδρην προστιθεμένας, μακρὰς δὲ ποίει καὶ λεπτὰς ταύτας· τὴν δὲ γυναῖκα ὑπτίην κατακλίνας, ἄνω | 348 τοὺς πόδας ποιήσας τῆς κλίνης τοὺς πρὸς ποδῶν, ἔπειτα πρόσθες, καὶ θέρμαινε ἐν ἀμίδι ἢ ἄλλῳ τινί, ἕως ἂν κατατακῇ· ἢν δὲ ἀσθενέστερον βούλῃ τὸ προσθετὸν προστιθέναι, ἐς ὀθόνιον ἐνδέων. **10** Καὶ ἢν ὑγρότητος ἔμπλεαι ἐοῦσαι αἱ μῆτραι τὸ στόμα συνοιδήσωσι καὶ ἀρροίην παράσχωσι, ῥόον χρὴ ποιέοντα ἰῆσθαι προσθετοῖσι φαρμάκοισι, καὶ πυριῶντα ὡς γέγραπται, οὕτω ποιεῦντα, ὥσπερ κατὰ τὴν πρόσθεν ἀρροίην· καὶ εἰ ἐς τὸ πρόσθεν προσχωρέουσα ἀποστραφῇ, ῥόον χρὴ ποιεῖν ὥσπερ ἐπὶ τῆς πρότερον ἀρροίης. **11** Ὅταν δὲ ῥόος ᾖ λίην, οὔτε θερμαίνειν χρὴ θερμῷ ὕδατι οὔτ' ἄλλῳ οὐδενὶ οὔτε οὐρητικοῖσι χρῆσθαι οὔτε σιτίοισι διαχωρητικοῖσι· τῆς γε κλίνης τὰ πρὸς ποδῶν ὑψηλότερα εἶναι, ὡς μὴ ἡ κατάκλισις εὔροος ᾖ· καὶ προσθετοῖσιν ἅμα τοῖσι στύφουσι χρῶ. Οἱ δὲ ῥόοι, ὁπόταν μὲν εὐθέως ἵκηται ἡ κάθαρσις, εὐθέως ὑφαίμονες γίνονται, ὁπόταν δ' ἧσσον ἴῃ, πυώδεις· καὶ τῇσι νεωτέρῃσιν ὕφαιμα μᾶλλον, αἱ δὲ πρεσβύτεραι μυξώδεα μᾶλλον ἔχουσι τὰ καταμήνια καλεύμενα.

2 ἔμβαλε τῶν Lind. : ἐμβαλλέων V ἐμβαλέων Li. ‖ 3 ποιούντων V ‖ 7-8 θέρμαινε ἢ ἐν ἀμίδι ἢ ἄλλῳ τινί Li (pr. ἢ delevi) : θερμαίνει ἐν ἀκηδίη ἄλλω τινι V ἐν ῥάκει δέων ἢ ἄλλῳ τινὶ καὶ θερμαίνειν Corn. Lind. ἐν ῥάκει δέων ἢ ἄλλῳ τινι Erm. ‖ 10 οὖσαι V ‖ 13 κατὰ Foes in nota : καὶ V ‖ 16 οὔτε Corn. : οὕτω V ‖ 22 ἴῃ edd. : εἴη V ‖ 24 τὰ καταμήνια καλ- del. Erm. ‖ post καλεύμενα praebet περὶ τόπων τῶν κατὰ ἄνθρωπον V.

NOTES COMPLÉMENTAIRES

Page 44, *ligne* 10 :

* On peut comparer à *Nature des os*, 1, t. IX, 168 Littré.

Page 61, *note* 2 :

* Cf. P. Moraux, in Zeitschrift für Papyr. und Epigr., 27, 1977, p. 19 sq.

Page 68, *ligne* 7 :

* Dans le *Régime*, la gymnastique est une part importante de la thérapeutique ; dans le *Gorgias*, 464 b, gymnastique et médecine sont les deux parties d'un même tout ; cf. aussi *Républ.* III, 406 a-b et *Criton*, 47 b. Il est fort probable que ce ch. XXXV ait une portée polémique et soit dirigé contre Hérodicos de Sélymbrie (cf. C. Fredrich, *Hippokratische Untersuchungen*, p. 220).

Page 68, *ligne* 21 :

* Cf. Fr. Kudlien, *Der Beginn des medizinischen Denkens bei den Griechen*, 1967, p. 115.

Page 68, *ligne* 28 :

* Peut-être y a-t-il ici comme un avant-goût des théories du ch. XLII.

Page 68, *ligne* 31 :

* Littré traduit « Réunir..., c'est nourrir la plaie qui est dans le corps » et Kapferer : « ... so ernährt das Krankhafte (der Wunde) den Körper dessen, der die Wunde hat », ce qui est loin d'être mieux. J'admets que le sujet σῶμα est inversé et sans aucun déterminant (il n'est pas nécessaire de rétablir ⟨τὸ⟩), car le sens est simple et bien plus satisfaisant.

Page 68, *ligne* 33 :

* Traduction conjecturale d'un texte énigmatique. A. Thivel suppose qu'il manque seulement un infinitif, par exemple, εὐτρεπίζειν

Page 74, *ligne* 18 :

* La fin du paragraphe est trop corrompue pour pouvoir être traduite.

Page 74, *ligne* 25 :

* Il est bien dommage que le texte s'arrête ici dans le *Parisinus* 2253, mais il est heureux malgré tout que ce ne soit pas le seul chapitre XLVII qui soit absent, car on en aurait tiré un argument d'apparence très forte contre son authenticité.

NOTE ADDITIONNELLE A XLII, 3-4

Voici la manière ingénieuse, mais très compliquée et, à mon sens, non satisfaisante, dont C. W. Müller restitue ce texte certainement altéré dans la tradition[1].

⟨3⟩ ἄλλος ὅδε τρόπος · πυρετὸς ὁ διὰ φλεγμασίην γινόμενος τοτὲ μὲν ὑπὸ τῶν αὐτῶν γίνεται καὶ παύεται, τοτὲ δὲ τοῖσιν ὑπεναντίοισι ⟨παύεται⟩ ἢ ⟨οἷσιν⟩ ἐγένετο · τοῦτο μὲν γὰρ εἴ τις βούλεται λούειν ὕδατι θερμῷ καὶ ποτὰ πολλὰ διδόναι, ὑγιὴς γίνεται διὰ τὸ φλεγμαῖνον [τοῖσι φλεγμαίνειν ποιέουσι προσφερομένοισιν ὁ ὧν πυρετὸς γίνεται ὑγιής] · ⟨τοῦτο δὲ***⟩ καὶ εἴ τις βούλεται φάρμακον πῖσαι ⟨καὶ⟩ ὑποχωρητικὸν καὶ ἐμετικόν, ⟨ὁ ἔμετος τοτὲ μὲν τοῖσιν ὑπεναντίοισι παύεται ἢ οἷσιν ἐγένετο, τοτὲ δὲ⟩ τὸν αὐτὸν τρόπον τοῖσί τε ποιέουσι παύεται καὶ τοῖσι παύουσι γίνεται · ⟨4⟩ τοῦτο μὲν γὰρ εἴ τις ἐμέοντι ἀνθρώπῳ βούλεται ὕδωρ δοῦναι πιεῖν πολύ, ἐκκλυσθήσεται δι' ἃ ἐμεῖ σὺν τῷ ἐμέτῳ · οὕτω μὲν διὰ τὸ ἐμεῖν ὁ ἔμετος παύεται · ᾧ δέ ⟨τις βούλεται τὸν ἔμετον⟩ διὰ τὸ ⟨φάρμακον⟩ παύειν ὅ τι κάτω ⟨ὑποχώρησιν ποιεῖ, κάτω⟩ ποιήσει αὐτῷ ἐλθεῖν ἐκεῖνο ὃ ἐνεὸν ἔμετον ποιεῖ · ἀμφοτέροισι τοῖσιν ὑπεναντίοισι τρόποις ὑγιὴς γίνεται. καὶ εἰ μὲν οὕτως εἶχε πᾶσι, καθεστήκει ἂν οὕτω τὰ μὲν τοῖς ὑπεναντίοισιν εὐτρεπίζεσθαι οἷά τέ ἐστι καὶ ἀφ' ὅτου ἐγένετο, τὰ δὲ τοῖσιν ὁμοίοισιν οἷά τέ ἐστι καὶ ἀφ' ὅτου ἐγένετο · ***

Ce qui nous sépare essentiellement dans l'interprétation de ce passage est aussi ce qui oblige C. W. Müller à tant de restitutions, par lesquelles il ne veut qu'indiquer la marche du raisonnement : selon lui, le second exemple développé par l'auteur commence à la ligne 6 ci-dessus et dans la suite, l'opposition essentielle est à ses yeux entre le purgatif et l'émétique. A mon avis, le second exemple ne commence qu'à la ligne 9, avec mon paragraphe 4. Dans le premier exemple, il y a opposition entre donner à boire (et un bain chaud) et évacuer ; que cette évacuation se fasse par le bas

1. *Op. laud.*, in *Sudhoffs Archiv*, 1965, p. 234-235.

et par le haut est ici modalité tout à fait secondaire. Dans ma reconstitution, le second exemple commence, comme le premier, par la mention indispensable de l'affection qu'il faut guérir, le vomissement, alors que dans le texte proposé par Müller, on ne voit pas à quoi le médecin doit s'attaquer. On guérira le vomissement soit par le vomissement, soit en l'arrêtant et ici aussi, la modalité sera l'évacuation par le bas, qui n'a rien d'essentiel non plus dans ce second exemple. Il était tentant de faire de l'opposition ἄνω-κάτω la notion capitale de presque tout ce texte, mais cette pente conduit à une restitution très onéreuse et non exempte de difficultés.

Si on y tient, l'opposition ἄνω-κάτω n'a de sens, dans la doctrine de notre auteur, que pour guérir un cas de vomissement (ou de diarrhée, mais l'auteur a choisi le premier cas) ; cet exemple doit donc commencer avec le paragraphe 4. D'autre part, à la ligne 10 Müller, τοῖσι παύουσι γίνεται introduit une idée tout aussi embarrassante dans l'interprétation de Müller que dans la mienne. Je supprime donc γίνεται : il est très compréhensible que ce verbe ait été introduit fautivement dans la tradition pour restituer un parallélisme qui paraissait gâché. On peut voir un exemple fort comparable dans mon article, *Les versions latines du Régime pseudo-hippocratique*, in *Scriptorium*, 1975, p. 10, à propos de *Régime*, LXII, 2, fin, p. 62, l. 20-21, de mon édition (tome VI, 1).

INDEX VERBORVM[1]

A

1. Un chiffre entre parenthèses indique que le mot apparaît plus d'une fois dans le paragraphe en question. Les paragraphes d'un même chapitre se suivent sans mention nouvelle du chapitre lui-même. De rares exceptions à cette règle sont faites pour éviter une équivoque. Quand un court chapitre ne contient qu'un paragraphe, ce dernier n'est pas mentionné. Un point d'interrogation renvoie à l'apparat critique.

B

Λ

Ρ

Σ

T

DU SYSTÈME DES GLANDES

NOTICE

Le petit traité connu sous le titre *Des glandes* pose des problèmes multiples et fort délicats. Il a été très malmené par la tradition manuscrite et même le texte de Littré reste assez souvent peu lisible. Sa datation est fort difficile, malgré un certain consensus actuel qui en fait le divertissement assez tardif d'un faussaire antique.

Le titre lui-même περὶ ἀδένων est inexact. Le seul bon manuscrit, le *Vaticanus*, donne dans son index comme dans le texte περὶ ἀδένων οὐλομελίης et la seule citation antique, qui est de Galien [1], fait de même. Si le *Parisinus* 2255 donne περὶ ἀδένων, c'est parce qu'il ne fait que recopier, en sa section finale, l'édition de Cornarius. Je propose la traduction *Du système des glandes*, système étant pris dans un sens un peu vague, n'impliquant pas des interactions précises entre les glandes (ce qui serait une idée moderne), un peu comme nous disons *système pileux.* « Système glandulaire » serait plus conforme au français actuel, mais précisément, l'expression ferait trop penser à la science moderne, dont notre auteur est forcément très éloigné, et le terme οὐλομελίη paraît assez exceptionnel en grec pour qu'on laisse au titre français quelque chose d'insolite.

Il faut ajouter que le titre donné par la tradition n'est

1. XVIII A 379 Kühn, à propos d'*Articulations*, XI : οὐ μὴν διασῴζεταί γέ τι τοιοῦτο βιβλίον Ἱπποκράτους, ἀλλά τις τῶν νεωτέρων Ἱπποκρατείων ἔγραφε μικρὸν βιβλίδιον ἐπιγράψας Ἱπποκράτους περὶ ἀδένων οὐλομελίης, ὃ καὶ τῇ λέξει καὶ τῇ διανοίᾳ λείπεται πάμπολυ τῶν γνησίων Ἱπποκράτους συγγραμμάτων. Οὐ μὴν οὐδὲ ἐμνημόνευσέ τις, περὶ αὐτοῦ τῶν ἔμπροσθεν ἰατρῶν, ἀλλ' οὐδ' οἱ τοὺς πίνακας ποιήσαντες ἴσασιν τὸ βιβλίον.

sans doute pas non plus originel : on aura tiré le titre à l'époque alexandrine des premiers mots du traité. Ce serait là, il faut bien le voir, un indice de date haute. A moins d'imaginer un faussaire imitant savamment la manière archaïque [1] et allant jusqu'à placer un δέ comme deuxième mot de son exercice : sans être exclu, un tel raffinement ne me paraît pas probable et s'accorderait peu avec d'autres données [2].

L'énigme posée par l'opuscule est étroitement liée à un passage des *Articulations* où l'auteur annonce un traité du même titre : ἀλλὰ ἐν ἄλλῳ λόγῳ περὶ ἀδένων οὐλομελίης γεγράψεται, ὅ τί τέ εἰσι καὶ οἷα ἐν οἵοισι σημαίνουσί τε καὶ δύνανται. Τοὺς μὲν οὖν ἀδένας οὐ χρὴ κ. τ. λ. [3].

H. Diels [4] croyait que l'expression ἀδένων οὐλομελίη convenait parfaitement au texte des *Articulations*, mais très peu au présent traité et il en déduisait qu'il s'agissait d'un faux, composé à partir des *Articulations*. Ermerins, au contraire, pensait que l'expression convenait fort bien aux deux textes et que le *Système des glandes* est bien le texte promis par l'auteur des *Articulations* et écrit par lui [5].

Je donne raison à Ermerins pour sa première affirmation. Notre auteur énumère et décrit toutes les glandes qu'il estime importantes, il précise leur nature, il décrit leur rôle et éventuellement, leur nosologie : le titre est tout à fait pertinent.

Plusieurs hypothèses viennent à l'esprit : le *Système des glandes* est de l'auteur des *Articulations*, ou bien d'un faussaire assez tardif qui a voulu combler une lacune,

1. Cf. *infra*, p. 106 sqq.
2. Cf. *infra*, p. 107 sqq.
3. Ch. xi, p. 226, Withington (Loeb). La phrase qui précède immédiatement pose, elle aussi, un problème délicat ; cf. p. 106, n. 2.
4. *Ueber einen neuen Versuch, die Echtheit einiger Hippokratischer Schriften nachzuweisen*, in *Sitzungsb. Preuss. Akad. Wiss.*, 53, 1910, p. 1153 sqq.
5. T. III, 1864, p. xxx-xxxi.

ou bien enfin, malgré quelques rencontres de vocabulaire [1], *Articulations* et *Système des glandes* sont sans rapport direct et notre traité peut alors n'être pas tardif et remonter à la fin du ve ou au début du ive siècle. Cette troisième hypothèse est la moins retenue depuis longtemps, mais je crois cependant qu'il faut la préférer aux deux autres.

Le *Système des glandes* n'a aucune chance d'être du même auteur que les *Articulations.* En dépit de quelques termes communs, dont Ermerins avait déjà noté l'essentiel [2], il y a trop de divergences radicales dans l'emploi de certains mots-outils et de certains termes techniques, comme H. Morland l'a bien montré [3]. On peut ajouter à son bilan d'assez nettes affinités cnidiennes du *Système des glandes* [4] et un détail qui a son importance : ἀδήν est masculin dans les *Articulations* [5], mais féminin dans notre opuscule. Certes, Ermerins a cru pouvoir imposer le masculin à toute l'œuvre, mais c'est faire trop de frais pour sauver la thèse de l'unité d'auteur. Le seul bon manuscrit atteste le féminin par au moins trente-cinq mots différents du texte, c'est-à-dire partout, sauf dans trois cas [6] : pour un terme dont le genre est flottant, cette légère disparate de la tradition manuscrite est très naturelle et ne saurait prêter à conséquence.

La thèse de l'identité d'auteur n'étant guère soutenable, on comprend que celle d'un faux tardif ait les faveurs de la critique. Plusieurs faits lui donnent un certain poids. C'était déjà l'opinion de Galien [7] : il cons-

1. Cf. *infra*, p. 106 sq.
2. *Op. laud.*, *l. l.*
3. *Zur pseudohippokratischen Schrift* περὶ ἀδένων, in *Symbolae Osloenses*, t. 21, 1941, p. 88 sqq.
4. Cf. *infra*, p. 111. Le fait est reconnu par L. Bourgey, *Observation et expérience...*, p. 73, en raison de la théorie des fluxions et des rapprochements avec *Maladies II* et *Affections internes.*
5. Texte cité, p. 104.
6. Dont deux fois l'article οἱ, à très peu d'intervalle : ch. ii, fin. A part aussi le cas de αὐτό (ch. i, fin) à corriger en αὐτή.
7. *L. l.*, p. 103, n. 1.

tate que le traité promis par Hippocrate dans les *Articulations* ne subsiste pas ; que notre *Système des glandes* s'écarte énormément par le style et la pensée des écrits authentiques d'Hippocrate : il a été écrit par un Hippocratique récent et attribué par lui à Hippocrate.

Les *Articulations* et le *Système des glandes* ont en commun quelques mots ou expressions assez peu fréquents : καταναισιμοῦται, non attesté ailleurs[1], ἀποπλανᾶν τὸν λόγον, ailleurs seulement chez Lucien, κορίσκομαι, ἀσυνετέω et, bien entendu, ἀδένων οὐλομελίη[2].

Quelques remarques restrictives s'imposent. 'Αποπλανάω

1. Mais aussi ἀπαναισιμοῦται au ch. IX.

2. Les autres termes invoqués par Ermerins ou Morland sont plus banals ou moins rares et ne sauraient entrer en ligne de compte : ἡ γνώμη τοῦ ἰητροῦ, ὕπειμι.

Ce dernier verbe apparaît cependant dans les deux œuvres d'une manière telle que V. Schmidt a raison d'y insister. Dans son étude *Dorismen...*, in *Corpus Hippocraticum*, p. 63 sq. M. Schmidt rapproche la phrase des *Articulations* qui précède celle citée plus haut : ἀδένες ὕπεισιν ἢ ἐλάσσους ἢ μείζους πᾶσιν ὑπὸ τῇ μασχάλῃ, πολλαχῇ δὲ καὶ ἄλλῃ τοῦ σώματος, de la première phrase du ch. III du *Système des glandes*, où, de plus, il propose très ingénieusement de corriger πλείους en μείους (en rappelant que j'ai moi-même corrigé un πλείοσι en μείοσι en *Régime*, LXXX, 1 ; tome VI, 1, p. 90, 12). Du même coup, ce qui n'était qu'un vague contact devient un parallèle assez strict.

Si cette correction devait s'imposer — et je dois reconnaître que je suis tenté — j'expliquerais le parallèle par l'influence d'une source commune, la thèse de l'imitation tardive, on va le voir, ne me paraissant pas recevable. Il en serait de même pour l'expression ἀδένων οὐλομελίη. M. Thivel admettrait facilement que notre présent traité est une version rajeunie d'un traité plus ancien qui aurait été connu de l'auteur des *Articulations*.

Mais je résiste cependant à la conjecture de M. Schmidt. C'est que le texte des manuscrits se défend parfaitement ; je crains même que la correction proposée « *plus petites ou plus grandes* » ne normalise et ne banalise un texte plus riche : si les glandes sont plus nombreuses, il n'est pas besoin qu'elles soient aussi grosses, et inversement. Cela peut signifier aussi que des glandes varient, d'un individu à l'autre, non seulement en grosseur, mais aussi en nombre, une affirmation très conforme à la mentalité du temps : que l'on songe à *Plaies de la tête*, 1 et à plusieurs passages du ch. VI des *Lieux dans l'homme* concernant les sutures du crâne, mais aussi les vertèbres et de petites articulations. Quant à notre auteur, il signale souvent dans telle région du corps *des* glandes, sans ressentir le besoin d'en préciser le nombre.

est bien attesté à l'époque classique. Κορίσκομαι est utilisé en *Articulations*, 34, mais au sens figuré « être ennuyé » : un faussaire changerait-il le sens d'un des mots rares qu'il emprunte à l'œuvre qu'il veut imiter ? Si le composé καταναισιμοῦμαι n'est que là, ἀναισιμοῦμαι, au passif également, est fréquent chez Hérodote : un faussaire peut-il compter sur un préverbe pour signaler son intention[1] ? Quant à οὐλομελίη-ὁλομέλεια, le terme était sans doute utilisé par des Pythagoriciens[2] et il se trouve dans un passage doxographique de la *Métaphysique* d'Aristote[3]. Avec ἀδένων, il a pu former une expression technique qui nous est attestée deux fois, ce qui n'est déjà pas si mal.

Dans l'hypothèse d'un faux, l'auteur utilise ces termes pour faire reconnaître l'auteur des *Articulations*. Était-ce bien adéquat de piquer dans une œuvre aussi vaste quatre ou cinq mots employés une seule fois et qui n'ont rien à voir avec le sujet traité ou les habitudes lexicologiques les plus constantes de l'auteur ? Quelqu'un qui aurait seulement relu les *Articulations* dans le but d'imiter l'auteur n'aurait pu qu'être frappé de la fréquence très particulière de ἀτάρ, de ἅτε, de τῇ ἢ τῇ et de κάρτα, tous termes qu'un Grec hellénistique n'utilise pratiquement plus. On ne trouve ni ἀτάρ, ni ἅτε, ni τῇ ἢ τῇ dans le *Système des Glandes* et κάρτα ne s'y trouve que deux (?) fois. En ce qui concerne le fond, le même personnage aurait dû remarquer la fréquence des critiques à l'égard d'autres médecins, la manie de l'auteur de promettre une foule d'autres ouvrages et l'usage de la première personne. Notre auteur ne fait pratiquement rien de tel : *une* ra-

1. Ce serait le cas aussi de ἐξαρύω, dont le simple est fréquent, mais les deux emplois sont plus ou moins conjecturaux.

2. Ps. Jamblique, *Theol. arithm.*, 36.

3. 1093 b 4 ; Diels-Kranz, *Vors.*, I, 458, 12. — Il se trouve aussi en *Aliment*, XXIII, et là, il s'agit d'une œuvre tardive et, semble-t-il, d'un exercice de style. Mais l'auteur n'imite aucun auteur hippocratique connu et s'il introduit l'expression rare κατ' οὐλομελίην en un sens adverbial, c'est sans doute pour sa saveur archaïque.

pide critique au ch. XIV et *un* passage à la première personne ne sauraient attester une intention particulière, le fait étant très banal dans la *Collection.*

D'autres constatations contribuent à enlever à l'hypothèse d'un faux toute probabilité suffisante.

Tout d'abord, si faussaire il y a, il part du texte cité plus haut des *Articulations* où il lit ἀδήν au masculin. Le premier réflexe d'un faussaire serait évidemment de respecter le genre de ce mot crucial. Pourquoi notre auteur ne l'a-t-il pas fait ? Je n'entrevois pas de réponse à cette question dans l'hypothèse d'un faux.

Ensuite, ce faussaire supposé n'imiterait pas seulement les *Articulations* : il faudrait aussi admettre qu'il passe son temps à piquer plusieurs mots qui ne se rencontrent qu'en *Maladies des femmes*[1] et dans les *Chairs*[2]. Un auteur tardif n'aurait aucune raison spontanée d'employer assez fréquemment le duel : pourquoi imiterait-il un trait archaïque dont il n'a pas pu ne pas constater l'inexistence dans les *Articulations*? Ce dernier fait n'est pas isolé : l'auteur emploie aussi couramment ἀμφί + génitif, qui ne saurait faire partie de la langue tardive et qui ne se trouve pas davantage en *Articulations*, où l'on rencontre exclusivement περὶ + génitif.

Morland constate que notre auteur a un faible pour le mot rare, mais il ne s'aperçoit pas que ce fait se retourne contre l'imitation spécifique des *Articulations* : puisqu'il utilise πῆμα, παῦρα, ὑγρηδών, ἰκέλως, pourquoi pas aussi καταναισιμοῦται et οὐλομελίη sans intention particulière à l'égard des *Articulations*? Pourquoi un imitateur irait-il chercher ailleurs que dans l'œuvre qu'il veut imiter des mots exceptionnels, tout en négligeant de multiples traits de l'auteur qu'il veut enrichir d'une œuvrette ? Il ne s'arrangerait pas autrement s'il voulait plutôt brouiller les pistes.

1. Ὑγρηδών (cf. Morland, *Op. laud.*, p. 90-91) et ὄλλυμαι (*ibid.*, p. 95, n. 1).
2. Ὄκως (ici ὅπως) περ (cf. Morland, *Op. laud.*, p. 92-93).

Y-a-t-il au moins des arguments décisifs qui obligent à penser que le *Système des glandes* est une œuvre nettement tardive ?

Il est piquant de constater que Morland lui-même a contribué à abréger la liste des faits qu'on aurait pu mettre en avant : il montre que ἕως + génitif est plus ancien qu'Aristote et ὄλλυμαι nettement plus ancien que la Septante, puisqu'on le rencontre deux fois en *Maladies des femmes*[1].

Morland n'a en fin de compte qu'un argument en faveur d'une date tardive[2] : l'auteur emploierait à deux reprises le participe à la place de l'indicatif[3], ce qui serait, selon Morland, un fait très tardif qui nous conduirait d'emblée vers le Nouveau Testament.

Mais les deux cas sont fort contestables et Morland le sait bien, car il évoque chaque fois une autre possibilité, même s'il croit devoir l'écarter.

En IV, 2, Ὅπου δὲ αὖον ἐὸν τὸ σῶμα..., même si ἐὸν n'est pas la correction d'un ὂν fautif, la dittographie me paraît beaucoup plus probable que la syntaxe exceptionnelle qu'on voudrait y trouver[4]. Au ch. VI, μείζους δὲ αἱ ἀδένες ταύτῃ ἢ αἱ ἄλλαι ἀδένες ἐοῦσαι, il n'est pas besoin de proposer la correction de ἄλλαι en ἄλλῃ pour faire de ἐοῦσαι l'apposition de ἀδένες et non le verbe principal : le second terme d'une comparaison s'en passe parfaitement et rien n'est plus fréquent dans le *Système des glandes* que l'ellipse du verbe εἰμί.

A mon avis, la seule construction participiale de notre texte — qui a échappé à Morland, mais non à V. Langholf — se trouve au ch. XIV : ἄγων τὴν ἐπιρροὴν ὁ νωτιαῖος. Mais au terme d'une enquête approfondie, V. Langholf

1. Cf. p. 108, n. 1.

2. Les brèves remarques de W. A. Heidel, *Hippocratea I*, in *Studies in Classical Philology*, t. 25, 1914, p. 177 ne sont guère convaincantes.

3. *Op. laud.*, p. 96-97.

4. Exceptionnelle à mon sens parce qu'il s'agit d'une subordonnée. Il est bon aussi de consulter l'apparat critique.

constate que les constructions participiales sont monnaie courante dans les *Épidémies*[1], si bien que l'argument de Morland deviendrait sans objet.

Le *Système des glandes* n'est ni un faux, ni tardif. C'est une œuvre qui pourrait dater de la fin du Ve siècle ou du début du IVe. Elle n'a pas de rapport direct avec les *Articulations*, pas plus qu'avec les *Maladies des femmes* ou les *Chairs*. L'auteur écrit une langue qui nous paraît quelque peu recherchée, mais qui est de son temps. Le « καί-Styl » et des traces de composition archaïque vont dans le même sens.

Son savoir aussi est de son temps. Littré l'a défini en termes toujours valables :

« Voici les glandes que l'auteur mentionne, confondant du reste et les véritables glandes et les ganglions lymphatiques sous un même nom : les amygdales, les ganglions du cou, des aisselles, et des aines, les ganglions mésentériques, les reins, les mamelles. Il omet complètement les glandes salivaires, le foie, le pancréas, les testicules et les ovaires. En revanche, il compte le cerveau parmi les glandes, ou du moins il l'assimile à ces organes.

« Avec des éléments aussi mal déterminés, il était impossible que l'auteur arrivât à aucune notion un peu positive sur la fonction. L'idée qu'il s'en fait est que les glandes, telles qu'il les conçoit, ont pour usage d'absorber le liquide qui surabonde dans le corps. Par leur intervention, tout superflu en ce genre est éliminé, et le corps est maintenu dans l'état régulier.

« La fonction du cerveau n'est pas autre. Il pompe le liquide dans toutes les parties du corps et le renvoie à toutes les parties ; c'est le va-et-vient de la pituite ou

1. *Syntaktische Untersuchungen zu Hippokrates-Texte. Brachylogische Syntagmen in den individuellen Krankheits- Fallbeschreibungen der hippokratischen Schriftensammlung*. Akad. Mainz, Wiesbaden, 1977, p. 92 sqq. Je remercie vivement M. Volker Langholf d'avoir bien voulu me communiquer les pages de son manuscrit qui concernent ce problème.

phlegme, important aussi à la conservation de la santé. Si cette prétendue fonction ne s'exécute pas régulièrement, il en naît deux sortes d'affections, les unes sur le cerveau, les autres sur le reste du corps... »[1].

On pourrait dire que, sur la base des mêmes mécanismes, l'auteur fait jouer aux glandes la même fonction que *Maladies IV* aux quatre *sources*, avec ce point commun que le cerveau (la tête) est « source » du phlegme aussi en *Maladies IV*[2].

De toute façon, l'auteur est cnidien ou apparenté à l'école de Cnide. Les parallèles signalés par Littré avec *Maladies II* et *Affections internes* sont probants à ce point de vue. Le *Système des glandes* a aussi la doctrine des sept fluxions de la tête qu'exposent les *Lieux dans l'homme.* Comme Littré laissait les *Lieux dans l'homme* dans la catégorie des ouvrages non identifiables, ce dernier fait l'empêchait d'être plus catégorique sur l'appartenance cnidienne de notre traité. Mais si les *Lieux dans l'homme* sont aussi liés à la même école[3], les rapports entre les deux œuvres peuvent confirmer le caractère cnidien. Telle ressemblance textuelle peut même faire penser que le *Système des glandes* suppose la connaissance des *Lieux dans l'homme*[4].

* * *

En ce qui concerne la tradition manuscrite, le texte ne se trouve que dans le seul bon manuscrit *Vaticanus* 276, aux folios 195 r°-196 v° ; le texte du *Parisinus* 2255 n'est ici aussi que la copie de l'édition Cornarius. L'appa-

1. Tome VIII, p. 550.
2. *Maladies IV*, ch. XXXIII, XXXV (le phlegme), XXXIX, p. 84 sqq. du tome XI de la présente édition (1970).
3. Cf. *supra*, p. 23.
4. Cf. *Lieux dans l'homme*, ch. X... οὗτοι οἱ ῥόοι καταφανεῖς ἐκ τῆς κεφαλῆς τοῖσιν ὀφθαλμοῖσιν et *Système des glandes*, XIII, fin, avec la correction proposée.

rat critique de Littré, quoique incomplet sur ce point, permet déjà de soupçonner cette identité.

La tradition indirecte est quasi inexistante. La référence de Galien[1], très précieuse parce que la seule explicite, ne nous donne que le titre de l'œuvre.

Érotien, quant à lui, explique λύματα, en Λ 24, par καθάρματα, et λύματα ne se rencontre qu'en *Système des glandes* pour ce qui concerne la *Collection* hippocratique. Il est difficile cependant de penser que le terme provient, chez Érotien, de l'œuvre qui nous occupe[2].

Il n'y a plus eu d'édition de ce texte depuis celles de Littré (1853) et d'Ermerins (1864).

La traduction de Kapferer se lit au t. VIII, p. 5 sqq. (1936).

1. Cf. *supra*, p. 103.
2. Cf. E. Nachmanson, *Erotiansstudien*, p. 450.

CONSPECTVS SIGLORVM

V = Vaticanus gr. 276, saec. XII.

V^1 correctiones ipsius scribae.

V^2 manus posteriores.

C = Parisinus gr. 2146, saec. XV-XVI (apud Littraeum).

edd. = editores plerique vel omnes, saepe a Cornario.

Corn. = Cornarius, 1538.

Zwing. = Zwinger, 1579.

$Zwing^m$ = Zwinger in margine.

Foes. = Foesius, 1595.

Lind. = Van der Linden, 1665.

Dietz. = Fr. R. Dietz, *De morbo sacro liber*, Lipsiae, 1827.

Li. = Littré, t. VIII, 1853.

Erm. = Ermerins, t. III, 1864.

Heidel = Heidel, *Hippocratea*, in Harvard St. in Classical Philology, 15, 1914, p. 177-178.

DU SYSTÈME DES GLANDES

Caractères généraux. I. **1** Voici ce qui en est touchant le système des glandes. Elles sont de nature spongieuse, lâches et grasses ; ce ne sont ni des chairs semblables au reste du corps ni rien d'autre qui ressemble au corps, mais elles sont de peu de consistance et ont des veines nombreuses. Si vous les incisez, il se produit une forte hémorragie. D'apparence blanche et comme du phlegme, elles sont au toucher comme de la laine ; si vous la massez avec les doigts en y appliquant beaucoup de force, la glande rend un liquide huileux et elle-même est largement broyée et disparaît.

Maladies. II. **1** Elles sont peu malades et, quand elles le sont, elles communiquent leur propre maladie au reste du corps[1] ; elles participent peu aux maladies du corps. Leurs maladies sont des abcès ; des scrofules font éruption et la fièvre s'empare du corps ; elles souffrent de la sorte quand elles sont remplies par l'humidité du reste du corps qui afflue en elles[2]. **2** Cet afflux arrive du reste du corps par les veines qui, nombreuses et creuses, les traversent, de sorte que le liquide qu'elles attirent

1. Je m'inspire d'Ermerins pour donner un sens acceptable à ce passage, en m'écartant moins de la tradition. L'article ne me paraît pas indispensable devant ἰδίην.

2. Αὐτόν... peut avoir le sens réfléchi, de sorte que la correction en ἑωυτάς ne s'impose pas ; cf. E. Schwyzer, *Gr. Gr.*, II, 206, § 3. D'ailleurs les seules formes réfléchies attestées dans le présent opuscule sont σφέας... et σφέτερος (cf. cependant xii, 2, l'apparat critique à ἐνίοτε).

ΠΕΡΙ ΑΔΕΝΩΝ ΟΥΛΟΜΕΛΙΗΣ

I. **1** Περὶ δὲ ἀδένων οὐλομελίης ὧδε ἔχει. Φύσις μὲν αὐτῇσι σπογγώδης, ἀραιαὶ μὲν καὶ πίονες, καὶ ἔστιν οὔτε σαρκία ἴκελα τῷ ἄλλῳ σώματι, οὔτε ἄλλο τι ὅμοιον τῷ σώματι, ἀλλὰ ψαφαρὰ καὶ φλέβας ἔχει συχνάς· εἰ δὲ διατάμοις, αἱμορραγεῖ λάβρως· τὸ εἶδος λευκαὶ καὶ οἷον φλέγμα, ἐπαφωμένῳ δὲ οἷον εἴρια· κἢν ὀργάσῃς τοῖσι δακτύλοισιν ἐπὶ πολὺ βιησάμενος, ἡ ἀδὴν ὑγρὸν ἀφίησιν ἐλαιῶδες, καὶ αὐτὴ θρύπτεται πολλὰ καὶ ἐξαπόλλυται. VIII, 556

II. **1** Πονέουσι δὲ οὐ κάρτα, ἀλλὰ τῷ ἄλλῳ σώματι, ἐπὴν πονέωσι, διδοῦσιν ἰδίην νοῦσον· παῦρα δὲ καὶ τῷ σώματι συμπονέουσιν. Αἱ νοῦσοι φύματα γίνονται, καὶ χοιράδες ἀναπηδῶσι, καὶ πῦρ ἔχει τὸ σῶμα· πάσχουσι δὲ ταῦτα, ἐπὴν ὑγρασίης πληρωθέωσι τῆς ἀπὸ τοῦ ἄλλου σώματος ἐπιρρεούσης ἐς αὐτάς· **2** ἐπιρρεῖ δὲ ἐκ τοῦ ἄλλου σώματος διὰ τῶν φλεβῶν, αἳ δι' αὐτῶν τέτανται πολλαὶ καὶ κοῖλαι, ὥστε ἀκολουθεῖν τὸ ὑγρὸν ὅ τι ἂν ἕλκωσιν εὐπετέως ἐς αὐτάς· κἢν πολὺ ᾖ καὶ

Titulus περὶ ἀδένων οὐλομελίης κή V π. ἀ. οὐλ. Galenus : περὶ ἀδένων edd.

3 αὐτῇσι edd. (vel -έῃσι) : αὐτέοισιν ἣ V αὐτοῖσι Erm. (qui ubique hoc verbum ἀδήν masculinum fecit) ‖ σπογγώδης Li. : -ῶδες V ‖ ἀραιαὶ edd. : ἀρεαὶ V ‖ pr. καὶ edd. : αἱ V ‖ 4 pr. οὔτε edd. : ὅτε V ‖ 6 αἱμορραγεῖ λάβρως Erm. : -γίῃ λάβρος V ‖ 7 ἐπαφωμένῳ Erm. : -ομένῳ V ‖ ὀργάσῃς Erm. : ἐργ- V ‖ 8 τοῖς δακτύλοις V ‖ πολὺ Joly : πουλὺ V (quod fere ubique) ‖ 9 αὐτὴ edd. : αὐτὸ V ‖ 11 post κάρτα inser. αὐταί Heidel ‖ 12 πονέωσι, διδοῦσιν Joly : πονέουσι δὲ ἣ δι' V πονέωσι, τὴν ἰ. ν. μεταδιδόασι Erm. πονέωσι γε ⟨ξυμπονέουσι μᾶλλον⟩ ἢ δι' Heidel ‖ 13 τῷ ⟨ἄλλῳ⟩ σ. Heidel ‖ ξυμπ- V ‖ 15 πληρωθῶσι V ‖ ἀπὸ Erm. : ἐπὶ V ‖ 16-17 ἐπιρρεούσης — σώματος om. V restituit in marg. V² ‖ 17 αὐτῶν V ‖ 19 ᾖ Joly : ἔῃ edd. εἴη V ἴῃ Erm.

fait facilement son chemin en elles. Si le flux est abondant et morbide, les glandes contractent sur elles-mêmes le reste du corps. Ainsi la fièvre s'allume et les glandes se gonflent et s'enflamment.

Distribution et fonction.

III. **1** Des glandes se trouvent dans le corps, plus nombreuses ou plus grosses, en ses cavités, aux articulations et partout ailleurs où il y a de l'humidité, ainsi que dans les régions sanguines ; les unes afin que, recevant l'afflux qui vient d'en haut dans les cavités, elles l'attirent à soi ; les autres, afin que, recueillant l'humeur qui se reproduit par le fait de l'exercice, elles pompent la surabondance qu'envoient les articulations. De cette façon, il n'y a pas de débordement dans le corps ; car, s'il se fait soudain quelque afflux, il n'en résulte pas un débordement consécutif ; peu ou beaucoup, cela se consume dans les glandes.

Glandes et poils.

IV. **1** Ainsi, les glandes font profit de l'humeur surabondante du reste du corps et y trouvent une nourriture qui leur est adéquate. Et, de fait, là où il y a de l'humidité stagnante dans le corps, il y a des glandes. La preuve, c'est que là où il y a des glandes, il y a aussi des poils [1]. La nature fait des glandes et des poils ; glandes et poils ont la même utilité, les unes pour l'humeur affluant, comme il a été dit auparavant ; les autres, profitant de l'occasion fournie par les glandes, poussent et croissent, recueillant le superflu qui bouillonne vers les extrémités. **2** Mais là où le corps est sec, il n'y a ni glande ni poil [2] ; par contre, les parties molles qui fatiguent et qui abondent

1. La liaison causale entre humidité et poils se retrouve en *Nature de l'enfant*, ch. xx, sans référence aux glandes ; dans cette œuvre, le fait intermédiaire est le caractère poreux de l'épiderme, provoqué par l'agitation de l'humeur (xx, 5) ; cf. notre édition dans la présente collection, *Hippocrate*, t. XI, 1970, p. 65-66, avec d'autres références p. 65, n. 1. L'image implicite qui sous-tend cette doctrine est certainement celle du développement végétal, conditionné par l'humidité et une terre suffisamment poreuse. Cette image affleure en v, 1.

2. Un autre argument *a contrario* et de même portée est développé en *Nature de l'enfant*, xx, 4.

νοσῶδες ἡ ῥοή, συντείνουσιν αἱ ἀδένες ἐπὶ σφέας τὸ ἄλλο σῶμα· οὕτω πυρετὸς ἐξάπτεται, καὶ ἀείρονται καὶ φλογιῶσιν αἱ ἀδένες.

III. **1** Ἀδένες δὲ ὕπεισιν ἐν τῷ σώματι πλείους ἢ μέζους ἐν τοῖσι κοίλοισιν αὐτοῦ καὶ ἐν τοῖσιν ἄρθροισι, καὶ ὅπου ἐν τοῖσιν ἄλλοισιν | ὑγρηδών, καὶ κατὰ τὰ 558
αἱματώδεα χωρία· αἱ μὲν ὡς τὸ ἐπιρρέον ἄνωθεν ἐς τὰ κοῖλα ἐπιδεχόμεναι ἐπὶ σφέας ἕλκωσιν, αἱ δὲ ὥστε τὴν αὖτις γινομένην ὑπὸ τῶν πόνων ὑγρασίην ἐκδεχόμεναι, ἐξαρύωσι τὴν πληθύν, ἥντινα μεθίησι τὰ ἄρθρα. Οὕτω πλάδος οὐκ ἔνι ἐν τῷ σώματι· εἰ γάρ τι καὶ γίνοιτο παραυτίκα, οὐκ ἂν ἐπιγίνοιτο πλάδος ὀπίσω· καταναισιμοῦται γὰρ καὶ τὸ πολὺ καὶ τὸ ὀλίγον ἐς τὰς ἀδένας.

IV. **1** Καὶ οὕτω τὴν πλεονεξίην τοῦ ἄλλου σώματος αἱ ἀδένες κέρδος ποιέονται καὶ τροφὴ σύντροφος αὐτῇσίν ἐστιν· ὥστε ὅπου τελματώδεα, ἐκεῖ καὶ ἀδένες· σημεῖον, ὅπου ἀδήν, ἐκεῖ καὶ τρίχες· ἡ γὰρ φύσις ποιεῖ ἀδένας καὶ τρίχας ⟨καὶ⟩ ἄμφω χρέος τωὐτὸ λαμβάνουσιν, αἱ μὲν ἐς τὸ ἐπιρρέον, ὡς καὶ ἔμπροσθεν εἴρηται· αἱ δὲ τρίχες τὴν ἀπὸ τῶν ἀδένων ἐπικαιρίην ἔχουσαι φύονταί τε καὶ αὔξονται, ἀναλεγόμεναι τό τε περισσὸν καὶ ἐκϐρασσόμενον ἐπὶ τὰς ἐσχατιάς. **2** Ὅπου δὲ αὖον τὸ σῶμα, οὔτε ἀδὴν οὔτε θρίξ· τὰ δὲ ἁπαλὰ

1 et 3 οἱ (ἀδ.) V ‖ 3 φλογιῶσιν Erm. : -γῶσιν V ‖ 4 πλείους V : μείους Schmidt ‖ ἢ V : καὶ Erm. ‖ 5 μείζους V (quod ubique) ‖ αὐτέου V ‖ 6 ὅπου Erm. (-κου) : ὁκόσα V ‖ ὑγρηδών Foes : -δόν V ‖ 8 ὥστε V : ὡς Erm. ‖ 9 αὖθις V ‖ ὑγρασίην in marg. V¹ : ἐργασίην V ‖ 10 ἐξαρύωσι Li. : ἐν τοῖσιν ἄρθροισιν V ‖ 11 οὕτω V : καὶ οὕτω edd. ‖ 11-12 γίνοιτο edd. : -νοιντο V ‖ 12 ἐπιγίνοιντο V (sed ν expuncto) ‖ πλάδος del. Erm. ‖ 13 καταναισιμοῦται praebet V ‖ 15 οὕτως V ‖ 16 ποιέονται καὶ Joly : ποιεύμεναι, V (τῶν ἀδένων, ποιευμένων Erm.) ‖ 17 ἀδάνες V ‖ 19 καὶ inser. Erm. ‖ 20 ἐς edd. : ὡς V ‖ 21 ἐπικαιρίην V : ἐπικέρδειαν Erm. ‖ 22 φύονται codd. : φύενται V ‖ 23 Ὅκου V ‖ 24 αὖον Erm. : αὐτέον V αὖον ἐὸν supra lineam V¹ (V³?).

en humidité[1], sont glanduleuses[2] et ont des poils. Il y a des glandes dans le voisinage des oreilles, çà et là, de chaque côté des veines jugulaires du cou ; il y a là aussi des poils des deux côtés. Aux aisselles, il y a des glandes et des poils. L'aine et le pubis comme les aisselles : glandes et poils. Ce sont, dans le corps, des parties creuses et toutes prêtes pour l'excès d'humidité, car ce sont celles qui fatiguent et se meuvent le plus.

Glandes sans poils.

V. **1** Les autres parties (du corps) qui ont seulement des glandes, comme les intestins, — ils en ont en effet aussi d'assez grosses dans l'épiploon — n'ont pas de poils. En effet, dans les marécages et les lieux très humides de la terre, la graine ne germe pas et ne peut pousser au-dessus du sol, mais pourrit et est étouffée par l'excès, car elle subit une violence. **2** Dans les intestins aussi l'excès d'humidité exerce une violence et ne laisserait pas pousser des poils. Les glandes y sont plus grosses qu'ailleurs dans le corps ; elles absorbent l'humeur dans les intestins en la faisant sortir ; les intestins la reçoivent des vaisseaux et la transmettent à l'épiploon, qui la distribue aux glandes.

Les reins.

VI. **1** Les reins aussi ont des glandes ; car ils se saturent d'une humidité abondante. Les glandes y sont plus grosses que les autres ; en effet, le liquide affluant n'est pas absorbé par les reins, mais il s'écoule à la vessie, en bas, de sorte que (les glandes) attirent à soi tout ce qu'elles se procurent par les conduits.

1. Ceci se rapproche de l'agitation de l'humeur en *Nat. enfant*, xx, 5.

2. J'accepte la correction de Ermerins, car ὦδε, au sens local, est difficile et surtout, après les 3 neutres pluriels, on attend ἀδένες, et non le singulier ἀδήν. Je ne vois pas que D. op de Hipt ait discuté ce passage dans son étude *Adjektive auf -ώδης im Corpus Hippocraticum*, Hambourg, 1972.

καὶ πονεύμενα καὶ κάθυγρα, ἀδενώδεα καὶ τρίχας ⟨ἔχει⟩ · ἀδένες δὲ καὶ κατὰ τοῖν ὤτοιν ἔνθα καὶ ἔνθα ἑκατέρωθεν κατὰ τὰς σφαγὰς τοῦ τραχήλου, τρίχες τε ἐνταῦθα ἑκατέρωθεν · ἐπὶ τῇσι μασχάλῃσιν ἀδένες καὶ τρίχες · βουβῶνες καὶ ἐπίσιον ἰκέλως μασχάλῃσιν, ἀδένες καὶ τρίχες. Ταῦτα μὲν κοῖλα τῶν ἐν τῷ σώματι καὶ ῥηΐδια ἐς περιουσίην | ὑγροῦ · καὶ γὰρ πονεῖ ταῦτα καὶ κινεῖται 560 μάλιστα τῶν ἐν τῷ σώματι.

V. **1** Τὰ δ' ἄλλα ὁπόσα ἀδένας ἔχει μοῦνον, οἷον ἔντερα, — ἔχει γὰρ καὶ ταῦτα ἀδένας ἐς τὸ ἐπίπλοον μέζονας, — τρίχας οὐκ ἔχει. Καὶ γὰρ ἐν τοῖσι τέλμασι τῆς γῆς καὶ καθύγροισιν οὐ φύεται τὸ σπέρμα οὔτ' ἐθέλει ἀναβαίνειν τῆς γῆς ἄνω, ἀλλ' ἀποσήπεται καὶ ἀποπνίγεται τῇ πλεονεξίῃ · βιῆται γὰρ τὸ σπέρμα. **2** Βιῆται δὲ καὶ ἐν τοῖσιν ἐντέροισιν ἡ πληθὺς καὶ τὸ ὑγρὸν πολύ, καὶ οὐκ ἂν φύσαι τρίχας. Αἱ δὲ ἀδένες μέζονες ἤ που ἄλλοθι τοῦ σώματος · καὶ νέμονται αἱ ἀδένες ἐν τοῖσιν ἐντέροισιν ἐκπιεζόμεναι τὸν πλάδον, τὰ δὲ ἔντερα ἐκ τῶν τευχέων ἐς τὰ ἐπίπλοα ἐκδέχεται καὶ καθίησι τὴν ὑγρασίην · τὸ δὲ ἐπίπλοον διαδιδοῖ τῇσιν ἀδέσιν.

VI. **1** Ἔχουσι δὲ καὶ οἱ νεφροὶ ἀδένας · καὶ γὰρ οὗτοι κορίσκονται πολλῆς ὑγρασίης · μέζους δὲ αἱ ἀδένες ταύτῃ ἢ αἱ ἄλλαι ἀδένες ἐοῦσαι · οὐ γὰρ ἐμπίνεται τοῖσι νεφροῖσι τὸ ὑγρὸν τὸ ἐπιρρέον, ἀλλὰ διαρρεῖ ἐπὶ κύστιν κάτω, ὥστε ὅ τι ἂν ἀποκερδάνωσιν ἀπὸ τῶν ὀχετῶν, τοῦτο ἕλκουσι πρὸς σφέας.

1 ἀδενώδεα Erm. : ἀδὴν ὧδε V ‖ τρίχας V Erm. in nota : τρίχες edd. ‖ ἔχει add. Erm. in nota (τρίχες ἐκεῖ φύονται Erm. in textu) ‖ 2 ἀδένες edd. : -νας V ‖ ὤτοιν Joly : οὐάτοιν V ‖ pr. ἔνθα edd. : καὶ ἔ. V ‖ 3 τὰ σφαγὰς V ‖ 4 ταῖς V ‖ ἀδένες Joly : ἀδὴν V (ἀδένας καὶ τρίχας ἔχουσι Erm.) 3 ‖ 9 ὁκόσα V ‖ 10 ἐπίπλοιον V ‖ 16 ἂν φύσαι V Li. : ἐᾷ φῦσαι edd. ‖ 18 ἐκπιεζόμεναι C Li. : -ζούμεναι V -ζεύμεναι edd. ‖ 19 ἐπίπλοια V ‖ 20 ἐπίπλοιον V ‖ 21 ἀδέσιν Lind. : δὲ ἀδένησιν V ‖ 22 δὲ edd. : post νεφροὶ V ‖ 24 ταύτῃ edd. : ταῦτα V ‖ 24-25 ἐμπίνεται edd. : -πιέεται V ‖ 26 ἦν V.

Les amygdales.

VII. **1** Il y a encore d'autres glandes toutes petites dans le corps ; mais je ne veux pas sortir de mon sujet : cet écrit[1] ne concerne que les plus importantes. Je reprends donc le fil de mon exposé et je vais parler du système des glandes de la gorge[2]. La gorge* a, de çà, de là, de ses deux côtés, des glandes que l'on nomme amygdales. **2** En voici l'utilité : la tête est placée au sommet, creuse, ronde et pleine, tout autour, de l'humide qui provient du reste du corps ; en même temps, le corps envoie dans la tête des vapeurs de toute espèce, que la tête renvoie au fur et à mesure ; car ce qui afflue n'y peut rester, n'y ayant pas son siège, à moins que la tête ne soit malade ; alors, l'humeur ne se relâche pas et l'emporte sur place. Mais lorsque ce qui a été attiré* est renvoyé dans les glandes, le flux s'opère et il ne cause aucune souffrance tant qu'il est peu abondant, proportionné, et que les glandes en sont maîtresses. **3** Mais, l'afflux étant abondant et âcre, s'il est âcre et glutineux, la gorge se remplit d'humeur*, se tuméfie et se tend, et de la sorte, le mal gagne l'oreille ; si les deux côtés sont pris, les deux oreilles, et une seule si un côté seulement est pris. Quand, au contraire, le flux est pituiteux, abondant et inerte, alors aussi (la gorge) se remplit d'humeur et cette phlegmasie, étant un liquide en repos, devient scrofules. Ces scrofules sont les maladies de la gorge.

Fluxions aux aisselles et à l'aine.

VIII. **1** Aux aisselles aussi il peut se faire un afflux, mais c'est lorsqu'il est abondant ou composé d'humeurs âcres, et ainsi il y engendre des abcès. De la même façon, à l'aine aussi la glande attire l'humidité provenant des parties supérieures ; surtout

1. Il est notable que l'œuvre est définie comme un écrit (γραφή), non comme un exposé d'abord oral.

2. L'introduction, fortement soulignée, de ce chapitre est typique du style archaïque et caractérise fortement *Génération-Nature de l'enfant-Maladies IV*, où ἀναβήσομαι est utilisé quatre fois dans un contexte analogue.

VII. **1** Καὶ ἄλλαι δέ εἰσιν ἐν τῷ σώματι ἀδένες σμικραὶ [καὶ] πάνυ, ἀλλ' οὐ βούλομαι ἀποπλανᾶν τὸν λόγον· ἐς γὰρ τὰς ἐπικαίρους ἡ γραφή. Νῦν δὲ ἀναβήσομαι τῷ λόγῳ, καὶ ἐρέω περὶ ἀδένων οὐλομελίης τραχήλου· τράχηλος τὰ μέρεα αὐτοῦ ἑκάτερα ἔνθα καὶ ἔνθα ἀδένας ἔχει, καὶ παρίσθμια καλέονται αἱ ἀδένες αὗται· **2** χρείη τοιήδε· ἡ κεφαλὴ ὑπέρκειται ἄνω κοίλη ἐοῦσα καὶ περιφερὴς καὶ ⟨πλήρης⟩ τῆς περὶ | αὐτὴν ἀπὸ τοῦ ἄλλου σώματος ὑγρασίης· καὶ 562
ἅμα ἀναπέμπει τὸ σῶμα ἀτμοὺς ἐς τὴν κεφαλὴν παντοίους ἄνω, οὓς αὖτις ἡ κεφαλὴ ὀπίσω ἀφίησιν· οὐ γὰρ δύναται ἐμμένειν τὸ ἐπιρρέον οὐκ ἔχον ἔνθα ἕδρην, ἢν μὴ τὴν κεφαλὴν πονῇ, τότε οὐκ ἀνίησιν, ἀλλ' αὐτοῦ κρατεῖ· ἐπὴν δὲ ἀνῇ τὴν ἕλξιν ἐς τὰς ἀδένας, ἡ ῥοὴ γίνεται, καὶ οὐδὲν λυπεῖ τὸ ῥεῦμα, ἔστ' ἂν ὀλίγον τε ᾖ καὶ σύμμετρον καὶ ἐγκρατεῖς ἔωσιν αἱ ἀδένες· **3** ἢν γὰρ πολὺ ἐπιρρυῇ δριμύ, ἢν μὲν ᾖ δριμὺ καὶ κολλῶδες, φλεγμαίνει καὶ ἀνοιδίσκεται καὶ συντείνει ὁ τράχηλος, καὶ οὕτω προΐει ἐς οὖς· κἢν μὲν ἐς ἑκάτερα τὰ μέρεα, ἑκάτερον· ἢν δὲ ἐς θάτερον, πονεῖ θάτερον· ἢν δὲ ᾖ φλεγματῶδες καὶ πολὺ καὶ ἀργὸν ἡ ῥοή, φλεγμαίνει δὴ καὶ ὧδε· καὶ ἡ φλεγμονή, στάσιμον ἐὸν ὑγρόν, χοιράδες ἐγγίνονται· αὗται [χείρους] αἱ νοῦσοι τραχήλου.

VIII. **1** Μασχάλῃσι δέ, συρρεῖ μὲν καὶ ἐνταῦθα, ἀλλ' ὅταν πλῆθος ᾖ ⟨ἢ⟩ δριμεῖς ἰχῶρες, καὶ ὧδε γίνονται φύματα. Κατὰ ταὐτὰ καὶ ἐν τοῖσι βουβῶσιν ἕλκει τὴν ἀπὸ τῶν ὑπερκειμένων ὑγρασίην ἡ ἀδήν· ἄλλως ⟨τ'⟩ εἰ πλῆθος λάβοι, βουβωνοῦται καὶ διαπυΐσκεται

2 καὶ del. Erm. ‖ 7 χρείη Zwing. : χριῆ V ‖ 8 πλήρης Zwing.[m] : om. V ‖ 10 τὸ σῶμα om. V restituit supra lineam V[1] (V[3]?) ‖ 11 αὖθις V ‖ 13 ἀνίησιν V : ἀφ- Erm. ‖ 16 ξυμμ- V ‖ 18 ξυντ- V ‖ 19 οὕτως V ‖ sec. ἐς edd. : om. V ‖ 20 ἑκάτερον edd. : om. V ‖ 22 δὴ Lind. : δὲ V ‖ 23 χείρους (edd. χρειήοις V χοίρων Zwing.[m]) del. Erm. ‖ 26 ἢ add. Erm. ‖ 29 τ' addidi.

si elle en prend énormément, il se forme une tumeur qui suppure et s'emplit d'humeur comme aux aisselles et à la gorge. Là aussi (les glandes) paraissent rendre les mêmes services et causer les mêmes maux. Voilà tout sur ce sujet [1].

Les intestins.

IX. **1** Les intestins ont pleine saturation par les aliments et les boissons ; ils reçoivent aussi l'humidité qui est sous la peau ; toute cette humidité est consumée de la même façon que celle des cas précédents ; mais là, elle ne produit généralement pas de maladies, à la différence de ce qui arrive dans les articulations ; car les glandes sont nombreuses, ouvertes et non creuses. L'une n'absorbe pas beaucoup plus que l'autre, vu qu'il n'y en a pas une qui, voulant en avoir davantage, puisse dès lors avoir un excès. Chacune se contente du peu qui afflue dans un organe et qui se répartit entre beaucoup ; elles ont ainsi l'égalité.

Le cerveau.

X. **1** La tête aussi a, en fait de glandes [2], le cerveau, qui est semblable à une glande ; en effet, le cerveau est blanc, friable comme les glandes ; il rend à la tête les mêmes services que les glandes. En effet, l'humidité qui s'y trouve pour les raisons que j'ai dites, le cerveau y remédie en l'enlevant et renvoie aux confins extérieurs le surplus provenant des fluxions. Le cerveau est plus gros que les glandes [3] et les cheveux sont plus longs que les poils. C'est qu'étant plus gros, il occupe un large espace dans la tête.

Les sept fluxions.

XI. **1** Il produit des maladies plus bénignes ou plus graves que les glandes ; et il les produit quand il envoie aux parties inférieures du corps son excès d'humeur. Les fluxions venant de la tête jusqu'à sécrétion se font

1. Ce genre de conclusion est lui aussi typique du style archaïque et spécialement abondant en *Génération-Nature de l'enfant-Maladies IV*.
2. A. Thivel me convainc de garder τὰς ἀδένας, malgré Ermerins.
3. Traduire ἄλλων reviendrait à faire du cerveau une glande, sans tenir compte des nuances ou des hésitations du début du chapitre. Il est préférable de voir ici l'emploi idiomatique de ἄλλος.

καὶ φλεγμαίνει ἰκέλως μασχάλῃσί τε καὶ τραχήλῳ· τὰ δ' αὐτά οἱ δοκεῖ παρέχειν ἀγαθὰ καὶ κακά. Καὶ ταῦτα μὲν ἀμφὶ τῶνδε.

IX. **1** Τὰ δὲ ἔντερα ἔχει κόρον πολὺν ἀπό τε σιτίων καὶ ποτῶν· | ἔχει δὲ καὶ τὴν ὑπὸ τοῦ δέρματος 564 ὑγρασίην· αὕτη πᾶσα ἀπαναισιμοῦται ἰκέλη τοῖσι πρόσθεν· νούσους δὲ οὐ ποιεῖ τὰ πολλά, ὅπως περ καὶ ἐν τοῖσιν ἄρθροισι γίνεται· συχναὶ γάρ τοι ἀδένες καὶ ἀναπετεῖς, καὶ οὐ κοῖλαι, καὶ οὐ πολὺ πλῆθος ἐπαυρισκόμεναι ἡ ἑτέρη τῆς ἑτέρης, ἐπεὶ μᾶλλον πλεονεκτεῖν ἐθέλουσα οὐδεμία τότε πλέον ἔχειν δύναται, ἀλλ' ὀλίγον ἑκάστη 〈τὸ〉 συρρέον ἐς τὸ ἄρθρον ἐς πολλὰ διαιρεόμενον· ἰσότης ἐστὶν αὐτῇσιν.

X. **1** Ἡ κεφαλὴ καὶ αὐτὴ τὰς ἀδένας ἔχει τὸν ἐγκέφαλον, ἴκελον ἀδένι· ἐγκέφαλος γὰρ καὶ λευκὸς καὶ ψαφαρός, ὅπως περ καὶ ἀδένες, καὶ ταὐτὰ ἀγαθὰ τῇσιν ἀδέσι ποιεῖ τὴν κεφαλήν· ἐνεοῦσαν 〈γὰρ〉 διὰ τὰ εἰρημένα μοι τιμωρέων ὁ ἐγκέφαλος ἀποστερεῖ τὴν ὑγρασίην, καὶ ἐπὶ τὰς ἐσχατιὰς ἔξω ἀποστέλλει τὸ πλέον ἀπὸ τῶν ῥόων. Μέζων δ' ὁ ἐγκέφαλος τῶν ἄλλων ἀδένων, καὶ αἱ τρίχες μέζους ἢ αἱ ἄλλαι τρίχες· μέζων τε γὰρ ὁ ἐγκέφαλος καὶ ἐν εὐρυχωρίῃ κεῖται τῇ κεφαλῇ.

XI. **1** Ποιεῖ δὲ νούσους καὶ ἥσσονας καὶ μέζονας ἢ αἱ ἄλλαι ἀδένες· ποιεῖ δέ, ὁπόταν ἐς τὰ κάτω τοῦ σώματος τὴν σφετέρην πλεονεξίην ἀποστείλῃ. Ῥόοι

6 τοῖσι Joly τοῖς V : τῆς edd. τῇ Erm. ‖ 7 ὅκως V ‖ 10 ἐπὶ ex ἐπεὶ V[ras] ‖ 11 ἐθέλουσα edd. : -σαν V ‖ οὐδεμία Joly : οὐδὲ μίην V οὐδὲ μίη edd. ‖ πλέον Joly : πλίην V πλῆθος edd. ‖ ἔχειν edd. : ἔχον V ‖ 11-12 ἀλλ' ὀλίγον ἑκάστη Li. : ἐς ὀ. ἑκάστης V ‖ 12 τὸ add. Joly ‖ συρρέον ἐς edd. (ξ.) : ξυρρέοντες V ‖ 14 αὐτὴ Erm. : αὕτη V ‖ τὰς ἀδένας : del. Erm. τινας ἀ. Heidel ‖ 15 ἴκελον edd. : ἴκελα δὲ V ‖ 16 ὅκως V ‖ ταὐτὰ edd. : ταῦτα V ‖ 17 ἐνεοῦσαν Joly : ἐοῦσαν V ‖ γὰρ add. Erm. et ita interpungit ‖ 20 ῥόων V : ῥοῶν V² ‖ Μείζων iteravit V initio paginae ‖ 21 ἢ αἱ V¹ : καὶ V ‖ 24 ὁκόταν V.

naturellement par les oreilles, par les yeux, par le nez : en voilà trois. D'autres se font par le palais au larynx, au pharynx[1] ; d'autres, par les veines, à la moelle épinière, aux hanches : en tout, sept[2].

Maladies du cerveau.

XII. **1** Ces fluxions, en s'en allant, sont des purgations pour le cerveau et si elles ne s'en allaient pas, ce seraient des maladies pour lui. De même pour le reste du corps ; si ces fluxions vont dans les parties intérieures du corps, et non au dehors, beaucoup de trouble en résulte pour elles ; (les fluxions) ulcèrent le dedans ; et si le cerveau envoie une fluxion âcre, elle corrode et ulcère ses voies[3]. Et si l'afflux est abondant et descend en masse, la fluxion ne s'arrête que lorsqu'elle a épuisé la plénitude qui descend. Le cerveau, renvoyant un flux au dehors et en recevant un autre, se trouve toujours dans le même état ; il attire les liquides et provoque des maladies. **2** Ces deux actions, négligées, affaiblissent la nature et si elle souffre, il y aura deux dommages : en ce qui concerne les affections de l'organisme*, les fluxions mentionnées plus haut supportent mal la plénitude qui irrite, étant imprévue et inhabituelle ; d'autre part, le cerveau souffre et lui-même n'est pas sain ; et s'il est irrité, il a beaucoup de trouble, l'intelligence se dérange, le cerveau est pris de spasme et pompe le corps tout entier ; parfois*, (le patient) ne parle pas, il étouffe ; cette affection se nomme apoplexie. D'autres fois, le cerveau ne fait pas la fluxion âcre ; mais, arrivant en excès, elle y cause de la souffrance ; l'intelligence se trouble et le patient va et vient, pensant et voyant des choses fâcheuses et supportant le caractère de la maladie avec des sourires moqueurs et des visions étranges.

1. C'est peut-être aussi l'entrée de l'estomac ou l'œsophage ; cf. P. Chantraine, in *La Collection hippocratique...*, *Colloque de Strasbourg (1972)*, Leyde, 1975, p. 40.

2. Cf. *Lieux dans l'homme*, ch. x, *supra*, p. 48.

3. Il est difficile de ne pas suivre Littré (p. 566, n.) qui donne à ἐπιρροάς ce sens exceptionnel, mais sémantiquement acceptable. Ermerins et Kapferer ont accepté l'interprétation de Littré sur ce point.

δὲ ἀπὸ κεφαλῆς ἕως ἀποκρίσιος, δι' ὤτων κατὰ φύσιν, δι' ὀφθαλμῶν, διὰ ῥινῶν · τρεῖς οὗτοι · καὶ ἄλλοι δι' ὑπερῴης ἐς φάρυγγα, ἐς στόμαχον · ἄλλοι διὰ φλεβῶν ἐπὶ νωτιαῖον, ἐς τὰ ἰσχία, οἱ πάντες ἑπτά.

XII. **1** Οὗτοι τοῦ τε ἐγκεφάλου λύματά εἰσιν ἀπιόντες · καὶ εἰ μὴ | ἀπίοιεν, νοῦσος αὐτῷ. Οὕτω δὲ καὶ τῷ ἄλλῳ 566 σώματι, ἢν ἐς τὰ ἔνδον ἀπίωσι καὶ μὴ ἔξω, καὶ αὐτοῖσιν ὄχλος πολύς, κἀνδόθεν ἑλκοῖ, καὶ δριμὺ μὲν εἰ πρόοιτο ὁ ἐγκέφαλος ῥεῦμα, τὰς ἐπιρροὰς ἐσθίει καὶ ἑλκοῖ · καὶ τὸ μὲν ἐπιὸν ἢν ᾖ πλῆθος κατιὸν ἁλές, οὐκ ἀνέχει ὁ ῥόος, ἔστ' ἂν ἐξαρύηται τὴν πληθὺν τοῦ κατιόντος · καὶ τὸ μὲν ἐπιρρέον ἀποπέμπων ἔξω, ἕτερον δὲ ἐσδεχόμενος, ἐς τὸ ὅμοιον αἰεὶ καθιστάμενος · τά τε ὑγρὰ ἕλκει καὶ ποιεῖ νούσους. **2** Ἄμφω δὲ ἐν ἀκηδίῃ καταγυιοῖ τὴν φύσιν · καὶ ἢν πάθῃ, δύ' ἐστὸν κακία · τὰ μὲν γὰρ πάθη τῆς φύσιος, οἱ προειρημένοι ῥόοι δυσφορέουσι τὸ πλῆθος, καὶ ὀδάξον καὶ ἄλογον καὶ οὐ σύνηθες ἐόν · ὁ δὲ ἐγκέφαλος πῆμα ἴσχει καὶ αὐτὸς οὐχ ὑγιαίνων · ἀλλ' εἰ μὲν δάκνοιτο, τάραχον πολὺν ἴσχει, καὶ ὁ νοῦς ἀφρονεῖ καὶ ὁ ἐγκέφαλος σπᾶται καὶ ἕλκει τὸν ὅλον ἄνθρωπον, ἐνίοτε δ' οὐ φωνεῖ καὶ πνίγεται, ἀποπληξίη τῷ πάθει τοὔνομα. Ἄλλοτε δὲ δριμὺ μὲν οὐ ποιεῖ αὐτὸ ῥεῦμα, πλῆθος δ' | ἐὸν τὸ ἐμπεσὸν πονεῖ τοῦτο, καὶ 568 ἡ γνώμη ταράσσεται, καὶ περίεισιν ἀλλοῖα φρονέων καὶ ἀλλοῖα ὁρέων · φέρων τὸ ἦθος τῆς νούσου σεσηρόσι μειδιήμασι καὶ ἀλλοκότοισι φαντάσμασιν.

4 τὰ ἰσχία Li. : τὸ αἷμα V ‖ 6 Οὕτως V ‖ 7 ἢν ἐς τὰ Zwing. : ἢν δ' ἐς τὰ edd. τινὲς τὰ V ‖ αὐτοῖς V ‖ 8 κἀνδόθεν ἑλκοῖ Li. : χανἑλκοῖν V ‖ μὲν εἰ Zwing.[m] : μένει V ‖ 10 ἁλές Joly : ἅλες V ἅλις edd. ‖ ἀνέχει Li. : ἂν ἔχῃ V ‖ 11 ἐξαρύηται Erm. : ἐς ἀριατε V ἐξαρύαται Zwing ἐσαρύηται Li. ‖ 12 ἀποπέμπων edd. : -ον V ‖ 13 ἕλκει edd. : -κῃ V ‖ 14 καταγυοῖ V ‖ 16 φύσεως V ‖ 17 ὀδάξον καὶ Joly : ὀδάξον τὸ Erm. ὀδάξονται τὸ V ‖ ξύνηθες ὂν V ‖ 20 ἀφρονεῖ V[1] (cum ο super ν) : ἀφρενεῖ V ἀφραίνει Li. ‖ 21 ἐνίοτε Dietz Li. : ἐν ἑωυτῷ V ‖ 22 Ἄλλοτε Li. : ἀλλ' ὅτε V. ‖ 24 ταράττεται V ‖ περίεισιν Li. : -ισιν V ‖ 25-26 σεσηρόσι edd. : ἐσηρόσει V ‖ 26 μειδιήμασι edd. : μηδ- V.

Fluxions sur les yeux, le nez, les oreilles.

XIII. **1** Une autre fluxion se dirige sur les yeux[1] : de là les ophthalmies ; les yeux se gonflent. Si la fluxion va au nez, les narines sont irritées, sans rien d'autre de fâcheux ; car ces voies sont larges et capables de se défendre elles-mêmes ; de plus, ce qui y va n'est pas disposé à former un engorgement. **2** Au contraire, les oreilles* offrent un conduit oblique et étroit ; et le cerveau, qui est tout près, pèse sur elles ; quand il a cette maladie, il verse généralement sur l'oreille une sécrétion provenant du flux abondant et avec le temps, celle-ci s'amasse à part et un pus fétide coule. De la sorte, les fluxions sont manifestes à l'œil dans les parties extérieures et elles ne causent absolument pas la mort.

Les autres fluxions.

XIV. **1** Si le phlegme qui arrive (de la tête) va de derrière le palais jusqu'au ventre, il y a, à la vérité, diarrhée, mais non maladie ; toutefois, si le phlegme séjourne en bas, il se forme des obstructions intestinales et des affections chroniques. Chez d'autres, la fluxion, par le palais, va à la gorge ; si elle est abondante et de longue durée, naissent les affections consomptives ; en effet, les poumons se gorgent du phlegme et le pus se forme, qui ronge les poumons ; et les malades ne guérissent pas facilement ; souvent, le médecin, même habile et d'un esprit pénétrant, ne saisit pas la cause. **2** Une autre maladie provenant d'un catarrhe de la tête se produit, par la voie des veines, sur la moelle épinière ; de là, la fluxion se jette sur le sacrum, conduite par la moelle épinière, et elle se fixe sur les cotyles des hanches*. Si elle provoque la consomption, le patient tombe dans le dépérissement et il ne veut plus vivre ; car bientôt, il souffre des côtes ; les pieds et les cuisses suivent et s'atrophient de

1. L'auteur a énuméré sept fluxions du cerveau au ch. XI et il les reprend maintenant aux ch. XIII et XIV : c'est exactement ce qu'a fait l'auteur des *Lieux dans l'homme* aux ch. X-XXII, mais de manière beaucoup plus développée. C'est une raison de penser que notre auteur connaît les *Lieux dans l'homme*. L'ordre et la description des fluxions ne sont pas toujours les mêmes, mais, d'une part, l'auteur du *Système des glandes* peut modifier volontairement tel détail ; et d'autre part, l'ordre n'est pas identique non plus ici-même aux ch. X et XIII.

XIII. **1** Ἄλλος ῥόος ἐπ' ὀφθαλμούς, ὀφθαλμίαι, καὶ οἰδέουσιν αἱ ὄψιες. Εἰ δὲ ἐπὶ ῥῖνας ὁ κατάρροος, ὀδάξονται μυκτῆρας, καὶ ἄλλο οὐδὲν δεινόν · αἵ τε γὰρ ὁδοὶ τούτων εὐρέαι καὶ ἱκαναὶ τιμωρεῖν σφίσι · πρὸς δὲ καὶ ἀσύστροφον τὸ ἀπιὸν αὐτῇσι. **2** Τὰ δὲ ὦτα σκολιὸς μὲν πόρος καὶ στεινός · ὁ δ' ἐγκέφαλος πλησίον αὐτοῦ αὐτοῖσιν ἐμπιέζεται · νοσέων δὲ τὴν νοῦσον ταύτην, τὰ πολλὰ ἀποκρίνει κατὰ τὸ οὖς ἀπὸ τῆς πυκινῆς ῥοῆς ⟨καὶ⟩ ἀνὰ χρόνον κεχώρισταί τε καὶ ῥεῖ δυσῶδες πῦον. Οὕτως ἐς τὰ ἔξω δῆλοι τῷ ὀφθαλμῷ ῥόοι καὶ οὐ πάμπαν θανατώδεις.

XIV. **1** Ἢν δὲ ὀπίσω [τὸ ῥεῦμα] ἴῃ δι' ὑπερῴης τὸ ἀφικόμενον φλέγμα ἐς τὴν κοιλίην, ῥέουσι μὲν καὶ αἱ κοιλίαι τούτων, νοσέουσι δὲ οὔ · ἀναμένοντος κάτω τοῦ φλέγματος, εἰλεοί καὶ πάθη χρόνια · ἄλλοισι δι' ὑπερῴης ἐπὶ φάρυγγα, ἢν πολὺ ῥυῇ καὶ ἐπὶ πολύ, αἱ νοῦσοι φθινάδες · κορίσκονται γὰρ τοῦ φλέγματος οἱ πλεύμονες καὶ γίνεται | τὸ πῦον · τοῦτο διεσθίει τοὺς πλεύ- 570
μονας, καὶ οἱ νοσέοντες οὐ ῥήϊον περιγίνονται · καὶ ἡ γνώμη τοῦ ἰητροῦ, καὶ ἢν ἀγαθὸς καὶ ἢν ἀγχίνους, τὰ πόλλ' ἀσυνετεῖ τῆς προφάσιος. **2** Ἄλλη νοῦσος διὰ φλεβῶν ἐπὶ νωτιαῖον ἀπὸ καταρρόου κεφαλῆς · ἀΐσσει δὲ ἐντεῦθεν ἐπὶ ἱερὸν ὀστέον, ἄγων τὴν ἐπιρροὴν ὁ νωτιαῖος, καὶ ἐναπέθετο τῇσι κοτύλῃσι τῶν ἰσχίων · [ἰσχία] καὶ ἢν ποιῇ φθίσιν, [καὶ] μαραίνεται ὁ ἄνθρω-

1 ὀφθαλμίαι del. Erm. ‖ 3 μυκτῆρες Foes ‖ 4 εὐρέαι Erm. : εὐρέες V ‖ 5 ὦτα Joly : οὔατα V ‖ 7 αὐτοῦ Joly : αὐτέου V ἐὼν Erm. ‖ νοσέων edd. : νοσέω V νοσέοντος Erm. ‖ 8 κατὰ Li. : καὶ V Erm. ‖ 9 καὶ add. Erm. ‖ κεχώρισταί Erm. : ὥρισταί V ὤρισταί Li. ‖ 12 τὸ ῥεῦμα seclusi ‖ ἴῃ Erm. : ᾖ V ‖ 14 post ἀναμένοντος add. δὲ Zwing.[m] (ἀλλὰ μένοντος Erm.) ‖ 15 καὶ Joly : τὰ V ‖ 17-18 πλεύμονες Joly : πν- V ‖ 18 post. γίνεται add. ὁ V ‖ 18-19 πλεύμονας Joly : πν- V ‖ ῥήϊον Joly : ῥαῖον V ‖ 20 ἀγχίνοος V ‖ 21 πόλλ' ἀσυνετεῖ Joly : πολλ' ἀξ- Li. πολλὰ ξυνετέει V ‖ Ἄλλη Zwing. : ἀλλ' ἡ V ‖ 23 ἀΐσσει edd. : αἴσει V ‖ ἐντεῦθεν Erm. : ἐνταῦθα V ‖ 23-24 ἄγοντος... τοῦ νωτιαίου Erm. ‖ 25 ἰσχία del. Erm. ‖ sec. καὶ del. Lind. Erm.

plus en plus complètement, tout en étant soignés très longtemps. De la sorte, le malade perd la parole et meurt. Voilà ce que j'avais à dire sur les fluxions provenant de la tête[1].

Autres affections du cerveau.

XV. **1** Il y a d'autres affections et maladies du cerveau, des délires, des transports : tous fort dangereux. Le cerveau souffre et les glandes aussi[2]...

Les seins.

XVI. **1** Les glandes à la poitrine sont appelées seins. Ils se développent chez qui donne du lait et ne se développent pas chez qui n'en donne pas. Les femmes ont du lait, les hommes n'en ont pas. Chez les femmes, la constitution des glandes est fort lâche, comme dans le reste du corps ; et les seins changent en lait la nourriture qu'ils attirent à soi. C'est de la matrice que provient aux seins ce qui est destiné à l'alimentation de l'enfant après l'accouchement ; aliment que l'épiploon, à l'étroit du fait du fœtus, extrait par sa pression et fait passer aux parties supérieures[3]. **2** Chez les mâles, la minceur et le caractère compact du corps concourent grandement à empêcher que les glandes ne soient grosses. En effet, le mâle est compact et comme une étoffe serrée, soit à l'œil soit au toucher ; la femelle, par contre, est lâche, spongieuse et comme une laine, soit à l'œil soit au toucher ; de la sorte, ce qui est lâche et mou ne laisse pas partir

1. Autre cas typique de conclusion archaïque ; dans le même sens, le καί- *Styl* est nettement sensible dans ce chapitre. — L'œuvre comporte deux μοι (ici et en x, 1), beaucoup plus discrets que le § VII, 1, visé p. 108.

2. La fin du chapitre est corrompue et n'a pu encore être amendée. A. Thivel est peut-être sur la voie : il se demande si σύνοδος n'est pas l'altération de συνῳδός. Le cerveau, selon cette métaphore, ferait écho aux affections du corps.

3. Les idées de ce chapitre sont communes à l'époque. Que l'aliment de l'enfant vienne aux seins de la matrice est affirmé aussi en *Nature de l'enfant*, ch. XXI, avec mention de l'épiploon à la fin du § 2 (mon édition, p. 67 et p. 68, n. 1) ; voyez aussi mon *Niveau de la science hippocratique*, Paris, Les Belles Lettres, 1966, p. 66.

πος ὧδε καὶ ὧδε καὶ ζώειν οὐκ ἐθέλει· ταχὺ γὰρ πονεῖ τὴν σπάθην, καὶ ἄμφω τὼ πόδε καὶ μηρὼ παρέπονται, καὶ αἰεὶ τελέως ὄλλυνται χρόνῳ πολλῷ μελεδαινόμενοι, καὶ οὕτως ἀπηύδηκε καὶ θνῄσκει. Ταῦτά μοι περὶ ῥόων ἀπὸ κεφαλῆς εἴρηται.

XV. **1** Καὶ πάθεα ἐγκεφάλου καὶ ἄλλαι νοῦσοι, παραφροσύναι καὶ μανίαι, καὶ πάντα ἐπικίνδυνα, καὶ πονεῖ ὁ ἐγκέφαλος καὶ αἱ ἄλλαι ἀδένες· † ἔχει γὰρ καὶ τόνον καὶ ἄλλη σύνοδος ἐνταῦθα πάλιν τοῦ σώματος. †

XVI. **1** Ἀλλὰ καὶ ἀδένες ἐν τοῖσι στήθεσι μαζοὶ καλέονται, καὶ | δὴ ἀείρονται γάλα ποιέουσι· τοῖσι 572
δὲ οὐ ποιέουσι γάλα, ⟨οὔ⟩· ποιέουσι μὲν αἱ γυναῖκες, οἱ δὲ ἄνδρες οὐ ποιέουσι. Τῇσι μὲν γυναιξὶν ἀραιή τε ἡ φύσις κάρτα τῶν ἀδένων, ὥσπερ τὸ ἄλλο σῶμα, καὶ τὴν τροφήν, ἥντινα ἕλκουσιν ἐπὶ σφέας, ἀλλοιοῦσιν ἐς τὸ γάλα· καὶ ἀπὸ τῆς μήτρης παραγίνεται ἐπὶ τοὺς μαζοὺς ἐς τὴν μετὰ τὸν τόκον τῷ παιδίῳ τροφήν, ἥν τινα ἀποπιέζει καὶ ὑπερβάλλει τὸ ἐπίπλοον ἐς τὰ ἄνω, στενοχωρεόμενον ὑπὸ τοῦ ἐμβρύου. **2** Τοῖσι δὲ ἄρσεσι καὶ ἡ στενοχωρίη καὶ ἡ πυκνότης τοῦ σώματος μέγα συμβάλλεται μὴ εἶναι μεγάλας τὰς ἀδένας· τὸ γὰρ ἄρσεν ναστόν ἐστι καὶ οἷον εἶμα πυκνὸν καὶ ὁρέοντι καὶ ἐπαφωμένῳ· τὸ δὲ θῆλυ ἀραιὸν καὶ χαῦνον καὶ οἷον εἴριον ὁρέοντι καὶ ἐπαφωμένῳ· ὥστε τὴν ὑγρα-

1 pr. ὧδε V : ὅδε edd. del. Erm. ‖ 2 ἄμφω V : ἅμα edd. ‖ 4 οὕτως Corn. : ουτο V ‖ ἀπηύδηκε edd. : ἀπήνδηκε V ἀπήνθηκε Corn. ‖ περὶ edd. : om. V ‖ 12 δὴ ἀείρονται Zwing.[m] Erm. : διείρονται V διαίρονται Li. ‖ τοῖσι Erm. (τοῖς) : οἷς V ‖ 13 οὔ add. Li. ‖ 15 κάρτα Zwing.[m] Erm. : καὶ κατὰ V κατὰ Li. ‖ καὶ V : εἰ Erm. ‖ 19 ἐπίπλοιον V ‖ τὰ V : τὸ Erm. ‖ 20 ἄρρεσι V edd. ‖ 21-22 μέγα συμβ- Zwing.[m] : μετασυμβ- V ‖ 22 μὴ V : ἐς τὸ μὴ Erm. ‖ 23 ἄρρεν V ‖ ναστόν edd. : ἄστον V ‖ 24 et 25 ἐπαφωμένῳ Erm. : -φομένῳ V ‖ 24 ἀραιὸν edd. : ἀρεὸν V ‖ 25 οἷον εἴριον Li. : οἱονειρίον V.

l'humidité ; au lieu que le mâle n'en reçoit même pas, étant dense et inhospitalier ; de plus, la fatigue lui endurcit le corps, si bien qu'il n'a pas le moyen de prendre quoi que ce soit de superflu. Cet exposé montre que nécessairement la poitrine, les seins et le reste du corps sont spongieux et mous chez les femmes tant en raison de l'oisiveté que de ce qui a été dit, tandis que c'est le contraire chez les hommes[1].

Affections des seins.

XVII. **1** Les seins sont sujets aux abcès, aux tumeurs s'ils corrompent leur lait ; mais ils rendent les mêmes services que (les glandes) dont il a été question précédemment, en enlevant le superflu au reste du corps. La preuve en est chez les femmes à qui un sein a été enlevé, par maladie ou par quelque autre accident : la voix devient hardie ; des humeurs (se fixent) à l'arrière-gorge ; la femme a du ptyalisme, de la céphalalgie et est malade à cause de cela : en effet, le lait, venant de la matrice et fluant comme précédemment vers les parties supérieures, mais n'ayant plus de vaisseaux propres, se porte aux parties essentielles du corps, au cœur, au poumon, et (les femmes) succombent suffoquées.

1. Longue conclusion de style archaïque. On n'écrivait plus ainsi en plein ɪᴠᵉ siècle et l'idée d'un faussaire imitant consciemment les particularités de la prose archaïque et de la composition circulaire ne me paraît absolument pas plausible.

σίην οὐ μεθίησι τὸ ἀραιὸν καὶ μαλακόν · τὸ δὲ ἄρσεν οὐκ ἄν τι προσδέξαιτο, πυκνόν τε ἐὸν καὶ ἀστεργές, καὶ ὁ πόνος κρατύνει αὐτοῦ τὸ σῶμα, ὥστε οὐκ ἔχει δι' οὗ λήψεταί τι τῶν περισσῶν. Οὕτως ἀναγκάζει ὅδε ὁ λόγος καὶ στήθεα καὶ μαζοὺς καὶ τὸ ἄλλο σῶμα τῇσι γυναιξὶ χαῦνα καὶ μαλακὰ εἶναι καὶ διὰ τὴν ἀργίην καὶ διὰ τὰ προειρημένα · τοῖσι δὲ ἀνδράσι τὰ ἐναντία.

XVII. **1** Ποιέουσι καὶ μαζοὶ φύματα, φλεγμονάς, τὸ γάλα ἀποσή|ποντες · ἀγαθὰ δὲ ἔχουσι τοῖσιν ἔμ- 574
προσθεν ὅμοια · ἀποστερίζουσι τὴν πλεονεξίην τοῦ ἄλλου σώματος. Μαρτύριον τῇσι γυναιξὶν ᾗσιν ἀφαιρεῖται νούσῳ ἢ ἄλλῃ τινὶ συμφορῇ μαζός · καὶ ἡ φωνὴ θρασέα, καὶ ὑγρὰ ἐς στόμαχον, καὶ πτυελίζουσι, καὶ τὴν κεφαλὴν ἀλγέουσι, καὶ ἀπὸ τῶνδε νοσέουσιν · ἰὸν γὰρ ἀπὸ τῆς μήτρης καὶ ἐπιρρέον τὸ γάλα, ὥσπερ μεθίετο καὶ ἔμπροσθεν ἐς τὰ ἄνω [τεύχεα], τὰ οἰκεῖα οὐκ ἔχον τεύχεα, συντυγχάνει τοῖσι κυρίοισι τοῦ σώματος, καρδίῃ, πλεύμονι, καὶ ἀποπνίγονται.

1 ἀρεὸν V ‖ μαλθακόν V ‖ 2 τι Erm. : τὸ V ‖ 5 ὁ om. V ‖ 12 νούσῳ—συμφορῇ edd. : νοῦσος ἢ ἄλλη τις ξυμφορὰ V ‖ 13 θρασεῖα V ‖ εἰς V ‖ 15 μήτρης Zwing. : μητρὸς V ‖ μεθίετο Joly μετίετο Erm. : μεθίῃ V μεθίει Li. ‖ 16 τεύχεα seclusi ‖ τὰ del. Erm. ‖ ἔχον Li. : ἔχων V ‖ 17 τεύχεα del. Erm. ‖ 17 κυρίοις V ‖ 18 πνεύμονι V ‖ post. ἀποπνίγονται praebet : — περὶ ἀδένων οὐλομελίης : — V.

NOTES COMPLÉMENTAIRES

Page 117, *ligne* 6 :

* J'avais songé à supprimer τράχηλος, mais je me rallie à l'avis d'A. Thivel : la reprise du sujet sans liaison est courante dans le style archaïque ; τὰ μόρια est accusatif de relation et αὑτοῦ a valeur de réfléchi.

Page 117, *ligne* 15 :

* Le sens concret d'un composé en -σις n'est pas un indice de date récente ; cf. *R. M. A.*, XI, 2 (θάλψις) et *Formation of the Mind* (Acta Congressus Madvigiani), Copenhague, 1958, p. 31 (T. B. L. Webster).

Page 117, *ligne* 20 :

* Je donne à φλεγμαίνω dans le *Système des glandes* le sens vague qu'il a en *Lieux dans l'homme.* La parenté des deux œuvres me paraît très probable sur d'autres points (cf. p. 111) ; d'autre part, en ce même paragraphe, φλεγμονή lui-même est défini par ὑγρόν.

Page 119, *ligne* 20 :

* J'avais d'abord condamné ces quelques mots, mais A. Thivel me convainc en leur faveur : il y a opposition entre les maladies somatiques, aux symptômes purement physiques et les maladies dues au cerveau, qui s'accompagnent de troubles psychiques.

Page 119, *ligne* 26 :

* Ἐνίοτε n'étant qu'une correction, même très ingénieuse, il s'impose de ne pas tirer d'argument chronologique, comme j'ai proposé de le faire pour d'autres œuvres de la *Collection* : *Indices lexicaux*..., in *Corpus Hippocraticum*, p. 141 sqq.

Page 120, *ligne* 8 :

* Les formes ὦτα et οὔατα paraissent toutes deux bien attestées en ionien, mais l'alternance des deux formes ne me paraît plus vraisemblable dans une même œuvre. Le présent traité atteste une fois ὠτός et deux fois οὔατα. J'uniformise en faveur des formes ὦτα, avec l'argument suivant : dans les *Lieux dans l'homme*, seules ces formes sont attestées, onze fois, avec le témoignage supplémentaire du *Parisinus.* D'une façon générale, le *Vaticanus* ne me paraît pas un

fort bon témoin du point de vue dialectologique. C'est pourquoi, en *Chairs*, je corrige aussi deux formes οὔατα, alors que là, il n'y a pas alternance. Mon option est évidemment discutable : c'est un des multiples cas où le philologue ne peut être que très perplexe entre un dialecte trop peu connu et une tradition manuscrite tiraillée en sens divers.

Page 120, *ligne* 30 :

* Il semble ici que deux fluxions distinctes au ch. XI n'en forment plus qu'une seule.

INDEX VERBORVM

Δ

E

Z

H

Θ

Π

Ρ

Σ

DES FISTULES
DES HÉMORROÏDES

NOTICE

Les textes assez brefs *Des fistules* et *Des hémorroïdes* sont certainement d'un même auteur : même esprit, même facture, même vocabulaire, mêmes formules assez typiques, que le lexique commun permettra de retrouver aisément.

Qu'ils forment une seule œuvre est également probable, encore qu'il reste une autre possibilité : ce pourrait en être deux fragments d'une œuvre plus vaste et perdue. Je n'ai donc pas réuni les deux textes en un seul ensemble à numérotation continue ; le cas est tout de même moins clair que celui du *Fœtus de huit mois*[1].

On édite traditionnellement les *Fistules* à la suite des *Hémorroïdes*, mais je pense que c'est une erreur.

L'ordre inverse a paru avoir contre lui que les *Fistules* commencent par Σύριγγες δὲ... Mais ce ne serait pas du tout la seule œuvre à présenter un tel début : le *Fœtus de huit mois*, pour ne pas sortir de la *Collection* hippocratique, est dans ce cas, quelle que soit la solution que l'on adopte pour la structure de ce traité[2], et aussi le *Système des glandes*.

On a relevé en *Fistules*, IV, 4 une référence aux *Hé-*

1. Érotien semble ne compter qu'une seule œuvre : du moins cite-t-il θαμινά comme se trouvant dans les *Hémorroïdes*, alors que ce terme ne se trouve qu'en *Fistules*, VII, 1 ; cf. E. Nachmanson, *Erotianstudien*, p. 333, n.

2. Si on commence par le ch. IX Littré, avec H. Grensemann, on a comme début : Τῇσι δὲ γυναιξὶν ; si on préfère le chapitre X, avec J. Jouanna, on aura : Περὶ δὲ ὀκταμήνου ; si on retient la solution traditionnelle, qui est la mienne, on aura : Οἱ δὲ ἑπτάμηνοι. Cf. en dernier lieu R. Joly, *La structure du Fœtus de huit mois*, in *L'Antiquité classique*, 45, 1976, p. 173-180.

morroïdes, mais ce bout de phrase n'implique en rien que les *Hémorroïdes* précèdent les *Fistules* : ce pourrait tout aussi bien être une anticipation ou une référence beaucoup plus vague.

Par contre, en *Hémorroïdes*, III, 5, on trouve une référence formelle à un texte antérieur : Τὸ δὲ φάρμακον ὃ εἶπον. Comme il s'agit d'un remède et que c'est le premier dont il est question en *Hémorroïdes*, la référence doit nécessairement viser un autre texte. Foes a signalé que la fin du chapitre III des *Fistules* convient mieux que tout autre.

L'argument n'est certes pas décisif puisqu'on doit compter aussi avec la possibilité d'une référence à un texte perdu. Il y a là cependant une probabilité indéniable.

L'ordre des manuscrits, enfin, est invariablement *Fistules-Hémorroïdes*, ce qui permet de remonter, à travers ses copies, au *Marcianus* 269. Il ne conviendrait d'abandonner cet ordre qu'en présence d'un argument contraignant : ce n'est pas le cas.

L'auteur appartient à l'école de Cnide, comme Ermerins l'a bien vu[1]. La pharmacopée est tout à fait conforme à celle des traités cnidiens, avec mention même du grain de Cnide[2]. L'étiologie humorale avec le couple bile-phlegme, est fort typique, elle aussi ; mais le trait le plus spécifique est peut-être l'emploi du verbe καταστηρίζω[3]. On trouvera dans les notes d'autres rapprochements.

Je ne vois aucune raison de croire que *Fistules* et *Hémorroïdes* sont des textes plutôt récents : ils doivent dater de la fin du ve ou du début du ive siècle.

1. *Op. laud.*, t. III, p. 287.
2. *Fistules*, VII, 2.
3. Sur ce verbe, cf. Jouanna, *Archéologie*, p. 294, n. 1 ; sur στηρίζω, t. XI de la présente édition, p. 110, n. 1.

* * *

Ces deux opuscules sont indûment méconnus. Je n'hésite pas, pour ma part, à y voir un des plus beaux fleurons de l'école de Cnide. L'auteur, qui s'adresse à des médecins, est un homme plein d'expérience ; il s'exprime avec clarté et précision, et il a plusieurs réflexions savoureuses, dont cette notation psychologique qui révèle à la fois son métier et son humanité : « Bavardez avec le patient pour que l'opération lui échappe »[1].

Il faut oser comparer ces textes aux *Articulations* et aux *Fractures*, dont c'est le digne pendant à Cnide et à propos d'une matière médicale, il faut le souligner, plus délicate. Les techniques décrites dans le traitement des fistules, plus complexes que celles qui concernent les hémorroïdes, sont telles qu'un spécialiste d'aujourd'hui y reconnaît encore beaucoup plus que les rudiments de son art. Rien ne nous affirme, bien entendu, que notre auteur les ait inventées, mais cela est vrai aussi pour l'auteur des *Articulations-Fractures*.

Seule, au fond, la brièveté de ces textes et la polarisation de la critique sur quelques œuvres de la *Collection* expliquent l'oubli qui est tombé sur cette œuvre, laquelle mérite beaucoup mieux.

Je remercie vivement le Dr L. Musin, spécialiste des voies digestives, qui a bien voulu lire ces textes et m'éclairer sur leur portée médicale.

* * *

Le texte ne se trouve que dans les *recentiores*, les descendants du *Marcianus* 269 qui, heureusement, a été recopié avant d'être mutilé.

Dans une telle situation, les manuscrits de base sont

1. *Hémorroïdes*, IV, 1, fin ; et aussi *ibid.*, II, 3.

le *Parisinus* 2140, du XIIIe siècle (folios 338 v°-341 r°), le *Vaticanus* 277, du XIVe siècle, (folios 387 r°-390 v°) et aussi le *Parisinus* 2142, qui contient *Fistules* et *Hémorroïdes* dans sa partie récente, du XIVe siècle (folios 456 r°-459 r°). Ce sont, en effet, les trois manuscrits les plus proches du *Marcianus* selon les études récentes [1].

J'ai disposé pour ces trois manuscrits de photocopies et vérifié quelques détails à la Bibliothèque Nationale de Paris. Pour le *Vaticanus*, j'ai demandé et obtenu de la Bibliothèque Vaticane quelques précisions très utiles.

Je note la leçon du *Parisinus* 2142 presque uniquement lorsqu'elle me paraît préférable ; je n'ai pas cru devoir noter ailleurs son accord plus fréquent avec le *Vaticanus* qu'avec le *Parisinus*, ce qui confirme ce qu'on savait déjà.

Aussi bien, le texte des *Fistules* et des *Hémorroïdes* s'est beaucoup mieux conservé que celui, par exemple, du *Système des glandes*, pour lequel nous avons cependant un manuscrit ancien.

La tradition indirecte paraît se limiter aux lexiques d'Érotien et de Galien. Mais Érotien n'apporte aucune amélioration à la tradition manuscrite [2] et Galien à peine un peu plus.

1. Cf. H. Grensemann, *Hippocratis De octomestri partu*, CMG I 2, 1, Berlin, 1968, p. 28.

2. Cf. Nachmanson, *Op. laud.*, p. 439.

CONSPECTVS SIGLORVM

I = Parisinus gr. 2140, saec. XIII.

I[1] = ipsius scribae correctio vel additio.

R = Vaticanus gr. 277, saec. XIV.

H = Parisinus gr. 2142, saec. XIV.

K = Parisinus gr. 2145, saec. XV.

codd. = codices deteriores plerique vel omnes.

edd. = editores plerique vel omnes.

Gal. = Galenus in Glossario.

Corn. = Cornarius, Frobeniana, 1538.

Foes. = Foesius, 1595 (Francfort).

Lind. = Van der Linden, 1665.

Kühn = Reed. Foes., Leipzig, 1825.

Li. = E. Littré, t. VI, 1849.

Erm. = F. Z. Ermerins, t. III, 1864.

DES FISTULES

Causes des fistules. I. **1** Les fistules proviennent de contusions et de tumeurs ; elles proviennent aussi du travail de la rame et de l'équitation, quand du sang s'amasse à la fesse, près du fondement ; en se corrompant, ce sang s'étend dans les parties molles, vu que le rectum est humide et la chair molle, jusqu'à ce que la tumeur éclate et corrompe le bas du rectum. Cela fait, il y a une fistule ; de la sanie s'en écoule et aussi des excréments, du gaz et beaucoup d'ordures. **2** Les contusions produisent la fistule quand un point de la région anale est contus, soit par un coup, soit par une chute, soit par une blessure, soit par l'équitation, soit par le travail de la rame[1], soit de toute autre façon analogue ; en effet, du sang se rassemble ; corrompu, il devient du pus qui trouve issue ; cette suppuration donne lieu aux mêmes accidents qu'il a été dit pour les tumeurs.

Incision à maturité. II. **1** D'abord, quand vous constatez qu'il se forme quelque tumeur de ce genre, il faut l'inciser aussitôt que possible, à l'état de crudité*, avant que la suppuration ne pénètre dans le rectum.

Technique du fil. III. **1** Si vous prenez en charge* un patient déjà porteur d'une fistule, prenez la tige creuse et fraîche d'un pied d'ail, couchez l'homme sur le dos, écartez les jambes l'une d'un côté, l'autre de l'autre, enfoncez la tige jusqu'à ce qu'il y ait obstacle, mesurez la profondeur de la fistule par cette tige ; coupez la racine de séséli aussi menu que possible, versez de l'eau et humectez pendant

1. La répétition de cette énumération à si peu de distance est un indice de composition archaïque, donc de date haute. H. Grensemann, *Knidische Medizin*, p. 205, compare cette énumération de causes à celle de *Steril.*, 217.

ΠΕΡΙ ΣΥΡΙΓΓΩΝ

I. **1** Σύριγγες δὲ γίνονται μὲν ὑπὸ φλασμάτων καὶ VI, 448
φυμάτων, γίνονται δὲ καὶ ὑπὸ εἰρεσίης, καὶ ἱππασίης, ὅταν ἀθροισθῇ ἐν τῷ γλουτῷ αἷμα πλησίον τῆς ἕδρης· σηπόμενον γὰρ νέμεται ἐς τὰ μαλθακά, ἅτε ὑγροῦ ἐόντος τοῦ τε ἀρχοῦ καὶ τῆς σαρκὸς μαλθακῆς, ἐν ᾗ νέμεται, ἔστ' ἂν τὸ φῦμα ῥήξῃ καὶ κάτω ἐς τὸν ἀρχὸν διασήψῃ. Ἐπὴν δὲ τοῦτο γένηται, συριγγοῦται, καὶ ἰχὼρ ῥεῖ, καὶ κόπρος ῥεῖ δι' αὐτῆς καὶ φῦσα καὶ βδελυγμίη πολλή. **2** Ὑπὸ μὲν οὖν τῶν φλασμάτων γίνεται, ὁπόταν τι τῶν περὶ τὸν ἀρχὸν χωρίων φλασθῇ ὑπὸ πληγῆς, ἢ ὑπὸ πτώματος, ἢ ὑπὸ τρώματος, ἢ ἱππασίης, ἢ εἰρεσίης, ἢ ὅσα τοιουτότροπά ἐστι· συνίσταται γὰρ αἷμα· σηπόμενον δὲ ἐκπυΐσκεται· ὑπὸ δὲ τοῦ ἐκπυϊσκομένου πάσχει ἅπερ ἐπὶ τῶν φυμάτων εἴρηται.

II. **1** Πρῶτον μὲν οὖν ὅταν τι τοιοῦτον αἴσθῃ φυόμενον φῦμα, τάμνειν ὡς τάχιστα ὠμὸν πρὶν ἢ διαπυῆσαι ἐς τὸν ἀρχόν.

III. **1** Ἢν δὲ νοσέοντα ἤδη τὴν σύριγγα παραλάβῃς, λαβὼν σκορόδου φύσιγγα νεαρήν, ἀνακλίνας τὸν ἄνθρωπον ὕπτιον, τὰ σκέλεα διαγαγὼν τὸ μὲν ἔνθα, τὸ δὲ ἔνθα, τὴν φύσιγγα καθιέναι ἔστ' ἂν προσκόψῃ, μετρῆσαί τε τὸ βάθος τῆς σύριγγος τῇ φύσιγγι, καὶ σεσέλιος δὲ ῥίζαν κόψας ὡς λεπτοτάτην, ὕδωρ ἐπιχέας,

1 Ἱπποκράτους περὶ συρίγγων I π. σ. R ‖ 2 δὲ IR : del. Li. ‖ 3 εἰρεσίης IR : ἐρ- codd. Li. ‖ 6 τε del. Erm. ‖ 9 ἰχὼρ ῥεῖ K (-έει) : ἰχωρέει IR ‖ αὐτῆς Li. : ἑωυτῆς IR (ῥεῖ δι' αὐτῆς del. Erm.) ‖ 13 εἰρεσίης R : ἐρ- I ‖ 23 τε I : δὲ R ‖ 24 σεσέλιος R : -λεος I.

quatre jours. Le patient, ayant d'abord fait diète, boira trois cyathes de cette eau où du miel aura été mêlé. Pendant que vous y êtes, faites sortir aussi les ascarides. Les patients qu'on abandonne sans les traiter succombent. **2** Puis, humectez une fine toile de lin avec le suc du grand tithymalle, saupoudrez de fleur de cuivre grillée et pilée, faites une tente égale en longueur à la fistule, passez un fil par un bout de la tente et puis par la tige d'ail. Couchez le patient sur le dos ; examinez avec un spéculum la partie corrodée du rectum et faites passer la tige par là ; quand elle s'incurve dans le rectum, saisissez-la et attirez-la à vous jusqu'à ce que la tente ait pénétré et ait occupé la fistule de haut en bas. **3** Cela fait, mettez dans le rectum un suppositoire en corne enduit de terre pour nettoyage[1] et laissez en l'état. Quand le patient ira à la selle, il ôtera le suppositoire et le remettra, jusqu'à ce qu'on arrive au cinquième jour. Au sixième[2], tirez la tente hors de la chair et ôtez-la. Puis, pilez de l'alun, remplissez-en le suppositoire, mettez-le dans le rectum et laissez-l'y jusqu'à ce que l'alun devienne humide. Enduisez le rectum avec de la myrrhe jusqu'à ce que la cicatrisation paraisse accomplie[3].

« Technique de Kaufmann ».

IV. **1** Autre traitement[4]. Prenez un fil de lin écru, aussi fin que possible, d'un empan de long, pliez-le en cinq et joignez-y un crin de cheval. Puis, préparez une sonde d'étain percée à une extrémité ; introduisez dans ce trou de la sonde le bout du fil plié ; faites entrer la sonde dans la fistule et en

1. Galien, XIX, 139 K. explique σμηκτίδα γῆν par τὴν Κιμωλίαν. L'absence du ρ à σμηκτίδα est-elle plus qu'une erreur de Kühn? Sur la terre de Cimôlos, cf. Aristophane, *Grenouilles*, 713 et la note 1, p. 120, de l'édition des Belles Lettres.

2. Ce détail étonne beaucoup le spécialiste contemporain : en réalité, il faut quinze jours au moins.

3. La pharmacopée de ce paragraphe paraît aujourd'hui inutile ou fantaisiste.

4. Surtout en l'absence de manuscrits anciens, tous les sous-titres sont suspects. Il ne faut pas le perdre de vue, car je n'ai éliminé du texte que les moins acceptables d'entre eux.

βρέχειν τέσσερας ἡμέρας· καὶ προνηστεύσας πινέτω μέλιτι παραμίσγων τὸ ὕδωρ κατὰ τρεῖς κυάθους· ἐν τούτῳ κάθαιρε καὶ τὰς ἀσκαρίδας. Ὁπόσοι δ' ἂν καταλειφθέωσιν ἀθεράπευτοι, θνῄσκουσιν. **2** Ἔπειτα ὀθόνιον βύσσινον τιθυμάλλου ὀπῷ τοῦ μεγάλου δεύσας, καταπάσσων ἄνθος χαλκοῦ ὀπτὸν τετριμμένον, στροβίλην ποιήσας ἴσην τῇ σύριγγι τὸ μῆκος, | ῥάμμα διεὶς 450
δι' ἄκρης τῆς στροβίλης καὶ αὖτις διὰ τῆς φύσιγγος, ὕπτιον κατακλίνας τὸν ἄνθρωπον, κατοπτῆρι κατιδὼν τὸ διαβεβρωμένον τοῦ ἀρχοῦ, ταύτῃ τὴν φύσιγγα διεῖναι· καὶ ὁπόταν παρακύψῃ ἐς τὸν ἀρχόν, ἐπιλαμβανόμενος ἕλκειν, ἄρχις οὗ ἡ στροβίλη διωσθῇ καὶ ἰσωθῇ τῷ τε ἄνω καὶ τῷ κάτω· **3** ἐπὴν δὲ ἐσωσθῇ, βάλανον ἐνθεὶς κερατίνην ἐς τὸν ἀρχόν, γῇ διαχρίσας σμηκτρίδι, τὸν ἀρχὸν ἐᾶν· ἐπὴν δὲ ἀποπατῇ, ἐξαιρεῖν καὶ αὖτις προστιθέναι, ἕως ἂν πεμπταίη γένηται· ἕκτῃ δὲ ἡμέρῃ ἐξαιρεῖν, ἕλκων τὴν στροβίλην ἔξω τῆς σαρκός· καὶ τρίψαι στυπτηρίην μετὰ ταῦτα, καὶ πλήσας τὴν βάλανον καὶ ἐς τὸν ἀρχὸν ἐμβαλών, ἐᾶν ἄχρις οὗ ἡ στυπτηρίη ὑγρὴ γένηται· τὸν δὲ ἀρχὸν σμύρνῃ ἀλείφειν, ἄχρις οὗ ἂν δοκῇ συμπεφυκέναι.

IV. **1** Ἑτέρη θεραπείη· ὠμόλινον λαβὼν ὡς λεπτότατον, συμβάλλειν ὅσον σπιθαμιαῖον πεντάπλουν, καὶ συμπεριλαβεῖν ἱππείην τρίχα· ἔπειτα ποιησάμενος μήλην κασσιτερίνην ἐπ' ἄκρου τετρημένην, ἐνείρας ἐς τὴν μήλην τὴν ἀρχὴν τοῦ ὠμολίνου συμβεβλημένου, καθιέναι τὴν μήλην ἐς τὴν σύριγγα, καὶ ἅμα τῆς ἀριστερῆς

1 τέσσερας Joly : -αρας IR ‖ 2-4 ἐν τούτῳ — θνῄσκουσιν del. Erm. ‖ 5 βύσσινον I (sed sec. σ supra lin.) : βύσινον R ‖ τιθυμάλου R ‖ ὀπῷ H (-ῶ) : ὀποῦ R ὁποῦ I ‖ 8 ἄκρης Joly : -ας IR ‖ αὖτις Joly : -θις IR ‖ 12 ἰσωθῇ I : ἐσωσθῇ (sed sec. σ supra lin., eiusdem manus) R ‖ 15 αὖτις Joly : -θις IR ‖ 18 στυπτηρίην codd. edd. : -ίη IR ‖ 19 οὗ I : om. R ‖ 21 συμπεφυκέναι R (ξ.) : ξυμπεφωνηκέναι I ‖ 22 ἑτέρη θεραπείη ut titulus IR fortasse delendum ‖ 24 ποιησάμενον R ‖ 25 τετρημμένην I.

même temps, introduisez l'index de la main gauche dans le fondement ; **2** quand la sonde touche le doigt, amenez-la avec ce doigt au dehors, en courbant le bout de la sonde et le fil qui y est attaché. Retirez alors la sonde et faites deux ou trois nœuds avec les bouts du fil ; ce qui reste du fil sera roulé et maintenu contre le nœud par un bandage. Cela fait, vous direz au patient qu'il peut vaquer à ses affaires. **3** A mesure que, la fistule se corrodant, le fil se relâche, il faut le tirer et le rouler chaque jour régulièrement. Si le fil de lin pourrit avant que la fistule soit coupée, attachez au crin un autre fil que vous nouerez. En effet, le crin est joint au fil parce qu'il ne pourrit pas. Quand la fistule est coupée, taillez une éponge aussi mince que possible et appliquez-la ; **4** puis, introduisez dans la fistule, à l'aide de la sonde, beaucoup de fleur de cuivre grillée. Enduisez l'éponge de miel, placez-en le milieu sur l'index de la main gauche et enfoncez-la. Ajoutez une autre éponge et maintenez le tout avec la sorte de bandage dont on se sert pour les hémorroïdes[1]. Le lendemain, levant l'appareil, lavez avec de l'eau chaude, essuyez à l'aide de l'éponge, avec le doigt de la main gauche, nettoyez la fistule et appliquez de nouveau la fleur de cuivre. **5** Vous ferez cela pendant sept jours : c'est le temps qu'il faut pour corroder[2] la tunique de la fistule. Du reste, jusqu'à guérison[3], vous maintiendrez ce bandage. En effet, de cette façon, la fistule dilatée et étendue par l'éponge ne peut ni s'affaisser de nouveau ni guérir en un point, alors que le reste se remplirait de nouveau, mais elle

1. Il ne s'impose pas de voir ici une référence au traité *Des hémorroïdes* ; cf. notice, p. 133 sq.

2. Ἐκσήπομαι ne se retrouve dans la *Collection* qu'en *Mal. II*, 34 et *Affections*, 5 (cf. Jouanna, *Archéologie*, p. 283-284.)

3. Sur la correction de ὑγιανθῇ en ὑγιασθῇ, cf. N. Van Brock, *Recherches sur le vocabulaire médical du grec ancien*, Paris, 1961, p. 150 sqq. et l'Appendice VII, p. 269-271, et la n. 1, p. 116 du t. XI de la présente édition.

χειρὸς τὸν δάκτυλον τὸν λιχανὸν καθιέναι ἐς τὴν ἕδρην· **2** ἐπὴν δὲ ψαύσῃ ἡ μήλη τοῦ δακτύλου, ἄγειν ἔξω τῷ δακτύλῳ, ἀποκάμψας τῆς μήλης τὸ ἄκρον καὶ τὴν ἀρχὴν τὴν ἐν τῇ μήλῃ· καὶ τὴν μὲν μήλην πάλιν ἐξαιρεῖν, τοῦ δὲ ὠμολίνου τὰς ἀρχὰς ἀφάψαι δὶς ἢ τρίς· καὶ τὸ λοιπὸν τοῦ ὠμολίνου ἐπιστρέψας, ἐπιδῆσαι πρὸς τὸ ἅμμα· ἔπειτα κελεύειν ἀπελθόντα διαπρήσσεσθαι τὰ ἑωυτοῦ. **3** Ὁπόσον δή, σηπομένης τῆς σύριγγος χαλᾶται τοῦ ὠμολίνου, τοῦτο ἐπιτείνειν καὶ ἐπιστρέφειν αἰεὶ καθ' ἑκάστην ἡμέρην· ἢν δέ σοι τὸ ὠμόλινον διασαπῇ πρόσθεν ἢ τὴν σύριγγα διαβρωθῆναι, πρὸς τὴν τρίχα προσάψας ἕτερον ὠμόλινον διεῖναι καὶ ἀφάψαι (ἡ γὰρ θρὶξ διὰ τοῦτο παραβάλλεται | τῷ ὠμολίνῳ ὅτι 452
ἄσηπτός ἐστιν)· ἐπὴν δὲ διασαπῇ ἡ σύριγξ, τάμνεσθαι χρὴ σπόγγον μαλθακὸν ὡς λεπτότατον προστεθέντα· **4** ἔπειτα ἐς μὲν τὴν σύριγγα ἄνθος χαλκοῦ ὀπτὸν συχνὸν τῇ μήλῃ ἐνθεῖναι, τὸν δὲ σπόγγον ἀλεῖψαι μέλιτι, καὶ ὑποβαλὼν μέσον τῷ λιχανῷ δακτύλῳ τῆς ἀριστερῆς χειρὸς ὦσαι πρόσω, καὶ προσθεὶς ἕτερον σπόγγον ἀναδῆσαι τὸν αὐτὸν τρόπον, ὅν περ καὶ ἐπὶ τῇσιν αἱμορροΐσι· τῇ δὲ αὔριον ἀπολύσας, περινίψαι ὕδατι θερμῷ, καὶ σπόγγῳ τῷ δακτύλῳ τῆς ἀριστερῆς χειρὸς πειρᾶν διακαθαίρειν τὴν σύριγγα, καὶ αὖτις πάλιν τὸ ἄνθος ἐπιδῆσαι· **5** ταῦτα ποιεῖν ἑπτὰ ἡμέρας, ἐν ταύτῃσι γὰρ μάλιστα ὁ χιτὼν τῆς σύριγγος ἐκσήπεται· τὸ δὲ λοιπόν, ἔστ' ἂν ὑγιασθῇ, τούτῳ ἐπιδεῖν· κατὰ γὰρ τοῦτον τὸν τρόπον ὑπὸ τοῦ σπόγγου διαναγκαζομένη καὶ ἀναπτυσσομένη ἡ σύριγξ οὔτε πάλιν συμπέσοι ἂν οὔτε τὸ μὲν αὐτῆς ὑγιασθείη ἄν, τὸ δὲ πάλιν συμπληρωθείη,

8 post ἑωυτοῦ in marg. ἑτέρη θεραπείη R ‖ 10 ἀεὶ IR ‖ 18 μέσον Vidus Vidius : μέσῳ IR ‖ 20 αὐτὸν Li. : ἑωυτὸν IR ‖ 21 περινίψαι Li. : περιθεῖναι IR ‖ 22 σπόγγῳ del. Erm. ‖ 23 αὖτις Joly : -θις IR ‖ 24 ταύτῃσι codd. : -ταισι IR ‖ 26 ὑγιασθῇ Erm. : -ανθῇ IR ‖ 29 ὑγιασθείη Erm. : -ανθείη IR.

sera saine tout entière[1]. Dans ce traitement, il faut faire d'abondantes affusions d'eau chaude et imposer une diète sévère.

Fistule borgne.

V. **1** Si la fistule n'a pas pénétré*, introduisez la sonde et incisez jusqu'où elle est arrivée. Saupoudrez de fleur de cuivre que vous laisserez pendant cinq jours. Faites des affusions avec de l'eau chaude ; pétrissez de la farine d'orge avec de l'eau et appliquez-la par-dessus ; maintenez des feuilles de bette avec un bandage. Quand la fleur de cuivre tombe et que la plaie de la fistule est nettoyée, traitez comme dans le cas précédent.

Traitement par injection.

VI. **1** Si la fistule est dans un lieu qu'il n'est pas possible d'inciser*, et qu'elle soit profonde, prenez de la fleur de cuivre, de la myrrhe et du nitre ; délayez-les dans de l'urine et injectez cette préparation en plaçant une tige de plomb dans l'orifice de la fistule, afin qu'elle ne se referme pas. L'injection se fait avec le tuyau d'une plume qu'on a attaché à une vessie et qu'on introduit dans la fistule : on n'a plus alors qu'à mener à bien l'injection. Le patient ne guérit pas à moins d'une incision*.

Inflamation du rectum.

VII. **1** Si le rectum s'enflamme, s'il y a douleur, fièvre et envie fréquente d'aller à la selle, mais sans effet*, s'il semble qu'à cause du phlegme, le fondement sorte au dehors, et si parfois il survient de la dysurie, cette maladie naît quand du phlegme, venant du corps, se fixe sur le rectum. Les applications chaudes conviennent, car elles peuvent atténuer, fondre le phlegme et faire sortir en eau l'âcreté en même temps que l'humeur salée, de sorte qu'il n'y ait plus dans l'intestin ni inflammation ni mordication. **2** Il faut donc traiter ainsi cette maladie : faites prendre au patient un bain de siège chaud. Écrasez soixante grains de Cnide*, délayez-les dans une

1. C'est la mèche, le drain qui évite les irrégularités de la fistule

ἀλλ' ἐν ἑωυτῇ πᾶσα ὑγιὴς ἔσται. Ἐν τῇ θεραπείῃ δὲ προσαιονᾶν ὕδατι πολλῷ θερμῷ καὶ λιμοκτονεῖν.

V. **1** Ἢν δὲ μὴ διαβεβρώκῃ ἡ σύριγξ, προμηλώσας μήλῃ, τάμνε ἕως ἂν διέλθῃ, καὶ ἐπίπασσε ἄνθος χαλκοῦ, καὶ ἐᾶν ἐπὶ πέντε ἡμέρας· κατάχει δὲ ὕδωρ θερμόν· καὶ ἐπάνω ὕδατι φυρῶν ἄλφιτον κατάπασσε, καὶ φύλλα σεύτλων ἐπίδει· ἐπὴν δὲ ἐκπέσῃ τὸ ἄνθος τοῦ χαλκοῦ καὶ καθαρὸν ᾖ τὸ ἕλκος τῆς σύριγγος, ἰῶ ὥσπερ τὴν ἔμπροσθεν.

VI. **1** Ἢν δὲ ἐν χωρίῳ ᾖ, ὃ μὴ οἷόν τε τάμνειν, βαθέα δὲ καὶ ἡ σύριγξ, ἄνθει χαλκοῦ καὶ σμύρνῃ καὶ νίτρῳ οὔρῳ διεὶς κλύζειν καὶ ἐς τὸ στόμα τῆς σύριγγος μολίβδιον ἐντιθέναι, ὅπως μὴ συμφύηται· κλύζειν δὲ πτεροῦ σύριγγα προσδήσας πρὸς κύστιν, καὶ | καθεὶς ἐς 454
τὴν σύριγγα, πρὸς τοῦτο διάγειν κλύζων. Ὑγιὴς δὲ οὐ γίνεται, ἢν μὴ τμηθῇ.

VII. **1** Ἢν ὁ ἀρχὸς φλεγμήνῃ, καὶ ὀδύνη ἔχῃ καὶ πυρετός, καὶ ἐς ἄφοδον θαμινὰ καθίζῃ, καὶ μηδὲν ὑποχωρῇ, καὶ ὑπὸ τοῦ φλέγματος δοκῇ ἐξιέναι ἡ ἕδρη, καὶ ἐνίοτε στραγγουρίη ἐπιλαμβάνῃ, τοῦτο τὸ νόσημα γίνεται, ὅταν φλέγμα ἐς τὸν ἀρχὸν καταστηρίξῃ ἐκ τοῦ σώματος. Συμφέρει δὲ τὰ θερμά· δύναται γὰρ τάδε προσφερόμενα λεπτύνειν καὶ ἐκτήκειν τὸ φλέγμα, καὶ ἅμα τῷ δριμεῖ τὸ ἁλμυρὸν ἐξυδατοῦν, ὥστε μὴ εἶναί τι καῦμα μηδὲ δῆξίν τινα ἐν τῷ ἐντέρῳ. **2** Θεραπεύειν οὖν χρὴ ὧδε· καθίζειν ἐς ὕδωρ θερμόν, καὶ τρίψαντα τοῦ κόκκου τοῦ Κνιδίου ἑξήκοντα κόκκους διεῖναι ἐν οἴνου κοτύλῃ

4 τάμνε Joly : τέμνε IR ‖ 7 σεύτλων Erm. : τ. IR ‖ 10 τάμνειν H² : om. IR ‖ βαθείη IR ‖ 11 νίτρῳ R : λ. I ‖ 12-13 μολίβδιον R : μολύ- I ‖ 17 ἔχῃ : ἔχει Lind. Erm. (cum indicativo usque ad ἐπιλαμβάνῃ) ‖ 23-24 τῷ δριμεῖ R edd. : τὸ δριμὺ IR¹ supra lineam ‖ 24 τι Erm. : τὸ IR ‖ 25 post ἐντέρῳ add. titulum θεραπεία R in marg. I.

cotyle de vin et une demi-cotyle d'huile, faites chauffer le mélange et administrez en lavement. Cela évacue le phlegme et les excréments. Quand vous ne faites pas prendre un bain de siège, prenez des œufs cuits dans du vin rouge qui a du bouquet et appliquez-les sur le fondement, en étendant par dessous quelque chose de chaud ou une vessie remplie d'eau chaude ; ou bien en appliquant aussi chaud que possible un cataplasme de graine de lin grillée, moulue, pilée et mélangée avec autant de farine de blé dans de l'huile et du vin rouge ayant du bouquet ; **3** ou bien, mélangeant soit de l'orge, soit de l'alun d'Égypte pilé, appliquez-les en cataplasme et faites des fomentations. Puis faites un suppositoire long et, en le chauffant au feu, donnez-lui la forme avec les doigts ; alors, introduisez-le bien chaud dans le fondement ; enduisez les parties extérieures avec du cérat et appliquez un cataplasme fait d'ail cuit dans du vin rouge coupé d'eau. **4** Après avoir retiré le suppositoire, faites prendre un bain de siège chaud ; et, mélangeant du suc de morelle, de la graisse d'oie et de porc, de la chrysocolle, de la résine et de la cire blanche, puis faisant fondre le tout ensemble en mélangeant, enduisez la partie avec cette préparation. Tant que durera l'inflammation, appliquez un cataplasme d'ail chaud. Si ces moyens enlèvent la douleur, cela suffit ; sinon, faites prendre[1] le pavot blanc ou toute autre substance qui évacue le phlegme. Tant qu'il y aura inflammation, le patient sera aux potages légers.

Dysurie.

VIII. **1** La dysurie[2] survient pour ces raisons : la vessie, échauffée par le rectum, attire le phlegme par sa chaleur, et le phlegme produit la dysurie. Si elle cesse avec la maladie (et c'est ce qui arrive le plus ordinairement), c'est bien ; sinon, donnez les remèdes pour la dysurie.

1. Le verbe πιπίσκω, rare dans les œuvres de Cos, est fréquent par contre dans les œuvres cnidiennes (cf. H. Grensemann, *Op. laud.*, p. 73-74). Pour la syntaxe καὶ ἢν μέν... εἰ (ou ἢν) δὲ μή,..., cf. les cas rassemblés par J. Jouanna, *Archéologie*, p. 284, n. 3 ; ils se trouvent en *Maladies II*, 12 sqq. et en *Affections*.

2. Je remplace « strangurie » par « dysurie », car le premier terme est tombé en désuétude.

καὶ ἐλαίου ἡμικοτυλίῳ, χλιήνας, κλύσον. Ἄγει δὲ ταῦτα φλέγμα καὶ κόπρον. Ὅταν δὲ μὴ ἐν τῷ ὕδατι καθίζῃ, ᾠὰ ἑψήσας ἐν οἴνῳ μέλανι εὐώδει προστιθέναι πρὸς τὴν ἕδρην, ὑποπετάσας τι κάτωθεν θερμόν, ἢ κύστιν ὕδατος θερμοῦ πλήσας, ἢ λίνου σπέρμα πεφωσμένον ἀλέσας, τρίψας καὶ μίξας ἴσον ἄλητον ἐν οἴνῳ μέλανι καὶ εὐώδει καὶ ἐλαίῳ, καταπλάσσειν ὡς θερμότατον· **3** ἢ κριθὰς μίξας, ἢ στυπτηρίην Αἰγυπτίην τετριμμένην, καταπλάσσειν τε καὶ πυριῆν· ἔπειτα πλάσας βάλανον μακρήν, καὶ χλιαίνων πρὸς πῦρ, τοῖσι δακτύλοισι προσπλάσσειν· ἔπειτα ἀκροχλίερον ποιέων, ἐντιθέναι ἐς τὴν ἕδρην· τὰ ἔξωθεν δὲ κηρωτῇ περιαλεῖψαι, καὶ καταπλάσσειν σκορόδοισιν ἑφθοῖσιν ἐν οἴνῳ μέλανι κεκρημένῳ. **4** Ἐπὴν δὲ ἐξαιρῇς, ἐς ὕδωρ θερμὸν ἐφίζειν, καὶ συμμίξας χυλὸν στρύχνου καὶ χηνὸς καὶ ὑὸς στέαρ καὶ χρυσόκολλαν καὶ ῥητίνην καὶ κηρὸν λευκόν, ἔπειτα διατήξας ἐν τῷ αὐτῷ καὶ συμμίξας, τούτοισιν ἐγχρίειν, καὶ ἕως ἂν φλεγμαίνῃ, | καταπλάσσειν τοῖσι σκορό- 456 δοισι θερμοῖσι. Καὶ ἢν μὲν πρὸς ταῦτα ἀπαλλάσσηται τῆς ὀδύνης, ἀρκείτω· ἢν δὲ μή, πίσαι τὸ μηκώνιον τὸ λευκόν· εἰ δὲ μή, ἄλλο ὅ τι φλέγμα καθαίρει· διαιτᾶν δέ, ἕως ἂν φλεγμαίνῃ, ῥυφήμασι κούφοισιν.

VIII. **1** Ἡ δὲ στραγγουρίη ἐπιπίπτει ἐκ τῶνδε· θερμαινομένη ἡ κύστις ἐκ τοῦ ἀρχοῦ προσάγεται τῇ θερμότητι φλέγμα· ὑπὸ δὲ τοῦ φλέγματος στραγγουρίη γίνεται. Ἢν μὲν οὖν ἅμα τῇ νούσῳ παύηται, φιλεῖ γὰρ ὡς τὰ πολλὰ οὕτω γίνεσθαι· ἢν δὲ μή, δίδου τῶν φαρμάκων τῶν στραγγουρικῶν.

7 θερμότατον IR : θερμοτάτῳ codd. edd. ‖ 9 καταπλάσσειν τε καὶ πυριῆν Li. : post 10 πῦρ IR ‖ πλάσας R : πλάσαι I ‖ 10 πῦρ H : πυρὸς IR ‖ τοῖσι Li. : καὶ τ. IR (τοῖσι — ποιέων del. Erm.) ‖ 11 ἀκροχλίερον Joly : -ηρον IR ‖ 12 περιαλεῖψαι I : περικαλύψαι R ‖ 20 (et 27) ἢν IR : εἰ fortasse scribendum ‖ 20 μηκώνειον R ‖ 22 ῥυφήμασι K : τρ. IR ‖ 23 in marg. περὶ στραγγουρίης πόθεν γίνεται add. I¹R¹ ‖ στραγγουρίη R : τραγ- I.

Prolapsus. IX. **1** Quand il y a prolapsus, repoussez la partie avec une éponge molle, frottez-la avec des escargots ; attachez les mains du malade et suspendez-le un petit moment : le rectum rentre. Si la procidence est plus considérable et que le rectum ne demeure pas au dedans, passez une ceinture autour des flancs, attachez par derrière à cette ceinture une écharpe, pousser le rectum à l'intérieur, appliquez une éponge molle, humectée d'eau chaude où auront bouilli des sciures de lotus ; faites aussi avec cette eau des affusions sur l'anus même ; pressez l'éponge, puis passez l'écharpe entre les cuisses et attachez-la au nombril. **2** Quand le patient veut aller à la selle, il se mettra sur une chaise percée aussi étroite que possible ; si c'est un enfant, il sera mis sur les pieds d'une femme, contre les genoux de laquelle il aura le dos appuyé[1]. Pendant la défécation, le malade étendra les jambes ; et c'est dans cette position que le rectum est le moins exposé à tomber. Si le rectum est humide et qu'il s'écoule de la sanie[2], on le lavera avec de la lie de vin brûlée et de l'eau de myrte. Faites sécher de l'adiante, passez-la au tamis et saupoudrez. **3** S'il y a hémorragie, lavez avec les mêmes produits ; prenez à égalité du minerai de cuivre[3] et de la sciure de cyprès, de cèdre, de pin ou de térébinthinier, broyez, mêlez et saupoudrez. Vous enduirez les parties extérieures avec le cérat épais. Quand le rectum tombe et ne veut pas demeurer en place, prenez du silphium aussi bon et dense que possible, râclez-le finement et appliquez-le en cataplasme. Mettez aussi le médicament sternutatoire sous les narines et excitez le patient. **4** Ou bien arrosez des grenades avec de l'eau chaude, broyez de l'alun dans du vin blanc, et

1. On n'a plus recours à ces moyens, mais en l'occurrence, ils étaient judicieux ; il s'agit de maintenir les fesses serrées.

2. Sauf erreur, M.-P. Duminil ne mentionne pas ce passage dans son inventaire des sens de ἰχώρ in *Corpus Hippocraticum*, p. 65-76, mais cela n'affecte pas ses conclusions.

3. Probablement de la chalcopyrite.

IX. **1** Ἢν δὲ ὁ ἀρχὸς ἐκπίπτῃ, ἀνώσας σπόγγῳ μαλθακῷ, καὶ καταχρίσας κοχλίῃ, τῶν χειρῶν δήσας, ἐκκρέμασον ὀλίγον χρόνον, καὶ ἔσεισιν. Ἢν δὲ μέζον ἐκπέσῃ καὶ ⟨μὴ⟩ μένῃ ἔνδον, διαζώσας ἐν τῇσι λαγόσι καὶ ὑφεὶς ὄπισθεν ἐκ τοῦ διαζώματος ταινίην, ὤσας ἔσω τὸν ἀρχόν, προσθεῖναι σπόγγον μαλθακὸν βρέξας ὕδατι θερμῷ, ἐνεψήσας λωτοῦ πρίσματα· καταχέαι δὲ καὶ κατὰ τοῦ ἀρχοῦ ἀπ' αὐτοῦ τοῦ ὕδατος, τὸν δὲ σπόγγον ἐκπιέσαι· ἔπειτα ὑποτείνας τὴν ταινίην διὰ μέσων τῶν σκελέων, ἀναδῆσαι παρὰ τὸν ὀμφαλόν. **2** Ὅταν δὲ θέλῃ ἀφοδεύειν, ἐπὶ λασάνοισιν ὡς στεινοτάτοισιν ἀφοδευέτω· ἢν δὲ παιδίον ᾖ, ἐπὶ γυναικὸς τῶν ποδῶν, πρὸς τὰ γούνατα προσκλιθείς. Ὅταν δὲ ἀφοδεύῃ, τὰ σκέλεα ἐκτεινάτω· οὕτω γὰρ ἂν ἥκιστα ἐκπίπτοι ἡ ἕδρη. Ἢν δὲ ὑγραίνηται ὁ ἀρχὸς καὶ ἰχὼρ ἀπορρέῃ, περινίψαι τρυγὶ κεκαυμένῃ καὶ ὕδατι ἀπὸ μυρσίνης, καὶ ἀδίαντον ξηρήνας καὶ κόψας, διασήσας, κατάπασσε. **3** Ἢν δὲ αἱμορροῇ, περινίψας τοῖσιν αὐτοῖσι, χαλκῖτιν καὶ πρίσμα κυπαρίσσου ἢ κέδρου | ἢ 458
πίτυος ἢ τερμίνθου τρίψας, συμμίξας τῇ χαλκίτιδι ἴσον, καταπλάσσειν, τὰ ἔξωθεν δὲ κηρωτῇ παχέῃ περιαλείφειν. Ὁπόταν ἀρχὸς ἐκπίπτῃ καὶ μὴ θέλῃ κατὰ χώρην μένειν, σίλφιον ὅτι ἄριστον καὶ πυκνότατον ξύσας λεπτὸν καταπλάσσειν. Καὶ τοῦ πταρμικοῦ φαρμάκου πρὸς τὴν ῥῖνα προστιθέναι καὶ παροξύνειν τὸν ἄνθρωπον. **4** Ἢ ὕδατι θερμῷ περιπλύνας σίδια, καὶ στυπτηρίην τρίψας ἐν οἴνῳ λευκῷ, καταχέαι τοῦ ἀρχοῦ, ἔπειτα ῥάκεα

1 ἀνώσας edd. : -ῶσαν IR || 2 κοχλίῃ H (-η) : κογχ- I κοχλίην R || 3 μεῖζον IR || 4 μὴ edd. : om. IR || 11 ἀφοδεύειν R : ἀμφ- I || ἐπὶ λασάνοισιν Li. : ἐπλασσ- I ἐν λασσ- R || στεινοτάτοισιν Joly : στεν- IR || 12 ἀφοδευέτω R : ἀμφ- I || 15 ἐκπίπτοι I : -τῃ R || 16 τρυγὶ R : τρύγει I || 17 ξηράνας R || 18 καταπάσσαι R (sed ε super αι R[1]) || 20 post πίτυος add ἢ τερεβιντίνου IR || τερμίνθου I : τερεμίνθου R || 21-22 περιαλείφειν I : ἀλ- R add. ἑτέρα θεραπεία titulum R in marg. I[1].

faites des affusions sur l'anus ; puis mettez des chiffons et attachez les cuisses ensemble pendant trois jours. Le patient sera à la diète et boira un vin doux. Si même ainsi le rectum ne reste pas en place, mêlez du miltos à du miel et enduisez avec ce mélange. Pour la chute du rectum avec hémorragie, prenez la racine de l'arum, ôtez-en l'écorce, faites-la bouillir dans de l'eau ; puis écrasez-la en y mêlant de la farine de blé et appliquez chaud. **5** Autre remède : prenez les racines les plus tendres de la vigne sauvage, appelée par certain *psilothrion*[1], râclez-les, faites-les bouillir dans du vin rouge et astringent, pur ; puis écrasez-les et appliquez tiède ce cataplasme ; on peut aussi y mêler du gruau d'orge et pétrir dans un mélange tiède de vin blanc et d'huile. **6** Un autre : broyez de la graine de ciguë, versez-y du vin blanc ayant du bouquet et appliquez tiède ce cataplasme. Pour l'inflammation, prenez la racine du lierre, faites-la bouillir dans de l'eau, écrasez-la bien, ajoutez-y le plus beau gruau d'orge, pétrissez le tout dans du vin blanc et appliquez en cataplasme ; ajoutez-y aussi un corps gras. **7** Un autre : prenez de la racine de mandragore, fraîche si vous pouvez ; sinon, sèche ; la fraîche, vous l'éplucherez, vous la couperez, vous la ferez bouillir dans du vin coupé d'eau et vous l'appliquerez en cataplasme ; si elle est sèche, vous la broyerez et vous l'appliquerez de même. Un autre[2] : écrasez bien le dedans du melon et appliquez-le en cataplasme.

Douleur sans inflammation.

X. **1** S'il y a de la douleur sans inflammation, faites griller du nitre rouge, broyez-le bien avec de l'alun, passez du sel au feu, écrasez-le bien fin et mêlez chacun de ces ingrédients à dose égale ; puis mêlez-y la meilleure poix ; enduisez de ce mélange un chiffon que vous introduirez et que vous maintiendrez par un bandage. Un autre : écrasez des feuilles vertes du

1. Des remarques linguistiques de ce genre se retrouvent ailleurs dans la *Collection* ; cf. *R. M. A.*, *Appendice*, IX, 2 (t. VI, 2, de la présente édition, p. 72) et *Maladies IV*, XXXVI, 1 (t. XI, p. 89) et *infra*, la note à *Chairs*, IV, 2, p. 191.

2. C'est une caractéristique de nos deux opuscules de prévoir plu-

ἐμβαλεῖν καὶ τοὺς μηροὺς συνδῆσαι ἡμέρας τρεῖς, καὶ νηστευέτω, οἶνον δὲ πινέτω γλυκύν. Ἢν δὲ μηδὲ οὕτω διαμένῃ, μίλτον μίξας ὁμοῦ μέλιτι διαχριέτω. Ἀρχὸς ἢν ἐκπίπτῃ καὶ αἱμορροῇ, ἄρου ῥίζης περιελὼν τὸν φλοιὸν ἕψειν ἐν ὕδατι· ἔπειτα τρίβειν ἄλητον συμμίσγων, καὶ καταπλάσσειν θερμόν. **5** Ἄλλο· τῆς ἀμπέλου τῆς ἀγρίης, ἣν ἔνιοι καλέουσι ψιλώθριον, ταύτης τὰς ῥίζας τὰς ἁπαλωτάτας περιξέσαντα ἑψῆσαι ἐν οἴνῳ μέλανι ἀκρήτῳ αὐστηρῷ· ἔπειτα τρίψαντα καταπλάσσειν χλιερόν· συμμίσγειν δὲ καὶ ἄλευρα, καὶ φυρᾶν ἐν οἴνῳ λευκῷ καὶ ἐλαίῳ χλιερῶς. **6** Ἄλλο· κωνείου καρπὸν τρίβοντα, παραστάζειν οἶνον λευκὸν εὐώδεα, ἔπειτα καταπλάσσειν χλιερόν. Ἢν δὲ φλεγμήνῃ, κισσοῦ ῥίζαν ἑψήσας ἐν ὕδατι, τρίψας λεῖον, ἄλευρον συμμίσγων ὡς κάλλιστον, ἐν οἴνῳ λευκῷ φυρήσας, καταπλάσσειν, καὶ ἄλειφα πρὸς τούτοισι συμμίξας. **7** Ἄλλο· μανδραγόρου ῥίζαν μάλιστα μὲν χλωρήν, εἰ δὲ μή, ξηρήν, τὴν μὲν οὖν χλωρὴν ἀποπλύναντα καὶ ταμόντα, ἑψῆσαι ἐν οἴνῳ κεκρημένῳ καὶ καταπλάσσειν· τὴν δέ γε ξηρὴν τρίψαντα καταπλάσσειν ὁμοίως. Ἄλλο· σικύου πέπονος τὸ ἔνδον τρίψας λεῖον καταπλάσσειν.

X. **1** Ἢν δὲ γένηται ὀδύνη καὶ μὴ φλεγμήνῃ, νίτρον ὀπτήσας | ἐρυθρόν, καὶ τρίψας λεῖον καὶ στυπτηρίην, 460
καὶ ἅλας φώξας καὶ τρίψας λείους, συμμίξαι ἴσον ἑκάστου· εἶτα πίσσῃ συμμίξας ὡς βελτίστῃ, ἐς ῥάκος ἐναλείψας, ἐντιθέναι καὶ καταδεῖν. Ἄλλο· καππάριος φύλλα χλωρὰ

1 ἐμβαλλεῖν I ‖ 3 διαμένῃ Erm. : διαχωρέῃ IR ‖ 3-4 Ἀρχός — αἱμορροῇ om. I restituit in marg. I[1] ‖ ἄρου I : ἄγνου R ‖ 5 ἑψεῖν HIR ‖ 6 Ἄλλο R ut titulus : ἕτερον ut tit. I fortasse delendum ‖ 7 ταύτης Li. : τουτέης IR del Erm. ‖ 10 χλιερόν Erm. : -ηρόν IR ‖ 11 χλιερῶς Joly : χλιερῷ Erm. -ηρῶς IR ‖ 11 (et 16 et 20) Ἄλλο ut titulus R in marg. I fortasse delendum ‖ 13 χλιερόν Erm. : -ηρόν IR ‖ φλεγμήνῃ R : -αίνῃ I ‖ 22 νίτρον R : λ. I ‖ 24 ἅλας R : ἅλες I ‖ post φώξας add. τοὺς ἴσους IR ‖ 26 Ἄλλο ut titulus R in marg. I[1] fortasse delendum ‖ καππάριος R : καπαρ- I.

caprier, mettez-les dans un sachet qui sera maintenu contre l'anus ; quand elles semblent brûler le patient, on les retirera pour les appliquer de nouveau. S'il n'y a pas de feuilles de caprier, prenez l'écorce de la racine, hachez-la, pétrissez-la dans du vin rouge et appliquez de la même façon. Ce moyen est bon aussi pour la douleur de la rate. **2** De ces cataplasmes, les réfrigérants empêchent les flux, les émollients et échauffants résolvent (les tumeurs) et ceux qui attirent à soi, sèchent et atténuent. Cette affection du rectum survient quand la bile et le phlegme se fixent en cette région[1]. Dans l'inflammation du rectum, enduisez avec le médicament où entrent la résine, l'huile, la cire, le minerai de plomb et la graisse ; on appliquera le plus chaud possible[2].

sieurs thérapeutiques pour le même mal ; H. Grensemann (*Op. laud.*, p. 205), qui fait cette remarque, retrouve la même attitude, pour ce qui est des traités gynécologiques, uniquement en *Steril.*, 220-221 et 223-225.

1. Τόπος est assez courant dans cette acception médicale ; après les *Lieux dans l'homme*, il est à peine besoin de le rappeler.

2. J'élimine du texte l'incompréhensible διερρήθησαν ou διερέθησαν des manuscrits : les autres mentions de cataplasme chaud m'y invitent, cf. *Fist.* VII, 2. Si on cherche à corriger au lieu d'éliminer, il faudrait probablement penser à un participe aoriste en -ῆσαν?

τρίψας, ἐς μαρσίπιον ἐμβαλών, προσκαταδεῖν· καὶ ἐπὴν καίειν δοκῇ, ἀφαιρεῖν καὶ αὖτις προστιθέναι. Ἢν δὲ μὴ ᾖ φύλλα καππάριος, τὸν φλοιὸν τῆς ῥίζης κόψας, φυρήσας οἴνῳ μέλανι, τὸν αὐτὸν τρόπον ἐπιδεῖν. Τοῦτο καὶ πρὸς σπληνὸς ὀδύνην ἀγαθόν. 2 Τούτων τῶν καταπλασμάτων τὰ μὲν ψύχοντα κωλύει ῥεῖν, τὰ δὲ μαλθάσσοντα καὶ θερμαίνοντα διαχεῖ, τὰ δὲ ἐς ἑωυτὰ ἕλκοντα ξηραίνει καὶ ἰσχναίνει. Τοῦτο δὲ τὸ νόσημα γίνεται, ὅταν χολὴ καὶ φλέγμα ἐς τοὺς τόπους καταστηρίξῃ. Ἀρχοῦ δὲ φλεγμήναντος, διαχρίειν τῷ φαρμάκῳ, ὅπη ἡ ῥητίνη καὶ τὸ ἔλαιον καὶ ὁ κηρὸς καὶ ἡ μολύβδαινα καὶ τὸ στέαρ· ὡς θερμότατα [διερρήθησαν] καταπλάσσεσθαι.

2 δοκῇ Kühn (-έῃ) : δοκέῃς IR ‖ αὖτις Joly : -θις IR ‖ 3 καππάριος R : καπαρ- I ‖ 4 ἐπιδεῖν IR : κατα- codd. edd. ‖ 5 σπληνὸς Erm. : -νὸν I -νῶν R ‖ 6 post. καταπλασμάτων add. δύναται codd. edd. : om. H sed rest. supra l. H^2 del. Erm. ‖ 6 κωλύει Erm. R (κωλύειν sed ν erasum est) : κωλύειν I ‖ 7 διαχεῖ Erm. : -εῖν IR ‖ ἐς I (εἰς) : ὡς R ‖ 8 ξηραίνει Erm. : -ειν IR ‖ ἰσχναίνει Erm. : -ειν IR ‖ ad νόσημα add. in marg. πόθεν γίνεται τὸ νόσημα τοῦτο I^1R^1 ‖ 12 διερρήθησαν I διερέθησαν R delevi ‖ post καταπλάσσεσθαι (-ττεσθαι IR) add. τέλος τῶν περὶ συρίγγων IR.

DES HÉMORROÏDES

Cause des hémorroïdes. I. **1** L'affection des hémorroïdes se produit ainsi : la bile ou le phlegme, se fixant dans les veines de l'anus, échauffe le sang qui est dans les veines[1] ; ces veines, échauffées, attirent le sang des veines les plus proches, se remplissent et font gonfler l'intérieur de l'anus. Les têtes des veines sont saillantes et, contuses à la fois par les excréments qui sortent et pressées par le sang qui s'accumule, elles projettent du sang, surtout avec les selles, mais quelquefois sans les selles.

Cautérisation. II. **1** Il faut traiter ainsi : d'abord arrangez-vous pour savoir en quel endroit sont situées les hémorroïdes. Vous pouvez inciser, exciser, coudre, brûler, corroder l'anus (toutes opérations qui paraissent bien terribles), sans causer de dommage[2]. Je précise qu'il vous faut vous munir de sept ou huit ferrements, longs d'un empan, épais comme une forte sonde, les recourber à l'extrémité et les aplatir à cette extrémité comme une petite broche. **2** La veille de l'opération, vous purgerez le patient ; le jour où vous entreprendrez la cautérisation, vous le ferez coucher sur le dos avec un oreiller sous les lombes ; vous ferez autant que possible, avec les doigts, saillir le fondement au dehors ; vous aurez vos ferrements chauffés à blanc et vous cautériserez jusqu'à dessiccation et de manière à n'avoir pas besoin d'un onguent[3]. Vous n'en

1. Les vraies causes sont évidemment tout autres ; en premier lieu, l'hérédité ; l'altération des muqueuses qui recouvrent les veines et la sédentarité sont aussi des facteurs importants. Pour les femmes, cf. p. 150.

2. On devine ici aussi la longue expérience du praticien.

3. Après Manialdus, Littré donne à ὑπαλείφω le sens de « toucher légèrement », qui est fort sollicité. C'est avec hésitation que je propose une autre interprétation.

ΠΕΡΙ ΑΙΜΟΡΡΟΙΔΩΝ

I. **1** Αἱμορροΐδων τὸ μὲν νόσημα ὧδε γίνεται· ἐπὴν VI, 436
χολὴ ἢ φλέγμα ἐς τὰς φλέβας τὰς ἐν τῷ ἀρχῷ καταστηρίξῃ, θερμαίνει τὸ αἷμα τὸ ἐν τοῖσι φλεβίοισι· θερμαινόμενα δὲ τὰ φλέβια ἐπισπᾶται ἐκ τῶν ἔγγιστα φλεβίων τὸ αἷμα, καὶ πληρούμενα ἐξογκεῖ τὸ ἐντὸς τοῦ ἀρχοῦ, καὶ ὑπερίσχουσιν αἱ κεφαλαὶ τῶν φλεβίων, καὶ ἅμα μὲν ὑπὸ τῆς κόπρου ἐξιούσης φλώμεναι, ἅμα δὲ ὑπὸ τοῦ αἵματος ἀθροιζομένου βιαζόμεναι, ἐξακοντίζουσιν αἷμα, μάλιστα μὲν σὺν τῷ ἀποπάτῳ, ἐνίοτε δὲ χωρὶς τοῦ ἀποπάτου.

II. **1** Θεραπεύειν δὲ δεῖ ὧδε· πρῶτον μὲν ὑπαρχέτω εἰδέναι ἐν οἵῳ χωρίῳ γίνονται. Ἀρχὸν γὰρ καὶ τάμνων καὶ ἀποτάμνων καὶ ἀναρράπτων καὶ καίων καὶ ἀποσήπων, ταῦτα γὰρ δοκεῖ δεινότατα εἶναι, οὐδὲν ἂν σίνοιο. Παρασκευάσασθαι δὲ κελεύω ἑπτὰ ἢ ὀκτὼ σιδήρια, σπιθαμιαῖα τὸ μέγεθος, πάχος δὲ ὡσεὶ μήλης παχέης· ἐξ ἄκρου δὲ κατακάμψαι· καὶ ἐπὶ τῷ ἄκρῳ πλατὺ ἔστω ὡς ἐπὶ ὀβελοῦ μικροῦ. **2** Προκαθήρας δὴ φαρμάκῳ τῇ πρότερον, αὐτῇ δὲ ᾗ ἂν ἐπιχειρῇς καῦσαι, ἀνακλίνας τὸν ἄνθρωπον ὕπτιον, καὶ προσκεφάλαιον ὑπὸ τὴν ὀσφὺν ὑποθείς, ἐξαναγκάζειν ὡς μάλιστα τοῖσι δακτύλοισι τὴν ἕδρην ἔξω, ποιεῖν δὲ καὶ διαφανέα τὰ σιδήρια, καὶ καίειν ἕως ἂν ἀποξηρήνῃς, καὶ ὅπως μὴ ὑπαλείψῃς·

1 Ἱπποκράτους π$^{\varepsilon}$ αἱμορροΐδων IR ‖ 6 ἐξογκεῖ (-έει) IR : ἐξοιδέει ἐς Li. ‖ 12 add. in marg. θεραπεία τοῖς αἱμα$^{\tau}$ καθημένοις I^1 θ. τοῖς αἵματι καθιμένοις R^1 ‖ 14 καίων Erm. : δαίων IR ‖ 15 δεινώτατα I ‖ 16 κελεύω I : λέγω R ‖ 19 ὀβελοῦ Lind. Erm. : ὀβολοῦ IR Li. ‖ 20 ἐπιχαιρέης I ‖ 24 ἀποξηρήνῃς Joly : -άνῃς IR.

laisserez aucune sans la brûler, mais les cautériserez toutes. **3** Vous reconnaîtrez les hémorroïdes sans difficulté : elles font saillie dans l'intérieur du rectum comme des grains de raisin livides et on en fait jaillir du sang en forçant sur l'anus. Des aides tiendront le patient, pendant la cautérisation, par la tête et les mains, afin qu'il ne remue pas. Laissez-le crier pendant l'opération, car cela fait saillir l'anus davantage[1]. Après l'opération, faites bouillir des lentilles et de l'ers dans de l'eau, écrasez-les finement et appliquez-les en cataplasme pendant cinq ou six jours. **4** Le septième, coupez une éponge molle aussi mince que possible ; sa largeur sera de six doigts en tous sens ; puis, mettez sur l'éponge un linge de surface égale, fin et souple, et enduisez-le de miel. Ensuite, plaçant l'éponge par le milieu sur l'index de la main gauche, introduisez-la dans l'anus aussi avant que possible ; cela fait, vous placerez sur l'éponge un lainage, afin qu'elle ne se dérange pas dans le fondement. **5** Mettez-lui une ceinture, attachez-y par derrière un bandage que vous ramènerez entre les cuisses jusqu'au nombril, où vous la fixerez à la ceinture. Appliquez avec bandage le médicament que j'ai dit[2] : il produit une chair ferme et forte. Ces applications avec le bandage ne dureront pas moins de vingt jours. Le patient prendra une fois par jour un potage de gruau d'orge ou de panic, ou de l'eau de son ; il boira de l'eau ; s'il va à la selle, il se lavera le fondement avec de l'eau chaude ; il prendra un bain tous les deux jours.

Excision.

III. **1** Autre traitement : faire sortir l'anus autant que possible, fomenter la partie avec de l'eau chaude, puis exciser le bout des hémorroïdes. On aura tout prêt pour

1. Réflexion assez savoureuse d'un médecin d'expérience, qui n'est pas prêt à sacrifier l'intérêt thérapeutique à la sensiblerie ; cf. cependant aussi IV, 1, fin.

2. Il s'agit probablement du médicament prescrit en *Fistules*, III, 3, fin (cf. *Notice*, p. 134) qui remet les chairs en état (συμπεφυκέναι) et donc, cicatrise.

καίειν δὲ καὶ μηδεμίαν ἐᾶσαι ἄκαυστον τῶν αἱμορροΐδων, ἀλλὰ πάσας ἀποκαύσεις. **3** Γνώσει δὲ οὐ | χαλεπῶς 438
τὰς αἱμορροΐδας· ὑπερέχουσι γὰρ ἐς τὸ ἐντὸς τοῦ ἀρχοῦ, οἷον ῥᾶγες πελιδναί, καὶ ἅμα ἐξαναγκαζομένου τοῦ ἀρχοῦ ἐξακοντίζουσιν αἷμα. Κατεχόντων δ' αὐτῶν, ὅταν καίηται, τῆς κεφαλῆς καὶ τὰς χεῖρας, ὡς μὴ κινῆται, βοάτω καιόμενος· ὁ γὰρ ἀρχὸς μᾶλλον ἐξίσχει. Ἐπὴν δὲ καύσῃς, φακοὺς καὶ ὀρόβους ἑψήσας ἐν ὕδατι, τρίψας λείους, κατάπλασσε πέντε ἢ ἓξ ἡμέρας· **4** τῇ δὲ ἑβδόμῃ σπόγγον μαλθακὸν τάμνειν ὡς λεπτότατον, πλάτος δὲ εἶναι τοῦ σπόγγου ὅσον ἓξ δακτύλων πάντῃ· ἔπειτα ἐπιθεῖναι ἐπὶ τὸν σπόγγον ὀθόνιον ἴσον τῷ σπόγγῳ λεπτὸν καὶ λεῖον, ἀλείψας μέλιτι· ἔπειτα ὑποβαλὼν τῷ δακτύλῳ τῷ λιχανῷ τῆς ἀριστερῆς χειρὸς μέσον τὸν σπόγγον, ὦσαι κάτω τῆς ἕδρης ὡς προσωτάτω· ἔπειτα ἐπὶ τὸν σπόγγον προσθεῖναι εἴριον, ὡς ἂν ἐν τῇ ἕδρῃ ἀτρεμίζῃ. **5** Διαζώσας δὲ ἐν τῇσι λαγόσι, καὶ ὑφεὶς ταινίην ἐκ τοῦ ὄπισθεν, ἀναλαβὼν ἐκ τῶν σκελέων τὸν ἐπίδεσμον, ἀναδῆσαι ἐς τὸ διάζωμα παρὰ τὸν ὀμφαλόν. Τὸ δὲ φάρμακον, ὃ εἶπον, ἐπίδει τὸ πυκνὴν τὴν σάρκα ποιέον καὶ ἰσχυρὴν φῦναι. Ταῦτα δὲ δεῖ ἐπιδεῖν μὴ ἔλασσον ἡμερέων εἴκοσι. Ῥυφεῖν δὲ ἅπαξ τῆς ἡμέρης ἄλευρον, ἢ κέγχρον, ἢ τὸ ἀπὸ τῶν πιτύρων, καὶ πίνειν ὕδωρ· ἢν δὲ ἐς ἄφοδον ἵζηται, ὕδατι θερμῷ διανίζειν· λούεσθαι δὲ διὰ τρίτης ἡμέρης.

III. **1** Ἄλλη θεραπείη· ἐκβαλὼν τὴν ἕδρην ὡς μάλιστα, αἰονᾶν ὕδατι θερμῷ, ἔπειτα ἀποτάμνειν τῶν αἱμορροΐδων τὰ ἄκρα· φάρμακον δὲ προκατασκευασθῆ-

1 μηδεμίαν Erm. : -ίην IR || 2 γνώσει edd. : -ση IR || 6 τὰς χεῖρας IR : τῶν χειρῶν R^1 supra lineam, forsitan recte || 9 κατάπλασσε Erm. : -πασσε IR || 19 διάζωμα Joly : -ζωσμα IR || 20 ἐπίδει τὸ Li. : ἐπιδεῖν IR ἐπιδεῖτο codd. || 21 ποιέον Li. : ποιέειν I ποιέει R || 22 Ῥυφεῖν Joly : ῥοφέειν IR || 26 Ἄλλη θεραπείη titulus R : ἑτέρ. θεραπ. in marg. I^1 fortasse delendum.

l'excision le médicament suivant : urinez dans un récipient de cuivre, jetez dans l'urine[1] de la fleur de cuivre grillée et pilée fin, laissez macérer, remuez le récipient et séchez au soleil ; quand la dessiccation est complète, râclez, pilez fin et appliquez ce médicament avec le doigt ; mettez des compresses huilées et maintenez par dessus une éponge à l'aide d'un bandage.

Condylome saillant.

IV. **1** Il pousse à la veine sanguine comme un condylome[2] semblable au fruit du mûrier. Si le condylome[3] est très en dehors, la chair lui forme une sorte d'enveloppe. Faites asseoir le patient accroupi sur deux supports et examinez : vous trouverez l'entre-deux des fesses gonflé vers l'anus et le sang coulant de l'intérieur. Si le condylome cède sous l'enveloppe, enlevez-le avec le doigt ; ce ne sera pas plus difficile que de faire glisser le doigt entre la peau et la chair d'un mouton qu'on écorche. Bavardez avec le patient pour que l'opération lui échappe. **2** Le condylome enlevé, il s'écoulera[4] nécessairement un flot de sang de toute la surface de l'ablation. Il faut laver avec un vin astringent où l'on a fait tremper des noix de galle[5]. De la sorte, la veine sanguine s'en ira avec le condylome et l'enveloppe s'affaissera. Plus le mal est ancien, plus la guérison est facile[6].

Condylome interne.

V. **1** Si le condylome[7] est situé plus haut, il faut examiner au spéculum et ne pas se laisser tromper par cet instrument. En effet, ouvert, il aplatit le condylome ;

1. Cf. mon *Niveau de la science hippocratique*, Paris, Les Belles Lettres, 1966, p. 55-56.

2. Je crois restituer ici, à peu de frais, un nominatif à peu près indispensable, d'autant plus que le datif des manuscrits n'a aucun sens.

3. Au sens actuel, le condylome est une petite tumeur inflammatoire.

4. Je restitue le futur, plus proche de la leçon fautive des manuscrits et présent dans la fin de ce paragraphe et ailleurs.

5. C'est le seul cas dans la *Collection* où κηκίς est au pluriel ; on peut être tenté de restituer le singulier : cf. Jouanna, *Archéologie*, p. 536.

6. Il y a du vrai dans cette affirmation ; plus le condylome est pédiculé, plus il est facile à enlever.

7. Il ne s'agit plus ici d'un condylome au sens actuel, mais d'un

ναι πρὸς τὴν τομὴν τόδε· οὐρήσας ἐς χαλκεῖον, ἐπίπασον ἐπὶ τὸ οὖρον χαλκοῦ ἄνθος ὀπτὸν καὶ τετριμμένον λεῖον, ἔπειτα διείς, καὶ κινήσας τὸ χαλκεῖον, ξήρηνον ἐν τῷ ἡλίῳ· ὅταν δὲ ξηρὸν γένηται, συγξύσας τρῖψον λεῖον καὶ προστίθει τῷ δα|κτύλῳ, καὶ σπληνία 440 ἐλαιώσας προστίθει, καὶ σπόγγον ἐπάνω ἐπίδει.

IV. **1** Προσφύεται πρὸς τῇ αἱματίτιδί τι κονδυλῶδες οἷον συκαμίνου καρπός· καὶ ἢν μὲν ἔξω σφόδρα ᾖ ἡ κονδύλωσις, περιπέφυκεν αὐτῇ καλυπτὴρ ὁ τῆς σαρκός. Καθίσας οὖν τὸν ἄνθρωπον ὀκλὰξ ἐπὶ ὅλμων δύο, σκόπει· εὑρήσεις γὰρ πεφυσημένα τὰ μεσηγὺ τῶν γλουτῶν παρὰ τὴν ἕδρην, τὸ δὲ αἷμα ἐκχωρέον ἔνδοθεν. Ἢν γοῦν ἐνδιδῷ ὑπὸ τῷ καλυπτῆρι, τὸ κονδύλωμα τῷ δακτύλῳ ἀφελεῖν· οὐδὲν γὰρ χαλεπώτερον ἤ περ προβάτου δειρομένου τὸν δάκτυλον μεταξὺ τοῦ δέρματος καὶ τῆς σαρκὸς περαίνειν· καὶ ταῦτα διαλεγόμενος ἅμα λάνθανε ποιέων. **2** Ἐπὴν δὲ ἀφέλῃς τὸ κονδύλωμα, ἀνάγκη ῥεύσεσθαι δρόμους αἵματος ἀπὸ πάσης τῆς ἀφαιρέσιος· ταῦτα χρὴ ἀποπλῦναι οἴνῳ αὐστηρῷ, κηκῖδας ἐναποβρέξας· καὶ ἥ τε αἱματῖτις οἰχήσεται σὺν τῷ κονδυλώματι, καὶ τὸ κάλυμμα καταστήσεται, καὶ ὅσῳ ἂν παλαιότερον ᾖ, ῥηΐων ἔσται ἡ ἴησις.

V. **1** Ἢν δὲ ἀνωτέρη ᾖ ἡ κονδύλωσις, τῷ κατοπτῆρι σκέπτεσθαι, καὶ μὴ ἐξαπατᾶσθαι ὑπὸ τοῦ κατοπτῆρος· διοιγόμενος γὰρ ὁμαλύνει τὴν κονδύλωσιν, συναγό-

1-2 ἐπίπασον Erm. : -πασσον IR ‖ 2-3 ὀπτὸν, τετριμμένον λεῖον Erm.: genitivo IR ‖ 4 ξήρανον IR ‖ 5 καὶ προστίθει IR : Προσ- Li. Erm ‖ δακτύλῳ IR : -τυλίῳ Corn. Li. Erm. ‖ 7 ἄλλος τρόπος ἰήσιος in marg. I[1] ἄ. τ. ἰάσεως ut titulus R Ἕτερος τρόπος Li. delendum putavi ‖ τι κονδυλῶδες Joly : τῇ κονδυλώσει IR τῇ κονδυλώδει codd. Li. ‖ 13 ἐνδιδῷ Li. : -δοῖ R -δίδοι I ‖ τῷ edd. : τῇ IR ‖ τὸ Foes in nota : ἢ τὸ IR ‖ 18 ῥεύσεσθαι Joly : κύεσθαι IR φέρεσθαι Erm. ῥέεσθαι edd. ‖ 19 ἀφαιρήσιος R ‖ 22 ῥηΐων Erm. : ῥηϊδίως R ῥηδίως I ‖ 23 ἀνωτέρη Li. in nota : ἀνώτερος IR -τέρω Li. in textu ‖ 25 διοιγόμενος R : διηγ- I.

fermé, il le montre très bien. Il faut enlever le condylome et frotter l'anus avec l'ellébore noir. Puis, le troisième jour, vous nettoierez avec du vin astringent. Ne vous étonnez pas, quand vous enlevez ce condylome, que du sang ne s'écoule pas ; en effet, il ne s'en écoule pas même lorsque vous incisez les bras ou les jambes aux articulations, mais, si vous les incisez au-dessus ou en dessous des articulations, vous trouverez des veines creuses et coulantes, et il vous sera difficile d'arrêter le sang. **2** De même, pour les hémorroïdes : si vous les incisez au-dessus ou en dessous du lieu d'où le condylome a été enlevé, du sang s'écoulera ; mais si vous enlevez le condylome lui-même par son attache, il ne s'en écoulera pas[1]. S'il en va ainsi, la chose est bien ; sinon, cautérisez en ayant soin de ne pas toucher avec le ferrement : ne faites qu'approcher le fer de manière à dessécher la partie. Vous appliquerez aussi la fleur de cuivre préparée dans l'urine.

Caléfaction des hémorroïdes.

VI. **1** Préparez-vous une canule* creuse comme un roseau des haies et un ferrement qui s'y adapte exactement ; puis, introduisez la canule dans l'anus et le ferrement chauffé à blanc dans la canule[2] ; mais retirez-le fréquemment, afin que le patient supporte mieux la chaleur. Cette chaleur ne produira pas d'ulcération et, séchant les veines, les guérira.

Préparation sèche.

VII. **1** Si vous ne voulez ni brûler, ni inciser, faites préalablement des fomentations avec beaucoup d'eau chaude ; faites sortir le fondement, ayez de la myrrhe et de la noix de galle broyées fin, de l'alun d'Égypte calciné, une partie et demie par rapport au reste, autant

polype, d'un adénome, c'est-à-dire d'une tumeur bénigne non inflammatoire.

1. Cette affirmation ne correspond guère à la réalité.

2. L'usage de la canule est bien attesté dans l'école de Cnide (cf. Jouanna, *Archéologie*, p. 366). S'il est rare dans les œuvres de Cos, cela peut venir simplement du fait que nous ne possédons pas

μενος δὲ πάλιν δείκνυσιν ὀρθῶς. Ἀφαιρεῖν δὲ χρή, ἐλλεϐόρῳ μέλανι ὑπαλείφοντα τὸν δακτύλιον· ἔπειτα τριταῖον οἴνῳ κλύζειν αὐστηρῷ. Τὸ δὲ αἷμα, ὅταν ἀφέλῃς τὴν κονδύλωσιν, ὅτι οὐ ῥεῖ, μὴ θωμάζειν· οὐδὲ γὰρ ἢν ἐν τοῖσιν ἄρθροισι διατάμῃς τὰς χεῖρας ἢ τὰ σκέλεα, οὐ ῥεύσεται αἷμα· ἢν δ' ἄνωθεν ἢ κάτωθεν τάμῃς τῶν ἄρθρων, εὑρήσεις φλέϐας κοίλας καὶ αἱμόρρους, καὶ χα|λεπῶς ἂν ἴσχοις εὐπόρως. **2** Οὕτω καὶ τὴν ἐν 442 τῇ ἕδρῃ αἱμορροΐδα, ἢν μὲν ἄνωθεν ἢ κάτωθεν τάμῃς τῆς ἀφαιρέσιος τοῦ κονδυλώματος, αἷμα ῥεύσεται· ἢν δὲ αὐτὴν ἀφέλῃς τὴν κονδύλωσιν ἐν τῇ προσφύσει, οὐ ῥεύσεται. Εἰ μὲν οὖν οὕτω καθίσταται, καλῶς ἂν ἔχοι· εἰ δὲ μή, καῦσαι, φυλασσόμενος ὡς μὴ ἅψῃ τῷ σιδήρῳ, ἀλλ' ἐγγὺς προσφέρων τὰ σιδήρια ἀποξηραίνειν, καὶ προστιθέναι τὸ τοῦ χαλκοῦ ἄνθος τὸ ἐν τῷ οὔρῳ.

VI. **1** Καυτῆρα χρὴ ποιήσασθαι, οἷον καλαμίσκον φραγμίτην· σιδήριον δὲ ἐναρμόσαι καλῶς ἁρμόζον· ἔπειτα τὸν αὐλίσκον ἐνθεὶς ἐς τὴν ἕδρην, διαφαῖνον τὸ σιδήριον καθιέναι, καὶ πυκνὰ ἐξαιρεῖν, ἵνα μᾶλλον ἀνέχηται θερμαινόμενος· καὶ οὔτε ἕλκος ἕξει ὑπὸ τῆς θερμασίης, ὑγιέα τε ξηρανθέντα τὰ φλέϐια.

VII. **1** Ἢν δὲ βούλῃ μήτε καίειν μήτε ἀποτάμνειν, προκαταιονήσας ὕδατι πολλῷ θερμῷ, καὶ ἐκτρέψας τὴν ἕδρην, σμύρναν τρίψας λείην καὶ κηκῖδα, καὶ στυπτηρίην Αἰγυπτίην κατακαύσας, ἓν καὶ ἥμισυ πρὸς τἆλλα,

2 ὑπαλείφοντα R : ὑπολ- I ‖ δακτύλιον Li. : δάκτυλον IR ‖ 2-3 τριταῖον H : -αίῳ IR ‖ 6 τάμῃς I : διατ- R ‖ 10 ἀφαιρήσιος R ‖ 11 προσφύσει R : προφ- I ‖ 12 et 13 εἰ Li. in nota : ἢν IR ‖ 15 τὸ I : τῷ R ‖ 17 ante Καυτῆρα : ἕτερος τρόπος ἰήσιος αἱμορροΐδων in marg. I[1] ἕ. τρ. τῆς ἰάσεως ut titulus R om. K delendum putavi ‖ καυτῆρα H Gal. Lind. : καυστῆρα IR ‖ χρὴ IR : om. Li. del. Erm. ‖ 18 φραγμίτην edd. : φαρμακίτην IR ‖ 24 προκαταιονήσας codd. edd. : προσ- IR ‖ ἐκτρέψας I : ἐκστρ- R.

de noir de cordonnier. Vous emploierez cette préparation sèche. L'hémorroïde, à l'aide de ces médicaments, se détachera comme un morceau de peau cautérisée. Vous répéterez ces applications jusqu'à ce que les hémorroïdes aient toutes disparu. Une demi-partie de minerai de cuivre calciné produit le même effet.

Suppositoires.

VIII. **1** Si vous voulez traiter avec des suppositoires [1], prenez l'os de la sèche, un tiers de minerai de plomb, de l'asphalte, de l'alun, un peu de fleur de cuivre, de la noix de galle, un peu de vert-de-gris ; versez là-dessus du miel cuit ; faites-en un suppositoire assez allongé et appliquez-le jusqu'à ce que les hémorroïdes aient disparu.

Hémorroïdes chez la femme.

IX. **1** Chez les femmes [2], on traitera ainsi les hémorroïdes : faites des fomentations abondantes avec de l'eau chaude dans laquelle vous aurez fait bouillir des plantes aromatiques ; broyez du tamaris, de la litharge grillée, de la noix de galle ; versez du vin blanc, de l'huile et de la graisse d'oie, broyez le tout ensemble ; donnez cette pommade après les fomentations ; il faut fomenter le fondement après l'avoir fait sortir autant que possible.

de Cos, d'ouvrages comparables aux traités cnidiens des maladies. On le trouve cependant en *Articulations*, 47 et 77 et M. Jouanna note : « mais c'est pour un usage externe » ; il ne pouvait guère en être autrement dans une œuvre comme celle-là.

1. On peut encore aujourd'hui traiter les hémorroïdes au moyen de suppositoires, mais leur composition serait certainement différente.

2. La femme est plus sujette aux hémorroïdes que l'homme, spécialement la femme enceinte, à cause de l'hypertension dans les veines. Notre auteur a donc raison de consacrer ce chapitre à la femme. Malheureusement, le traitement des hémorroïdes chez la femme n'a aucune spécificité, alors que ce chapitre suppose manifestement le contraire.

καὶ μελαντηρίης ἄλλο τοσοῦτον, τούτοισι ξηροῖσι χρῆσθαι· ἡ δὲ αἱμορροῒς τούτοισι τοῖσι φαρμάκοισιν ἀποστήσεται, ὥσπερ σκύτος κατακεκαυμένον· ταῦτα ποιεῖν μέχρις ἂν πάσας ἀφανίσῃς. Καὶ χαλκίτιδος ἥμισυ κεκαυμένης τωὐτὸ ἀπεργάζεται.

VIII. **1** Ἢν δὲ βούλῃ βαλανίοισιν ἰῆσθαι, σηπίης ὄστρακον, μολυβδαίνης τρίτον μέρος, ἄσφαλτον, στυπτηρίην, ἄνθος ὀλίγον, κηκῖδα, χαλκοῦ ἰὸν ὀλίγον, τούτων μέλι ἑφθὸν καταχέας, βάλανον ποιήσας μακροτέρην, προστίθει, μέχρις ἂν ἀφανίσῃς.

IX. **1** Γυναικείην αἱμορροῒδα ὧδε θεραπεύειν· πολλῷ 444
ὕδατι θερμῷ αἰονήσας (σύνεψε δὲ ἐν τῷ θερμῷ τῶν εὐωδέων), τρίψας μυρίκην, λιθάργυρον ὀπτὴν καὶ κηκῖδα, οἶνον λευκὸν παράχει καὶ ἔλαιον καὶ χηνὸς στέαρ, τρίψας πάντα ὁμοῦ, διδόναι, ὁπόταν αἰονηθῇ, διαχρίσασθαι· αἰονᾶν δὲ καὶ τὴν ἕδρην ἐξώσας ὡς μάλιστα.

1 μελαντηρίης R : -ρίοις I ‖ 4-5 κεκαυμένης Erm. in nota (p. 268, n. 2) : -μένον IR ‖ 6 βαλανίοισιν R : βαν- I βαλάνοισι edd. ‖ 11 Γυναικείην — θεραπεύειν I in marg. R[1] : om. K ‖ 12 ἐν del. Erm. ‖ 15-16 διαχρίσασθαι I : -χρίεσθαι R -χρήσασθαι codd. Li. ‖ 16 ἐξεώσας R ‖ τέλος τῶν αἱμορροΐδων I τέλος R.

NOTES COMPLÉMENTAIRES

Page 138, *ligne* 22 :

* Dans le vocabulaire actuel, quand il y a du pus, on parle de *maturité*.

Page 138, *ligne* 25 :

* Nous retrouvons ici une formule fréquente dans les *Lieux dans l'homme* ; cf. p. 16.

Page 141, *ligne* 5 :

* C'est-à-dire : dans le rectum.

Page 141, *ligne* 15 :

* H donne οἷόν τε comme les autres manuscrits ; H^1 ou H^2 a transformé τε en τα, a remis un τε supra lineam et complété μν de même. Si τάμνειν n'était pas dans le texte originel, c'est qu'il y était sous-entendu après l'emploi du ch. v, ce qui paraît difficile également. L'intervention d'une main postérieure (H^2) est vraisemblable (quoique non certaine) : les retouches à οἷόν τε sont d'une encre nettement plus claire.

Page 141, *ligne* 23 :

* Cette dernière notation est bizarre puisque le cas examiné est celui où l'on ne peut inciser : l'auteur veut-il dire seulement que l'incision serait condition nécessaire, tout en ne perdant pas de vue que, dans ce cas, elle est impossible? Il pense probablement que l'injection prescrite aura pour effet de rendre l'incision possible.

Page 141, *ligne* 26 :

* Ce début de chapitre est bien observé. La syntaxe de toute cette phrase est rapprochée par H. Grensemann, *Knidische Medizin*, p. 204, de celle de *Steril.*, 228.

Page 141, *ligne* 36 :

* Sur le grain de Cnide, cf. H. Grensemann, *Knidische Medizin, Teil I*, Berlin, 1975, p. 67-70.

Page 149, *ligne* 20 :

* Galien note dans son *Glossaire* : καυτῆρα · χάλκεον καλαμίσκον (cf. Helmreich in Sitzungsber. Berlin, 1916, 1, p. 205).

INDEX VERBORVM[1]

1. L'index commence par les références aux *Fistules* ; celles relatives aux *Hémorroïdes* sont inaugurées par la lettre H.

H

Θ

I

Ψ

Ω

DE LA VISION

NOTICE

Ce court texte d'ophtalmologie n'est peut-être qu'un fragment d'une œuvre plus considérable et il comporte des lacunes certaines, notamment au début du chapitre III, lequel n'a pas de rapport direct avec l'ophtalmologie.

L'œuvre n'est mentionnée ni citée par personne dans l'antiquité, si bien que les problèmes qu'elle pose ne comportent pas de solution tranchée.

La grande majorité des parallèles, et les plus substantiels qu'on puisse tirer de la *Collection* hippocratique proviennent de textes plus ou moins sûrement cnidiens, comme il apparaît déjà de ceux qu'a relevés Sichel[1] et comme Ermerins le précise dans sa notice[2]. L'appartenance cnidienne de cet opuscule me paraît, comme à Ermerins, probable.

L'auteur des *Affections*, ch. 5[3] promet un traité particulier sur les maladies des yeux : on s'est très tôt demandé si notre texte n'est pas au moins un fragment de ce traité annoncé. Sichel opte pour l'affirmative[4]; Ermerins, assez tenté dans le même sens, trouve la question indécidable[5]. Les ressemblances entre les deux textes restent assez générales et s'expliqueraient suffisamment par une même appartenance cnidienne.

Le traité des *Affections* s'adresse aux non-professionnels. La *Vision*, par contre, s'adresse à des médecins : il serait

1. Dans sa notice apud Littré, t. IX, p. 122-151.
2. Au tome III, 1864, p. XL-XLIII.
3. Littré, t. VI, p. 214.
4. P. 127.
5. P. XLI.

surprenant que le maniement de cautères dans la région de l'œil puisse être abandonné à des profanes, sans compter la trépanation. Malheureusement, cette différence certaine ne permet aucune conclusion : il n'est pas sûr, en effet, que les ouvrages annoncés par l'auteur des *Affections* doivent tous s'adresser également aux non-professionnels.

Je ne vois pas d'argument en faveur d'une date nettement tardive. M. Michler, *Die alexandr. Chirurgen*, p. 111, affirme au contraire que l'œuvre est visiblement tardive, mais il ne dit pas pourquoi. L'ambiance cnidienne me paraît recommander la datation qui est celle de la majorité des œuvres de la *Collection* : fin du ve ou début du ive siècle.

* * *

Le Dr L. Hérode, spécialiste en ophtalmologie, a bien voulu étudier ce texte et l'introduction de Sichel, de même que d'autres passages ophtalmologiques du présent volume. Les notes médicales qu'on trouvera ici sont un condensé de ses commentaires plus circonstanciés. Ce m'est un grand plaisir de le remercier très chaleureusement.

Malgré son caractère parfois sommaire et son état de mutilation, la *Vision* atteste le sérieux d'un spécialiste qui fait tout ce qu'il peut dans les limites des connaissances et de la culture médicale de son temps.

* * *

La *Vision* occupe une place à part dans l'édition de Littré.

Tout d'abord, parce que Littré en a confié l'édition au docteur en médecine et philologue J. Sichel, lequel y a mis tout son zèle et a doté le texte d'une notice ample et substantielle.

Ensuite, parce que J. Sichel a eu connaissance, grâce à Daremberg, des variantes du *Marcianus* 269, qu'il a notées dans son apparat critique. Il est vrai aussi qu'il y a là quelques erreurs de collation et que l'éditeur n'a pas eu conscience de l'importance du *Marcianus*.

Il n'y a plus eu d'édition depuis celle d'Ermerins en 1864 et la bibliographie se borne à de rapides mentions, çà et là, et à une courte note de A. Bier. La traduction de Kapferer se trouve au tome XIX, 1942, p. 107-113.

J'ai collationné le *Marcianus* sur photocopie tirée du microfilm, mais j'ai pu aussi l'examiner directement lors d'un passage à Venise.

Tous les autres manuscrits dépendent en dernière analyse du *Marcianus*. Je ne les ai pas vus spécialement, l'apparat de Sichel me suffisant en l'occurrence.

En l'absence aussi de toute tradition indirecte, la présente édition repose entièrement sur le *Marcianus* et sur les deux dernières éditions.

CONSPECTVS SIGLORVM

M = Marcianus 269, saec. x.

M^1 correctio ipsius scribae.

I = Parisinus gr. 2140, saec. xiii.

F = Parisinus gr. 2144, saec. xiv.

recc. = recentiores (plerique vel omnes).

Corn. = Cornarius, Froben, 1538.

Foes. = Foesius, ed. 1595.

Lind. = Van der Linden, 1665.

Kühn = Kühn, ed. 1827.

Sichel = apud Littraeum, t. IX, 1861.

Erm. = Ermerins, t. III, 1864.

Heidel = W. A. Heidel, *Hippocratea I*, in Harvard Studies in Classical Philology, 25, 1914, p. 193.

DE LA VISION

Altération de la couleur.

I. **1** Les pupilles[1] qui, en dégénérant, deviennent spontanément bleuâtres, le deviennent brusquement et, lorsqu'elles le sont devenues, il n'y a pas de guérison*. Celles, au contraire, qui deviennent couleur d'eau de mer, dégénèrent peu à peu en beaucoup de temps, et souvent l'autre œil dégénère ensuite, en beaucoup de temps*. A un tel patient, il faut purger la tête et brûler les veines ; et s'il subit ce traitement dès le début, le mal s'arrête et n'empire pas. **2** Quant aux pupilles qui tiennent le milieu entre le bleuâtre et la teinte eau de mer*, si le changement survient pendant l'enfance, il s'arrête avec l'âge ; s'il survient chez un individu plus âgé, pendant sept ans il voit encore assez bien les objets très volumineux et brillants ; de loin, par contre, il voit, mais pas nettement, de même que les objets qu'il approche très fort de l'œil ; autrement, il ne voit rien. A un tel patient il est utile de cautériser et de purger la tête ; mais il n'est pas utile de lui tirer du sang, ni quand la pupille est bleuâtre, ni quand elle est eau de mer.

La vue

II. **1** Quant à la vue elle-même, la pupille étant saine, chez les individus jeunes, qu'ils soient du sexe féminin ou masculin, vous ne l'améliorerez par aucun moyen, tant que le corps continue à grandir*. Lorsqu'il ne grandit plus, il faut, en protégeant les yeux mêmes, diminuer l'épaisseur des paupières, en les scarifiant si

1. Ὄψις a ce sens en *Lieux dans l'homme*, 3, et ailleurs aussi dans la *Collection* ; cf. J. Jouanna, *Archéologie*, p. 524-525.

ΠΕΡΙ ΟΨΙΟΣ

I. **1** Αἱ ὄψιες αἱ διεφθαρμέναι, αὐτόματοι μὲν κυανίτιδες γινόμεναι, ἐξαπίνης γίνονται, καὶ ἐπειδὰν γένωνται, οὐκ ἔστιν ἴησις τοιαύτῃσιν. Αἱ δὲ θαλασσοειδεῖς γινόμεναι, κατὰ μικρὸν ἐν πολλῷ χρόνῳ διαφθείρονται, καὶ πολλάκις ὁ ἕτερος ὀφθαλμὸς ἐν πολλῷ χρόνῳ ὕστερον διεφθάρη. Τούτου δὲ χρὴ καθαίρειν τὴν κεφαλὴν καὶ καίειν τὰς φλέβας · κἢν ἀρχόμενος πάθῃ ταῦτα, ἵσταται τὸ κακὸν καὶ οὐ χωρεῖ ἐπὶ τὸ φλαυρότερον. **2** Αἱ δὲ μεταξὺ τῆς τε κυανίτιδος καὶ τῆς θαλασσοειδέος, ἢν μὲν νέῳ ἐόντι γένωνται, πρεσβυτέρῳ γενομένῳ καθίστανται · ἢν δὲ πρεσβυτέρῳ ἐόντι γίνωνται, ἐτέων ἑπτὰ βέλτιον ὁρῇ τὰ μεγάλα πάνυ καὶ λαμπρά, καὶ ἀπὸ πρόσθεν ὁρῇ μέν, σαφέως δὲ οὔ, καὶ ὅ τι ἂν πάνυ πρὸς αὐτὸν τὸν ὀφθαλμὸν προσθῇ, καὶ τοῦτο, ἄλλως δὲ οὐδέν. Συμφέρει δὲ τούτῳ καῦσις καὶ κάθαρσις τῆς κεφαλῆς · αἷμα δὲ τούτοισιν οὐ συμφέρει ἀφιέναι, οὔτε τῇ κυανίτιδι, οὔτε τῇ θαλασσοειδεῖ. IX, 152

II. **1** Τὸ ὄμμα ἐν τοῖσιν ὀφθαλμοῖσι, τῆς ὄψιος ὑγιέος ἐούσης τῶν νεωτέρων ἀνθρώπων, ἤν τε θῆλυς ᾖ, ἤν τ' ἄρσην, οὐκ ἂν | ὠφελέοις ποιέων οὐδέν, ἕως ἂν αὔξηται τὸ σῶμα ἔτι. Ὅταν δὲ μηκέτι αὐξάνηται, αὐτῷ τῷ ὀφθαλμῷ σκεψάμενος τὰ βλέφαρα λεπτύνειν, 154

ΚΔ ἱπποκράτους περὶ ὄψιος M.

2 αὐτόματοι recc. : -αι M ‖ 3 et 5 γιγνόμεναι M ‖ 4 τοιαύτῃσιν Heidel : -τη M ‖ 5 ἐν πολλῷ χρόνῳ forsitan delendum ‖ 10 θαλασσοειδοῦς M ‖ 12 γίνωνται recc. (γίγν-) : γίγνονται M ‖ post ἑπτὰ lacunam indic. Sichel ‖ 13 post ὁρῇ add. · καὶ M · (τὰ μ.) δὲ edd. ‖ 15 αὐτὸν Erm. : ἑωυτὸν M ‖ 18 θαλασσοειδεῖ Kühn : -δῆ M ‖ 20 θῆλυς Joly : θήλεια M ‖ 21 ὠφελοίης M : correxi ‖ οὐθὲν M ‖ 23 αὐτῷ τῷ ὀφθαλμῷ Erm. : αὐτέωι τωι -ω M.

vous le croyez nécessaire, et en les cautérisant en dedans avec des cautères non chauffés à blanc.

Cautérisations dorsales.

III. **1** ... Puis[1], on l'attache, on lui fait allonger les cuisses et on lui fait prendre avec les mains un point d'appui sur le siège où il est assis ; un aide le tiendra par le milieu du corps. On marque alors les veines du dos et on examine de derrière[2]. Ensuite, on cautérise avec des cautères larges et on chauffe lentement, afin que, pendant l'opération, il ne survienne pas d'hémorragie ; s'il paraît opportun de tirer du sang, on le fera auparavant. La cautérisation doit aller jusqu'auprès de l'os, en arrière. **2** Ensuite, plaçant sur le point cautérisé une éponge trempée dans de l'huile, on brûle plus profondément, en évitant cependant de pénétrer trop près de l'os ; si l'éponge adhère au cautère, il faut recommencer avec une autre éponge mieux huilée. Après quoi, on recouvre les eschares de gouet trempé dans du miel. **3** Si une veine est atteinte ou traversée par la cautérisation, après la chute de l'eschare, elle est tendue, gonflée et semble pleine comme auparavant, et elle bat lorsque le sang afflue de bas en haut ; si la cautérisation profonde est faite en bas (du dos), tout cela a lieu à un moindre degré[3]. Si la première cautérisation n'a pas été suffisamment profonde, il faut recommencer l'opération ; il faut aussi brûler énergiquement les éponges, particulièrement près de la veine qui charrie du sang. **4** Les eschares bien rôties se détachent vite. Les cicatrices des brûlures faites près de l'os deviennent plus belles. Lorsque les plaies sont saines, (les veines) se distendent de nouveau, se soulèvent, deviennent plus rouges que les parties voisines et semblent devoir éclater, jusqu'à ce que du temps se soit écoulé. Il en est de même quand on a cautérisé la tête ou la poitrine ou toute autre partie du corps.

1. Ce chapitre semble égaré dans une œuvre d'ophtalmologie, mais il a, lui aussi, une saveur cnidienne. On pense au fragment de Platon le Comique sur Euryphon, couvrant un patient d'eschares (Grensemann, A 4) et à des textes comme *Maladies II*, 51, et *Aff. int.*, 13 (A. Thivel).

2. Les deux derniers mots ne semblent pas donner un sens satisfaisant.

3. Une remarque de A. Thivel m'engage à garder κάτωθεν : en cautérisant le plus bas possible, on veut sans doute arrêter dès le bas-ventre la remontée des humeurs peccantes.

ξύων, ἢν δοκῇ προσδεῖσθαι, καὶ ἐπικαίων ἔνδοθεν μὴ διαφανέσιν.

III. **1** .... Ἔπειτα ἀναδήσας, τὰ σκέλεα ἐκτείνας, δίφρον ὑποθεὶς ἀφ' οὗ στηρίζεται τῇσι χερσί· μέσον δέ τις ἐχέτω. Ἔπειτα διασημήνασθαι τὰς νωτιαίας φλέβας, σκοπεῖν δὲ ὄπισθεν. Ἔπειτα καίειν παχέσι σιδηρίοισι καὶ ἡσυχίῃ διαθερμαίνειν, ὅπως ἂν μὴ ῥαγῇ αἷμα καίοντι· προαφιέναι δὲ τοῦ αἵματος, ἢν δοκῇ καιρὸς εἶναι. Καίειν δὲ πρὸς τὸ ὀστέον ὄπισθεν. **2** Ἔπειτα ἐνθεὶς σπόγγον ἠλαιωμένον ἐγκατακαίειν, πλὴν τοῦ πάνυ πρὸς αὐτῷ τῷ ὀστέῳ· ἢν δὲ προσδέχηται τῷ καυστηρίῳ τὸ σπόγγιον, ἕτερον λιπαρώτερον ἐνθεὶς ἐγκατακαίειν. Ἔπειτα τοῦ ἄρου μέλιτι δεύων, ἐντιθέναι τῇσιν ἐσχάρῃσιν. **3** Ὅταν δὲ φλέβα παρακαύσῃς ἢ διακαύσῃς, ἐπειδὰν ἐκπέσῃ ἐσχάρη, ὁμοίως τέταται ἡ φλὲψ καὶ πεφύσηται καὶ | πλήρης φαίνεται, καὶ σφύζει ὅτε 156
κάτωθεν τὸ ἐπιρρέον· ἢν δὲ διακεκαυμένος ᾖ [ὁ] κάτωθεν, ταῦτα πάντα ἧσσον πάσχει. Διακαίειν δὲ χρὴ αὖτις, ἢν μὴ τὸ πρῶτον διακαύσῃς· τά τε σπόγγια χρὴ ἰσχυρῶς ἐγκατακαίειν, πρὸς τῆς ῥεούσης φλεβὸς μᾶλλον. **4** Αἱ ἐσχάραι αἱ μᾶλλον ὀπτηθεῖσαι τάχει ἐκπίπτουσιν. Αἱ καιόμεναι οὐλαὶ πρὸς τὸ ὀστέον καλλίονες γίνονται. Ἐπειδὰν δὲ τὰ ἕλκεα ὑγιέα γένωνται, αὖτις ἀναφυσῶνται καὶ ἐπαίρονται, καὶ ἐρυθραί εἰσι παρὰ τὸ ἄλλο, καὶ ὥσπερ ἀναρραγησόμεναι φαίνονται, ἕως ἂν χρόνος ἐπιγένηται· καὶ κεφαλῆς καυθείσης καὶ στήθεος, ὁμοίως [δὲ] καὶ ⟨ἐν⟩ παντὶ τῷ σώματι ὅπου ἂν καυθῇ.

3 lacunam ind. Sichel ‖ 4 στηρίζεται F edd. : -ζηται M Sichel ‖ 6 Ἔπειτα del. Erm. forsitan recte ‖ 6-7 σιδηρίοισιν M ‖ 7 ὅκως M ‖ 16 ὅτε : ὅτι Erm. ‖ 17 ὁ seclusi : ὁ κάτωθεν secl. Erm. ‖ 18 Διακαίειν M[1] : -εειν M ‖ (et 23) αὖθις M ‖ 21 τάχει recc. : τάχι M (cum corr.?) ‖ 22-23 γίγνονται M ‖ 25 ἀναρραγησόμεναι Erm. : ἀναιρησόμεναι M -ρηξόμεναι Foes ‖ φαίνονται recc. : -ωνται M ‖ 26 ἂν recc. : ἢν M ‖ 27 δὲ seclusi ‖ ἐν add. Erm. ‖ ὅκου M ‖ 28 ἂν recc. : ἢν M.

Granulations du trachome.

IV. **1** Lorsque vous aurez à scarifier les paupières de l'œil, faites-le d'abord, puis cautérisez avec un cautère fusiforme en bois, autour duquel vous aurez roulé de la laine de Milet crépue, propre, et faites bien attention à ne pas toucher la prunelle de l'œil, et à ne pas brûler jusqu'au cartilage[1]. Le signe qu'il ne faut pas pousser plus loin la scarification, c'est qu'il ne vient plus du sang rutilant, mais une humeur sanguinolente ou aqueuse. Alors, il faut faire une onction avec l'un des médicaments liquides contenant de la fleur de cuivre*. **2** Ensuite, après la scarification et la cautérisation, lorsque les eschares sont tombées, que les plaies se sont mondifiées et qu'elles bourgeonnent, il faut faire une incision à la région pariétale. Quand du sang coule, il faut pratiquer une onction avec le médicament qui l'arrête. Après cela, il convient dans tous les cas de purger la tête.

Granulations sarcomateuses.

V. **1** Quand les paupières ont une épaisseur anormale, reséquez de votre mieux la chair de leur partie inférieure*, puis cautérisez la paupière avec des cautères non chauffés à blanc, en évitant l'implantation des cils ; ou bien appliquez de la fleur de cuivre brûlée et finement pulvérisée. Après la chute de l'eschare, soignez le reste.

Blépharite.

VI. **1** Lorsque les paupières sont affectées d'érosion et de démangeaison, broyez sur une pierre un fragment de fleur de cuivre, puis frictionnez-en la paupière ; alors, triturez de l'écaille de cuivre aussi finement que possible, puis versez-y du verjus passé à travers un linge, en broyant soigneusement ; ce qui reste de verjus, versez-le dans un récipient de cuivre rouge sur le mélange, et triturez peu à peu, jusqu'à ce qu'il prenne l'épaisseur d'une bouillie ; puis laissez sécher, broyez finement et utilisez.

1. Tout ce chapitre IV, qui traite indubitablement des granulations du trachome, est très judicieux dans sa précision et ses conseils.

IV. **1** Ὅταν δὲ ξύῃς βλέφαρα ὀφθαλμοῦ, ξύειν ⟨εἶτα καίειν⟩ εἰρίῳ Μιλησίῳ, οὔλῳ, καθαρῷ, περὶ ἄτρακτον περιειλέων, αὐτὴν τὴν στεφάνην τοῦ ὀφθαλμοῦ φυλασσόμενος, μὴ διακαύσῃς πρὸς τὸν χόνδρον. Σημεῖον δὲ ὅτε ἀπόχρη τῆς ξύσιος, οὐκ ἔτι λαμπρὸν αἷμα ἔρχεται, ἀλλὰ ἰχὼρ αἱματώδης ἢ ὑδατώδης. Τότε δὲ χρή τινι τῶν ὑγρῶν φαρμάκων, ὅπου ἄνθος ἐστὶ χαλκοῦ, τούτῳ ἀνατρῖψαι. **2** Ὕστερον δὲ [τὸ] τῆς ξύσιος καὶ [τὸ] τῆς καύσιος, ὅταν αἱ ἐσχάραι ἐκπέσωσι καὶ κεκαθαρμένα ᾖ τὰ ἕλκεα καὶ βλαστάνῃ, τάμνειν τομὴν διὰ τοῦ βρέγματος. Ὅταν δὲ τὸ αἷμα ἀπορρυῇ, χρὴ διαχρίειν τῷ ἐναίμῳ φαρμάκῳ. Ὕστερον δὲ τούτου ἔργον καὶ πάντων τὴν κεφαλὴν καθῆραι.

V. **1** Τὰ βλέφαρα τὰ παχύτερα τῆς φύσιος, τὸ κάτω ἀποταμὼν | τὴν σάρκα ὡς ἂν εὐμαρέστατα δύνῃ, ὕστερον [δὲ] τὸ βλέφαρον ἐπικαῦσαι μὴ διαφανέσι, φυλασ- 158
σόμενος τὴν φύσιν τῶν τριχῶν, ἢ τῷ ἄνθει ὀπτῷ λεπτῷ προστεῖλαι. Ὅταν δὲ ἀποπέσῃ ἡ ἐσχάρη, ἰητρεύειν τὰ λοιπά.

VI. **1** Ὁπόταν δὲ βλέφαρα ψωριᾷ καὶ ξυσμὸς ἔχῃ, ἄνθεος χαλκοῦ βώλιον πρὸς ἀκόνην τρίψας, ἔπειτα τὸ βλέφαρον ἀποτρίψας αὐτοῦ, καὶ τότε τὴν φολίδα τοῦ χαλκοῦ τρίβειν ὡς λεπτοτάτην· ἔπειτα χυλὸν ὄμφακος διηθημένον παραχέας καὶ τρίψας λεῖον, τὸ δὲ λοιπὸν ἐν χαλκῷ ἐρυθρῷ παραχέων, κατ' ὀλίγον ἀνατρίβειν, ἕως ἂν πάχος γένηται ὡς μυσσωτός· ἔπειτα, ἐπειδὰν ξηρανθῇ, τρίψας λεῖον χρῆσθαι.

2 εἶτα καίειν add. Sichel : lac. ind. Erm. ‖ μηλησίωι M ‖ 5 ὅτε Erm. : ὅτ' ἂν M ‖ 7 ὅπου : ὅκου M οἷς Erm. ‖ 8 τούτῳ del. Erm. ‖ 8 et 9 τὸ del. Erm. ‖ 9 ἐκπέσωσιν M ‖ 12 τῷ M : del. Erm. sed add. τίνι post ἐναίμῳ ‖ τούτου M : πάντων Erm. ‖ 13 καὶ πάντων del. Erm. ‖ 15 ὡς ἂν Joly : ὁκόσην M ‖ 16 δὲ om. J Erm. ‖ 20 ὁκόταν M ‖ 21 ἄνθεος Erm. : ἄνθος M ‖ 26 μυττωτός M.

Nyctalopie.

VII. **1** Pour la nyctalopie[1], le malade prendra de l'élatérion et se purgera la tête ; en tenant le cou... le plus fort possible et en le pressant très longtemps. Après quelque temps, il faut faire avaler, crus et trempés dans du miel, un ou deux foies de bœuf, aussi gros que possible*.

Trépanation.

VIII. **1** Lorsque la vue se perd alors que les yeux sont sains, il faut pratiquer une incision à la région pariétale, disséquer les parties molles, trépaner l'os et évacuer l'humeur aqueuse* ; c'est là le traitement et c'est ainsi que ces malades guérissent.

Ophtalmie épidémique.

IX. **1** Pour l'ophtalmie annuelle et épidémique*. La purgation de la tête et du bas-ventre est utile ; et si la constitution du malade le permet, la saignée est utile dans certains cas de ces affections, ainsi que l'application de ventouses sur les veines. Pour aliment, du pain en petite quantité ; pour boisson, de l'eau. Le malade gardera le lit, dans l'obscurité*, loin de la fumée*, du feu et de tout ce qui est brillant, en se couchant sur le côté, tantôt le droit, tantôt le gauche. **2** On n'humectera pas la tête, car ce n'est pas utile. Un cataplasme est inopportun s'il n'y a pas de douleur et qu'en outre une fluxion persiste. Pendant les gonflements indolores, et après les médicaments astringents, employés en onction contre la douleur, quand celle-ci a cessé et s'est dissipée après l'onction du médicament, c'est le moment convenable pour appliquer le cataplasme que vous jugerez utile. **3** Il ne faut pas que le malade regarde fixement et longtemps, car cela provoque les larmes, l'œil ne pouvant supporter l'action de rien de brillant ; mais il ne faut pas non plus tenir les yeux longtemps fermés*, surtout quand il existe une fluxion chaude, car les larmes retenues échauffent. Lorsqu'il n'existe pas de fluxion, il y a utilité à faire des onctions avec le médicament sec.

2. Cf. Sichel, p. 149-150 et N. Mani, in *Gesnerus*, 10, 1953, p. 53-58.

VII. **1** Νυκτάλωπος φάρμακον πινέτω ἐλατήριον, καὶ κεφαλὴν καθαιρέσθω, καὶ † κατάξας † τὸν αὐχένα ὡς μάλιστα, πιέσας πλεῖστον χρόνον. Ἐπανιεὶς δὲ διδόναι ἐν μέλιτι βάπτων ἧπαρ βοὸς ὠμὸν καταπιεῖν μέγιστον ὡς ἂν δύνηται, ἓν ἢ δύο.

VIII. **1** Εἴ τινι οἱ ὀφθαλμοὶ ὑγεῖς ἐόντες διαφθείροιεν τὴν ὄψιν, τούτῳ χρὴ ταμόντα κατὰ τὸ βρέγμα, ἐπαναδείραντα, ἐκπρίσαντα τὸ ὀστέον, ἀφελόντα τὸν ὕδρωπα, ἰῆσθαι · καὶ οὕτως ὑγιεῖς γίνονται.

IX. **1** Ὀφθαλμίης τῆς ἐπετείου καὶ ἐπιδημίου συμφέρει κάθαρ|σις κεφαλῆς καὶ τῆς κάτω κοιλίης · καὶ εἰ 160
ἔχοι τὸ σῶμα, αἵματος ἀφαίρεσις συμφέρει πρὸς ἔνια τῶν τοιούτων ἀλγημάτων, καὶ σικύαι κατὰ τὰς φλέβας. Σῖτος ὀλίγος ἄρτος, καὶ ὕδατος πόσις. Κατακεῖσθαι δὲ ἐν σκότῳ, ἀπό τε καπνοῦ καὶ πυρὸς καὶ τῶν ἄλλων λαμπρῶν, πλάγιος, ἄλλοτε ἐπὶ τὰ δεξιά, ἄλλοτε ἐπ' ἀριστερά. **2** Μὴ τέγγειν τὴν κεφαλήν, οὐ γὰρ συμφέρει. Κατάπλασμα ὀδύνης μὴ ἐνεούσης, ⟨καὶ⟩ ἄλλως ῥεύματος ἐπέχοντος, οὐ συμφέρει. Οἰδημάτων ἀνωδύνων καὶ μετὰ τὰ δριμέα φάρμακα τῆς ὀδύνης ἐναλειφόμενα, ἐπειδὰν ἥ τε ὀδύνη παύσηται καὶ διαχωρισθῇ μετὰ τὴν ἐσάλειψιν τοῦ φαρμάκου, τότε συμφέρει καταπλάσσειν τῶν καταπλασμάτων ὅ τι ἂν σοι δοκῇ συμφέρειν. **3** Οὐδὲ διαβλέπειν συμφέρει πολὺν χρόνον, δάκρυον γὰρ προκαλεῖται, οὐ δυνάμενος ὁ ὀφθαλμὸς πονεῖν πρὸς τὰ λαμπρά · ἀλλ' οὐδὲ συμμύειν πολὺν χρόνον, ἣν ἔχῃ ῥεῦμα θερμὸν μάλιστα · θερμαίνει γὰρ τὸ δάκρυον ἰσχόμενον. Ῥεύματος δὲ μὴ ἔχοντος, μετὰ τοῦ ξηροῦ τὴν ὑπάλειψιν συμφέρει ποιεῖσθαι.

2 κατάξας M : κατασχάσας Foes in nota ‖ 6 Εἴ Joly : ἢν M ‖ 6-7 διαφθείροιντο Erm. in nota ‖ 10 ἐπετείου recc. : ἐπαιτίου M ‖ 11 κοιλίης IF : add. κάθαρσις M ‖ εἰ M : add. εὖ Erm. ‖ 16 πλάγιος Joly : -γίων M πλαγίως Corn. πλάγιον Lind. ‖ 18 καὶ ἄλλως Erm. : ἀλλ' ὡς M ‖ 29 in fine περὶ ὄψιος M.

NOTES COMPLÉMENTAIRES

Page 168, *ligne* 6 :

* L'identification de la maladie est très difficile, faute de précisions. Il pourrait s'agir du glaucome, mais alors, c'est la cornée qui est affectée et il y aurait douleur vive et forte injection. S'il s'agit de l'iritis, c'est bien la pupille qui est en cause, mais elle devient difforme et gris foncé.

Page 168, *ligne* 9 :

* On pense à la cataracte non reconnue comme telle et donc avec traitement hors de propos. S'il s'agissait en réalité de la cornée, ce serait plutôt une kératite.

Page 168, *ligne* 13 :

* Distinction assez illusoire. Il faut songer soit à la cataracte soit à une kératite : dans ce cas, les séquelles indiquées se comprendraient plutôt bien. Quant à l'opération de la cataracte, elle est mentionnée pour la première fois par Celse dans le monde gréco-romain.

Page 168, *ligne* 27 :

* Cette amblyopie pourrait fort bien être une myopie, laquelle, précisément, se stabilise après la croissance. Le traitement prévu pourrait parfois être utile dans les myopies graves en provoquant une vasodilatation.

Page 170, *ligne* 12 :

* La fleur de cuivre est l'oxyde de cuivre, encore utilisé il n'y a pas si longtemps.

Page 170, *ligne* 22 :

* Si l'on peut comprendre qu'il s'agit des paupières inférieures, on aurait affaire à une conjonctivite printanière bien décrite, par opposition aux granulations du ch. IV, qui siègent aux paupières supérieures.

Page 171, *ligne* 7 :

* Cf. A. Bier, in *Münchener Medizinische Wochenschrift*, 75, 2, 1928, p. 1767.

Page 171, *ligne* 12 :

* Utile dans les cas de processus expansif intracranien, cette intervention énergique serait néfaste dans les autres.

Page 171, *ligne* 16 :

* Le terme ἐπιδήμιος est rare dans la *Collection* ; cf. Jouanna, *Archéologie*, p. 242, n. 2. Il pourrait s'agir d'une allergie.

Page 171, *ligne* 22 :

* En effet, la photophobie peut être importante. Cf. *Hebdom.*, 35.

Page 171, *ligne* 22 :

* Le conseil de se préserver de la fumée ne se retrouve qu'en *Maladies III*, 2 et 16 (Jouanna, *Archéologie*, p. 491, n. 4), mais il ne s'y agit pas d'ophtalmologie.

Page 171, *ligne* 35 :

* Cette recommandation est judicieuse pour éviter une infection secondaire.

INDEX VERBORVM

DES CHAIRS

NOTICE

L'opuscule *Des chairs* est le seul du présent volume à avoir fait l'objet, depuis Littré et Ermerins, d'une édition critique et d'une étude approfondie, dues à Karl Deichgraeber, assisté de K. Schubring pour la tradition manuscrite et E. Schwyzer pour la langue[1]. Comme je suis d'accord pour l'essentiel avec K. Deichgraeber[2], je me contenterai ici d'un résumé de ses résultats.

Après un préambule probablement intact, malgré l'apparence, l'auteur expose très rapidement une vision physique de l'Univers, à trois étages : éther, air, terre (ch. II). Il passe ensuite (ch. III) à la formation des parties du corps, issues des putréfactions dues à la chaleur restée dans la terre, à l'intérieur d'enveloppes isolant les corps vivants du milieu extérieur. Le cachet spécifique est donné par l'importance accordée aux notions de gras (λιπαρόν) et de glutineux (κολλῶδες).

Les chapitres suivants traitent de la formation du cerveau (IV), du cœur (V-VI), du poumon (VII), du foie (VIII), de la rate, des reins et des chairs (IX), des articulations (X), des ongles (XI), des dents (XII-XIII), des cheveux et des poils (XIV). Les chapitres XV-XVIII sont consacrés à certains sens : ouïe, odorat, vue, voix et parole ; le point de vue n'y est plus celui de la formation, mais du mécanisme de fonctionnement. Le dernier chapitre,

1. *Hippokrates. Über Entstehung und Aufbau des menschlichen Körpers* (περὶ σαρκῶν), Berlin, Teubner, 1935.

2. Le compte rendu de A. Diller dans *Gnomon*, 12, 1936, p. 367-377, est très important à tout point de vue ; il a été repris dans les *Kleine Schriften zur antiken Medizin*, Berlin, 1973, p. 144-153.

xix, plus long que les autres, développe l'idée que la vie de l'homme est régie par le nombre sept.

Malgré la disparité visible des trois sections, l'œuvre n'est pas composée de pièces rapportées, mais voulue telle par un seul auteur : la composition archaïque explique suffisamment ce peu de rigueur.

En rattachant l'étude du corps humain à la cosmologie, l'auteur s'inscrit, comme celui du *Régime*, dans un courant de pensée médicale sévèrement condamné par l'*Ancienne médecine*, mais préféré par Aristote (*De sensu*, 436 b 1).

Sa cosmologie est typiquement présocratique. De nombreuses analogies, parfois très précises, font penser à Empédocle, à Archélaus, aux héraclitéens du *Cratyle*, mais surtout à Diogène d'Apollonie*. Comme l'écrit H. Diller[1], l'auteur prolonge visiblement une ligne de pensée qui va d'Empédocle à Diogène. Mais les principes sont ici originaux, du moins à notre connaissance : c'est l'indice que cette pensée, à l'époque, reste vivante, alors que cinquante ans plus tard, elle n'est plus que matière à doxographie. L'anthropocentrisme de l'exposé, par ailleurs, conduit aussi à la période des sophistes. Tout milite donc en faveur de la date retenue par K. Deichgraeber : la fin du ve siècle.

La composition de l'œuvre témoigne aussi de la même époque : non seulement le peu d'enchaînement des trois sections, mais la formule monotone qui introduit le plus souvent les chapitres exposant la formation des principaux organes, et même les suivants ; des répétitions et des bribes de composition circulaire[2] : tout cela ressortit à la composition archaïque.

On peut toujours dire[3] qu'on n'atteint ainsi qu'un *terminus post quem* et que ce qui est si bien à sa place

1. *Op. laud.*, p. 376 ; *Kleine Schriften*, p. 152.
2. Cf. mon article *Indices lexicaux...*, in *Corpus Hippocraticum*, p. 146 sq.
3. Cf. V. Schmidt, in *Gnomon*, 45, 1973, p. 16, à propos du *Régime*.

à la fin du ve siècle peut aussi avoir été écrit vers 350, voire plus tard encore.

Cette pure possibilité prendrait toutefois plus de consistance si on pouvait nous indiquer ne serait-ce qu'une œuvre ayant tous ces caractères convergents et sûrement datée du milieu du IVe siècle.

Il serait très étonnant aussi qu'un auteur de — 350, qui archaïserait si bien sur tous les plans, ne se trahît tout de même pas par quelque idée plus récente ou par quelque fait de langue.

En l'absence de telles constatations, c'est la date ancienne qu'il faut retenir.

H. Grensemann a bien suggéré que le traité *Des Chairs* pourrait être plus tardif qu'on le pense [1], mais c'était essentiellement pour les besoins d'une cause qui n'a guère été jugée excellente [2]. Que la doctrine des *Chairs* se rencontre sur quelque point avec celle d'Aristote ne veut pas dire encore que c'est notre auteur qui s'inspire d'Aristote. On arriverait alors à ce paradoxe peu soutenable : un auteur qui connaîtrait Aristote ne s'inspirerait de lui que sur des points qui peuvent si bien s'insérer aussi dans l'ambiance intellectuelle de la fin du ve siècle, et resterait, comme par miracle, imperméable à tout ce qui, pour nous, aurait été critère décisif.

Le titre de l'œuvre, περὶ σαρκῶν, n'est pas satisfaisant, l'auteur ne traitant des chairs que dans une petite section du chapitre IX. Depuis Zwinger, on se demande s'il ne faudrait pas admettre une faute dans la tradition manuscrite et corriger le titre en περὶ ἀρχῶν. Ermerins a réellement franchi ce pas [3]. L'essentiel de l'œuvre correspond

1. *Der Arzt Polybos als Verfasser hippokratischer Schriften*, Akad. Mainz, 1968, Nr. 2, p. 63.

2. Cf. J. Jouanna, *Le médecin Polybe est-il l'auteur de plusieurs ouvrages de la Collection hippocratique?*, in *R. E. G.*, 82, 1969 et *Gnomon*, 1970, p. 190-192.

3. Cet auteur assez attentif au dialecte aurait dû imprimer περὶ ἀρχέων.

plutôt au titre que K. Deichgraeber donne à sa traduction : *Ueber Entstehung und Aufbau des menschlichen Körpers*. Je crois qu'il est préférable de garder le titre consacré par la tradition, tout en étant réservé sur son authenticité. Il se peut, somme toute, que σάρξ ait pris un sens très large, si du moins on peut se fier à un titre d'ouvrage de Démocrite transmis par Diogène Laërce : Περὶ ἀνθρώπου φύσιος ἢ περὶ σαρκός [1].

* * *

Le texte des *Chairs* ne nous est parvenu que dans un bon manuscrit, le *Vaticanus gr.* 276, folios 192 v°-195 r°.

Quatre autres manuscrits dépendent directement de V :
le *Palatinus* 192 ;
le *Monacensis* 71 ;
le *Parisinus gr.* 2146
et le *Holkhamiensis* 282.

K. Schubring a établi cette filiation, qui était connue déjà pour d'autres œuvres de la *Collection* hippocratique. Je n'ai pas revu ces manuscrits.

K. Schubring ignorait à l'époque que la dernière section du *Parisinus gr.* 2255 était copiée sur l'édition de Cornarius, comme l'avait établi H. Diller dès 1922, et il s'est donné beaucoup de peine pour situer ce manuscrit (E) par rapport à V. L'édition Deichgraeber accorde donc à E un crédit qu'il ne mérite pas et le fait concerne notamment un passage important du chapitre II.

Le texte de V a été retouché par quatre mains différentes de celle du copiste. La première d'entre elles (V^2) est très importante, car elle a comblé en marge plusieurs lacunes graves de V, d'après un texte dont on ignore forcément la provenance. Les autres mains ne fournissent que des corrections ou des notes très sporadiques.

Le traité des *Chairs* n'est cité par personne dans

1. Diogène Laërce, IX, 46 ; *Vorsokr.* 68 A 33 IV 2.

l'Antiquité, mais les lexiques d'Érotien et de Galien semblent bien l'avoir utilisé. Sans le citer non plus, mais c'est chez lui une habitude constante, Aristote s'en inspire à plusieurs reprises [1].

L'édition Deichgraeber est excellente. Je ne le suis cependant pas en tout. Pour ce qui est du dialecte, j'ai rétabli les formes en π (ὁπόσα au lieu de ὁκόσα) et en σ- dans ξύν et ses composés. L'option de E. Schwyzer pour κ- et ξ- correspond à l'usage prépondérant (mais non exclusif) du *Vaticanus*, mais toute la question est de savoir si ce fait peut servir d'argument. Pour la commodité du lecteur, j'ai gardé telle quelle la subdivision des chapitres de l'édition Deichgraeber.

1. Cf. S. Byl, *Recherches sur les grands traités biologiques d'Aristote : Sources écrites et préjugés*, Mémoires couronnés de l'Académie de Belgique, à paraître ; cf. *Les grands traités biologiques d'Aristote et la Collection hippocratique*, in *Corpus Hippocraticum*, p. 313-326.

CONSPECTVS SIGLORVM

V = Vaticanus gr. 276, saec.

V¹ = ipsius scribae correctio.

V²... = aliae manus.

C = Parisinus gr. 2146, saec.

Calvus = Calvi versio Latina, 1525.

Corn. = Cornarius, Froben, 1538.

Lal. = Lalamantius, 1571.

Zwing. = Zwinger, 1579.

Merc. = Mercurialis, 1588.

Foes. = Foesius, 1595.

Chart. = Charterius, 1639.

Lind. = Van der Linden, 1665.

Mack = Mack, 1743.

Coraes = Ad. Coray, editio libri Περὶ ἀ. ὑ. τ., 1800.

Li. = E. Littré, t. VIII, 1853.

Erm. = F. Z. Ermerins, t. III, 1864.

Heidel = W. A. Heidel, *Hippocratea I*, in Harvard Studies in Classical Philology, 25, 1914, p. 178-187.

D. = K. Deichgraeber, Περὶ σαρκῶν, 1935.

DES CHAIRS

Préambule. I. **1** Hors des limites de cet exposé[1], j'ai recours à des opinions communes de mes prédécesseurs, mais aussi aux miennes propres, car il faut absolument fonder ses opinions sur un principe commun*, si on veut composer un traité comme celui-ci sur l'art médical. **2** Je n'ai besoin de parler des choses célestes qu'autant qu'il faut pour montrer, à propos de l'homme et des autres vivants, comment ils sont nés et se sont formés, ce qu'est l'âme, ce qu'est la santé et la maladie, ce qu'est le mal et le bien dans l'homme, et par quelle raison il meurt. Maintenant, je vais exposer mes propres opinions.

Cosmologie. II. **1** Ce que nous appelons le chaud est, à mon avis, immortel, a l'intelligence de tout, voit, entend, connaît tout, le présent comme l'avenir*. Quand toutes choses furent agitées dans la confusion, la plus grande partie du chaud gagna la circonférence extérieure ; c'est ce que les anciens me paraissent avoir nommé éther. **2** La deuxième partie de la matière, placée en dessous, s'appelle la terre, élément froid, sec et plein de mouvements ; et, de fait, il a (aussi) une grande quantité de chaud. La troisième partie est l'air le plus près de la terre, très humide et très épais*.

Formation des vivants. III. **1** Ces éléments, tournoyant ensemble, quand la confusion s'y mit, il resta beaucoup de chaud dans la terre, çà et là, ici de grands amas, là de plus petits,

1. Μέχρι ne peut guère avoir ici le sens inclusif (Heidel), mais il n'est pas évident non plus que ce préambule soit mutilé (Deichgraeber) : cf. H. Diller, *Kleine Schriften*, p. 148-149. On peut penser qu'à propos des μετέωρα notamment, l'auteur suivrait des opinions communes.

ΠΕΡΙ ΣΑΡΚΩΝ

I. **1** Ἐγὼ τὰ μέχρι τοῦ λόγου τούτου κοινῇσι γνώμῃσι VIII, 584
χρέωμαι ἑτέρων τε τῶν ἔμπροσθεν, ἀτὰρ καὶ ἐμεωυτοῦ· ἀναγκαίως γὰρ ἔχει κοινὴν ἀρχὴν ὑποθέσθαι τῇσι γνώμῃσι βουλόμενον συνθεῖναι τὸν λόγον τόνδε περὶ τῆς τέχνης τῆς ἰητρικῆς. **2** Περὶ δὲ τῶν μετεώρων οὐδὲν δέομαι λέγειν, ἢν μὴ τοσοῦτον ἐς ἄνθρωπον ἀποδείξω καὶ τὰ ἄλλα ζῷα, ὅπως ἔφυ καὶ ἐγένετο, καὶ ὅ τι ψυχή ἐστι, καὶ ὅ τι τὸ ὑγιαίνειν, καὶ ὅ τι τὸ κάμνειν, καὶ ὅ τι τὸ ἐν ἀνθρώπῳ κακὸν καὶ ἀγαθόν, καὶ ὅθεν ἀποθνῄσκει. Νῦν δὲ ἀποφαίνομαι αὐτὸς ⟨τὰς⟩ ἐμεωυτοῦ γνώμας.

II. **1** Δοκεῖ δέ μοι ὃ καλέομεν θερμόν, ἀθάνατόν τε εἶναι καὶ νοεῖν πάντα καὶ ὁρῆν καὶ ἀκούειν καὶ εἰδέναι πάντα καὶ τὰ ἐόντα καὶ τὰ μέλλοντα ἔσεσθαι· τοῦτο οὖν τὸ πλεῖστον, ὅτε ἐταράχθη πάντα, ἐξεχώρησεν ἐς τὴν ἀνωτάτω περιφορήν· καὶ ὀνομῆναί μοι αὐτὸ δοκέουσιν οἱ παλαιοὶ αἰθέρα. **2** Ἡ ⟨δὲ⟩ δευτέρη μοῖρα κάτωθεν αὐτῆς καλεῖται μὲν γῆ, ψυχρὸν καὶ ξηρὸν καὶ πολὺ κινεόμενον· καὶ ἐν τούτῳ ἔνι δὴ πολὺ τοῦ θερμοῦ. Ἡ δὲ τρίτη μοῖρα ἡ τοῦ ἠέρος τοῦ ἐγγυτάτω πρὸς τῇ γῇ, ὑγρότατόν τε καὶ παχύτατον.

III. **1** Κυκλεομένων δὲ τούτων, ὅτε συνεταράχθη,
ἀπελείφθη τοῦ | θερμοῦ πολὺ ἐν τῇ γῇ ἄλλοθι ⟨καὶ 586
ἄλλοθι⟩, τὰ μὲν μεγάλα, τὰ δὲ ἐλάσσω, τὰ δὲ καὶ πάνυ

Titulus περὶ σαρκῶν κζʹ V : π. ἀρχῶν Zwinger Erm.

3 χρέομαι V ‖ 6 οὐδὲν Heidel : οὐδὲ V οὐ D. ‖ 8 ὅπως Erm. (ὅκ-) : ὁκόσα V ‖ ἡ ante ψυχή add. Heidel ‖ 9 τὸ (ἐν) edd. : τῷ V D. ‖ 11 τὰς add. Erm. ‖ 17 δὲ add. Erm. ‖ 18 αὐτῆς D. : αὐτῇ V ‖ post ψυχρὸν add. δὲ D. ‖ 19 πολὺ κινεόμενον D. : πουλὺ κινοῦν V πολύκενον Heidel ‖ ἔνι δὴ Li. : ἐν ἤδη V ‖ 23-24 καὶ ἄλλοθι add. Li.

ailleurs de très petits, mais en fort grand nombre. Avec le temps, le chaud séchant la terre, ce qui en avait été retenu produisit des putréfactions[1] tout autour de soi, comme des membranes. **2** Avec une chaleur longtemps prolongée, tout ce qui, né de la putréfaction de la terre, se trouva gras et presque privé d'humidité, fut bientôt consumé et transformé en os[2]. **3** Mais tout ce qui se trouva glutineux et tenant du froid ne put, une fois échauffé, être consumé ni devenir sec ; il n'était pas, en effet, de la nature du glutineux d'être consumé, ni de celle de l'humide de devenir sec. C'est pourquoi (cette matière) prit une structure différente de celle de tout le reste et devint nerfs et veines. Les veines sont creuses ; les nerfs, eux, sont solides, car ils n'avaient pas beaucoup de froid. Au contraire, les veines en avaient beaucoup ; et de ce froid, tout ce qui, à la circonférence, était le plus glutineux, grillé par le chaud, devint membrane, et le froid qui s'y trouvait, vaincu par le chaud, fut dissout et, dès lors, devint liquide. **4** Selon le même principe, la gorge, l'œsophage, l'estomac et les intestins jusqu'à l'anus devinrent creux ; car le froid s'échauffant sans cesse, tout ce qu'il y avait de glutineux à la circonférence fut grillé et devint membrane. Mais l'intérieur de l'élément froid, ne contenant pas beaucoup de gras et de glutineux, fondit et devint liquide. **5** Il en fut de même pour la vessie : beaucoup de froid y fut laissé ;

1. Cette notion joue un grand rôle dans la spéculation présocratique ; cf. Platon, *Phédon*, 96 b ; Diodore, I, 7, 3 (*Vorsokratiker*, 68 B 5) et W. Spœrri, *Späthellenistische Berichte über Welt, Kultur und Götter*, Bâle, 1959, p. 127, n. 4. Il faudrait peut-être lire ἐποίει au lieu de ποιεῖ.

2. Malgré une certaine gaucherie de l'exposé, il faut résister à la tentation de croire que, à propos des organes internes, l'auteur serait fidèle à la vision empédocléenne de parties du corps se formant d'abord séparément ; cf. H. Diller, *Op. laud.*, p. 149-150. Il est intéressant de comparer toute cette section des *Chairs* aux chapitres IX et X du *Régime*. Ce sont manifestement deux produits de la même mentalité, ce qui n'empêche pas que les différences soient nombreuses. Ici, on veut répondre au problème de l'apparition de la vie sur la terre, alors que le contexte du *Régime* est nettement embryologique.

σμικρὰ πλῆθος πολλά. Καὶ τῷ χρόνῳ ὑπὸ τοῦ θερμοῦ ξηραινομένης τῆς γῆς, ταῦτα ⟨τὰ⟩ καταλειφθέντα περὶ αὐτὰ σηπεδόνας ποιεῖ οἷόν περ χιτῶνας. **2** Καὶ πολλῷ χρόνῳ θερμαινόμενον, ὅσον μὲν ἐτύγχανεν ἐκ τῆς γῆς σηπεδόνος λιπαρόν τε ἐὸν καὶ ὀλίγιστον τοῦ ὑγροῦ ἔχον, τάχιστα ἐξεκαύθη καὶ ἐγένετο ὀστέα. **3** Ὁπόσα δὲ ἐτύγχανε κολλωδέστερα ἐόντα καὶ τοῦ ψυχροῦ μετέχοντα, ταῦτα δὲ θερμαινόμενα οὐκ ἐδύνατο ἐκκαυθῆναι, οὐδὲ ξηρὰ γενέσθαι · οὐ γὰρ ἦν τοῦ λιπαροῦ ὡς ἐκκαυθῆναι, οὐδὲ μὴν τοῦ ὑγροῦ ὡς ἐκκαυθὲν ξηρὸν γενέσθαι. Διὰ τοῦτο ἰδέην ἀλλοιοτέρην ἔλαβε τῶν ἄλλων καὶ ἐγένετο νεῦρα καὶ φλέβες. Αἱ μὲν φλέβες κοῖλαι, τὰ δὲ νεῦρα στερεά · οὐδὲ γὰρ ἐνῆν πολὺ τοῦ ψυχροῦ αὐτοῖσιν. Αἱ δὲ φλέβες τοῦ ψυχροῦ εἶχον πολύ · καὶ τούτου τοῦ ψυχροῦ τὸ μὲν πέριξ ὅσον κολλωδέστατον ἦν, ὑπὸ τοῦ θερμοῦ ἐξοπτηθὲν μῆνιγξ ἐγένετο, τὸ δὲ ψυχρὸν ἐνεὸν κρατηθὲν ὑπὸ τοῦ θερμοῦ διελύθη καὶ ἐγένετο ὑγρὸν διὰ τοῦτο. **4** Κατὰ δὲ τὸν αὐτὸν λόγον καὶ ὁ φάρυγξ καὶ ὁ στόμαχος καὶ ἡ γαστὴρ καὶ τὰ ἔντερα ἐς τὸν ἀρχὸν κοῖλα ἐγένοντο · τοῦ γὰρ ψυχροῦ αἰεὶ θερμαινομένου τὸ μὲν πέριξ ἐξωπτήθη ὅσον αὐτοῦ κολλῶδες ἦν, καὶ ἐγένετο χιτὼν [ὁ περὶ αὐτὸν μῆνιγξ]. Τὸ δὲ ἐντὸς τοῦ ψυχροῦ — οὐ γὰρ ἐνῆν ἐν αὐτῷ οὔτε λιπαρὸν οὔτε κολλῶδες πολύ — διετάκη καὶ ἐγένετο ὑγρόν. **5** Κατὰ δὲ τὸν αὐτὸν λόγον καὶ ἡ κύστις · πολὺ ψυχρὸν ἀπολειφθέν, τὸ πέριξ αὐτοῦ ὑπὸ τοῦ θερ-

2 τὰ add. Erm. ‖ καταλειφθέντα D. : -ληφθέντα V ‖ 3 αὐτὰ V : ἑωυτὰ Erm. D. ‖ περ Corn. : περὶ V ‖ 9-10 οὐδὲ ἐκκαυθῆναι om. V, restituit in marg. V² ‖ 10 ὑγροῦ V¹ : ψυχροῦ V ‖ ὡς — γενέσθαι restituit in marg. V² : γενέσθαι V ‖ 11 ἰδέην Erm. : εἰδ- V ‖ ἀλλοιωτέρην V ‖ 12-13 καὶ φλέβες — νεῦρα om. V, restituit in marg. V² ‖ 13-14 αὐτοῖσιν sugg. Erm. : αὐτὸ V αὐτῷ Lind. ‖ 16 μῆνιξ V ‖ 17 ἐνεὸν Zwing. : ἐὸν V² ex οἷον vel ὅσον V ‖ 19 pr. ὁ V : ἡ V² ‖ 21 αὐτοῦ Heidel : αὐτὸ V del Erm. ‖ 22 ὁ περὶ αὐτὸν μῆνιξ del. Erm. ‖ 23 ψυχροῦ Corn. : ὑγροῦ V ‖ ἐνῆν D. : ἐῆν V ‖ αὐτῷ edd. : ἑωυτῷ V ‖ 26 ἀπολειφθέν Erm. : -ληφθέν V ‖ αὐτοῦ V² : τῆς V.

l'extérieur, échauffé par le chaud, devint membrane ; l'intérieur, échauffé longtemps, fut dissous et devint liquide, car il n'y avait là ni gras, ni glutineux ; et ce qui était autour devint membrane. **6** Les choses se passent ainsi pour tout ce qui est creux ; là où il y avait plus de glutineux que de gras, il se fit une membrane et là où il y avait plus de gras que de glutineux, il s'est formé des os. **7** C'est la même explication pour les os. Là où il n'y a pas de glutineux, mais bien du gras, (la matière) brûla plus vite à cause du gras et ces os sont plus durs et plus solides ; là où le gras et le glutineux s'équilibrent, les os sont poreux. Voici comment : **8** le froid condense ; le chaud fait fondre et, à la longue, dessèche aussi ; là où il se trouve des parties grasses, (le chaud) brûle et dessèche plus vite, mais là où le glutineux se combine au froid sans le gras, il ne peut être brûlé, mais, échauffé, il se solidifie avec le temps.

Cerveau et moelle.

IV. **1** Le cerveau est la métropole du froid et du glutineux, le chaud est la métropole du gras[1] ; car ce qui fond tout d'abord par la chaleur devient gras. C'est pourquoi le cerveau, ayant très peu de gras et beaucoup de glutineux, ne peut être brûlé par la chaleur, mais, avec le temps, il a formé autour de soi une membrane épaisse, et autour de cette membrane, des os, (provenant) de ce qui a été vaincu par le chaud et qui contenait

1. La correction de Heidel rendrait le parallélisme parfaitement satisfaisant, mais ce qui est dit du cœur en V, 1, n'invite pas à en faire ici la métropole, c'est-à-dire la source du chaud et du gras. L'emploi métaphorique de μητρόπολις est bien attesté, comme celui de ἀκρόπολις (*Timée*, 70 a ; Aristote, *P. A.*, III, 7, 670 a 26), mais plus rare à haute époque. Après les *Chairs*, l'emploi le plus ancien est chez Chrysippe, transmis par Athénée, III, 104 a (*S. V. F.*, III, p. 199, l. 25-29) : « μητρόπολιν εἶναι τῆς φιλοσοφίας αὐτοῦ (= 'Επικούρου) τὴν 'Αρχεστράτου γαστρολογίαν... »

μοῦ θερμαινόμενον χιτὼν ἐγένετο [μῆνιγξ], τὸ δὲ μέσον
πολὺν χρόνον θερμαινόμενον διελύθη καὶ ἐγένετο ὑγρόν·
οὐ γὰρ | ἐνῆν ἐν αὐτῷ οὔτε τοῦ λιπαροῦ οὔτε τοῦ κολλώ- 588
δεος· ὅσον δὲ περιῆν χιτὼν ἐγένετο. **6** Ἀτὰρ καὶ περὶ τῶν ἄλλων, ὅσα κοῖλα, τὸν αὐτὸν ἔχει τρόπον· ὅπου μὲν ἦν τοῦ κολλώδεος πλέον ἢ τοῦ λιπαροῦ, χιτὼν [μῆνιγξ] ἐγένετο· ὅπου δὲ τοῦ λιπαροῦ πλέον ἢ τοῦ κολλώδεος, ὀστέα ἐγένετο. **7** Ὡὑτὸς δὲ λόγος καὶ ⟨περὶ⟩ τῶν ὀστέων· ὅπου μὲν μὴ ἐνῆν τοῦ κολλώδεος, τοῦ δὲ λιπαροῦ καὶ τοῦ ψυχροῦ, ἐξεκαίετο θᾶσσον διὰ τὸ λιπαρόν, καὶ ταῦτα τῶν ὀστέων καὶ σκληρότατα καὶ στριφνότατα· ὅπου δὲ λιπαρὸν καὶ κολλῶδες παραπλήσια, ταῦτα δὲ τῶν ὀστέων σηραγγώδεα. Περὶ μὲν τούτων οὕτως· **8** τὸ μὲν ψυχρὸν πήγνυσι· τὸ δὲ θερμὸν διαχεῖ, ἐν δὲ τῷ πολλῷ καὶ ξηραίνει χρόνῳ· ὅπου δὲ ⟨ἂν⟩ τοῦ λιπαροῦ συνίῃ τι τούτοισι, θᾶσσον ἐκκαίει καὶ ξηραίνει· ὅπου δὲ ἂν τὸ κολλῶδες συνίῃ τῷ ψυχρῷ ἄνευ τοῦ λιπαροῦ, οὐκ ἐθέλει ἐκκαίεσθαι, ἀλλὰ τῷ χρόνῳ θερμαινόμενον πήγνυται.

IV. **1** Ὁ δὲ ἐγκέφαλός ἐστι μητρόπολις τοῦ ψυχροῦ καὶ τοῦ κολλώδεος, τὸ δὲ θερμὸν τοῦ λιπαροῦ μητρόπολις· θερμαινόμενον γάρ, τὸ πρῶτον πάντων διαχεόμενον λιπαρὸν γίνεται, καὶ διὰ τοῦτο ⟨ὁ⟩ ἐγκέφαλος ὅτι ὀλίγιστον ἔχει τοῦ λιπαροῦ, τοῦ δὲ κολλώδεος πλεῖστον, οὐ δύναται ἐκκαυθῆναι ὑπὸ τοῦ θερμοῦ, ἀλλ᾽ ἐν τῷ χρόνῳ [χιτῶνα] μήνιγγα παχέαν ἔλαβε· περὶ δὲ τὴν μήνιγγα ὀστέα ὁπόσον τὸ θερμὸν ἐκράτησε, καὶ

1-2 χιτὼν — θερμαινόμενον om. V restituit in marg. V² ‖ 1 μῆνιγξ del. D. ‖ 2 διελύθη V : διεχύθη Heidel ‖ 3 ἐνῆν D. : ἔην V ‖ αὐτῷ V² : ἑωυτῷ V ‖ 4 ὅσον — ἐγένετο forsitan delendum ‖ post περιῆν add. et eras. ὀστέον V ‖ 7 μῆνιγξ del. D. ‖ 8-9 post καὶ add. περὶ Erm. ‖ 16 ἂν add. Li. ‖ 18 ἐκκαίεσθαι V² -κάεσθαι V ‖ 19 θερμαινόμενον V² : -μαῖνον V ‖ 21 τὸ δὲ θερμὸν : ὁ δὲ μυελὸς Erm. τοῦ δὲ θερμοῦ καὶ Heidel ‖ λιπαροῦ : add. ἡ καρδίη Heidel ‖ 22 πάντων : πᾶν τὸ Heidel ‖ 23 ὁ add. Erm. ‖ 26 χιτῶνα del. Erm.

du gras. **2** La moelle appelée épinière provient du cerveau ; il n'y a en elle pas beaucoup de gras, pas plus que dans le cerveau. C'est donc à tort qu'on lui donne le nom de moelle[1] : elle n'est pas semblable à la moelle qui se trouve dans les autres os ; seule, elle a une membrane ; l'autre moelle n'en a pas. **3** Les preuves de tout cela sont claires : si on veut griller des parties tendineuses et glutineuses d'une part, et d'autre part, le reste, le reste grille vite, mais les parties tendineuses et glutineuses ne grillent pas, car elles ont très peu de gras ; mais ce qui est très gras et huileux grille très vite.

Cœur et veines.

V. **1** Voilà, selon moi, l'origine des viscères ; j'ai déjà parlé des veines. Le cœur contenait[2] beaucoup de glutineux et de froid ; échauffé par la chaleur, il est devenu une chair dure et visqueuse ; autour de lui s'est formée une membrane et il est devenu creux, mais non à la façon des veines ; il est situé à l'origine de la veine la plus creuse. **2** Car il y a deux veines caves qui sortent du cœur ; l'une est appelée artère[3], l'autre veine cave, à laquelle le cœur est attenant. L'artère et la veine cave ont énormément de chaud et elles distribuent le souffle. Outre ces deux veines, il y en a d'autres dans le corps. **3** Celle qui est la plus creuse et à laquelle le cœur est attenant traverse tout le ventre et le diaphragme, et bifurque vers l'un et l'autre rein. Aux lombes aussi elle bifurque et se dirige vers le reste du corps et notamment vers les deux jambes. De même,

1. Cette remarque linguistique est assez typique de l'époque des sophistes : que l'on songe à Prodicos ; cf. aussi *Régime des maladies aigues*, III, 2, fin, p. 37 et note 3 du tome VI, 2, d'Hippocrate dans la présente collection et *Maladies IV*, XXXVI, 1 (tome XI, p. 89) ; Anaxagore, 59 B 9 et 17 ; A 73. La présente opposition moelle épinière-moelle des os n'est pas présupposée en *Maladies II*, 5, comme l'affirme Deichgraeber, *Op. laud.*, p. 38, n. 1.

2. J'ai rétabli l'imparfait qui paraît mieux convenir au contexte immédiat ; cf. III, 3.

3. Il ne faut pas voir ici la distinction entre artère et veine, puisque l'artère dont il s'agit est une des deux veines caves. Ἀρτηρίη désigne la trachée-*artère*, mais celle-ci se continue par les bronches et bronchioles, fort comparables aux canaux sanguins ; d'où le rapprochement entre *artère* et *veine* ; cf. C. Fredrich, *Hippokratische Untersuchungen*, Berlin, 1899, p. 67 sqq.

ἐν ὅσοισι τοῦ λιπαροῦ ἐνῆν. **2** Καὶ ὁ μυελὸς ὁ καλεόμενος νωτιαῖος καθήκει ἀπὸ τοῦ ἐγκεφάλου· καὶ οὐκ ἔστιν ἐν αὐτῷ τοῦ λιπαροῦ [ἢ τοῦ κολλώδεος] πολύ, ὥσπερ καὶ ⟨ἐν⟩ τῷ ἐγκεφάλῳ· διὰ τοῦτο οὐκ ἂν δικαίως καὶ αὐτῷ εἴη μυελὸς οὔνομα· οὐ γὰρ ὅμοιος τῷ ἄλλῳ μυελῷ, ὃς ἐν τοῖσιν ἄλλοισιν ὀστέοισιν ἔνι· μοῦνος γὰρ μήνιγγας ἔχει, ὁ δὲ ἄλλος οὐκ ἔχει. **3** Τεκμήρια δὲ τούτων | σαφέα, εἴ τις ἐθέλοι ὀπτᾶν νευρώδεά τε 590
καὶ κολλώδεα καὶ τὰ ἄλλα δέ· τὰ μὲν ἄλλα ταχὺ ὀπτᾶται, τὰ δὲ νευρώδεά τε καὶ κολλώδεα οὐκ ἐθέλει ὀπτᾶσθαι· ἐλάχιστον γὰρ ἔχει τοῦ λιπαροῦ· τὸ δὲ πιότατον καὶ λιπαρὸν τάχιστα ὀπτᾶται.

V. **1** Τὰ δὲ σπλάγχνα ὧδέ μοι δοκεῖ συστῆναι· περὶ μὲν οὖν τῶν φλεϐῶν εἴρηταί μοι πρότερον· ἡ δὲ καρδίη πολὺ τοῦ κολλώδεος καὶ τοῦ ψυχροῦ εἶχε· καὶ ὑπὸ τοῦ θερμοῦ θερμαινόμενον, κρέας ἐγένετο σκληρὸν καὶ γλίσχρον, καὶ μῆνιγξ περὶ αὐτὴν καὶ ἐκοιλώθη οὐχ ὥσπερ ⟨αἱ⟩ φλέϐες, καί ἐστιν ἐπὶ τῆς κεφαλῆς τῆς φλεϐὸς τῆς κοιλοτάτης. **2** Δύο γάρ εἰσι κοῖλαι φλέϐες ἀπὸ τῆς καρδίης· τῇ μὲν οὔνομα ἀρτηρίη· τῇ δὲ κοίλη φλέψ, πρὸς ᾗ ἡ καρδίη ἐστί· καὶ πλεῖστον ἔχει τοῦ θερμοῦ ἡ ἀρτηρίη καὶ ἡ κοίλη φλέψ, καὶ ταμιεύει τὸ πνεῦμα. Πρὸς δὲ ταύταιν ταῖν φλεϐοῖν ἄλλαι κατὰ τὸ σῶμα· **3** ἡ δὲ κοιλοτάτη φλέψ πρὸς ᾗ ἡ καρδίη, διὰ τῆς κοιλίης ἁπάσης διήκει καὶ διὰ τῶν φρενῶν καὶ σχίζεται ἐς ἑκάτερον τῶν νεφρῶν· καὶ ἐπὶ τῇ ὀσφύϊ σχίζεται, καὶ ἀΐσσει ἐπί τε τὰ ἄλλα καὶ ἐς ἑκάτερον σκέλος,

3 αὐτῷ Corn. : ἑωυτῷ V ‖ ἢ τοῦ κολλώδεος del. D. ‖ 4 ἐν sugg. D. ‖ 5 αὐτῷ edd. : αὐτὸ V ‖ ὅμοιος Li. : ὁμοίως V ‖ 6 ὃς Erm. : ὡς V ‖ ἔνι Li. : ἐνῇ V ‖ 7 μήνιγγας V : -γγα e Calvo D. ‖ 11 πιώτατον V ‖ 13 δοκεῖ edd. : δοκέοι V ‖ 15 εἶχε Joly : ἔχει V ‖ 17 οὐχ del. Erm. D. ‖ 18 αἱ add. Erm. ‖ 22 ἀρτηρίη Corn. : καρδίη V ‖ καὶ D. : ἢ V (πλέον... ἢ Erm.) ‖ 23 ταύταιν ταῖν Lind. : τούτοιν τοῖν V ‖ 26 post ἑκάτερον add. τούτων V del. V² ‖ 27 ἀΐσσει Corn. : ἐσήει V γρ. ἀίσει V² supra lineam.

au-dessus du cœur, du côté du cou, elle bifurque à droite et à gauche. Alors, (les deux ramifications) vont à la tête et se partagent l'une et l'autre tempe. **4** Il est facile d'énumérer les plus grandes veines ; et on peut dire en un mot que les autres veines distribuées dans tout le corps proviennent de la veine cave et de l'artère. Les plus creuses sont près du cœur, au cou et à la tête et, au-dessous du cœur, jusqu'aux hanches [1].

VI. **1** La plus grande quantité de chaud est dans les veines et le cœur ; c'est pourquoi le cœur a du souffle, étant la partie la plus chaude de l'homme [2]. On se convainc facilement que le souffle est chaud : le cœur et les veines caves se meuvent continuellement et ils contiennent le plus de chaleur ; voilà la raison pour laquelle le cœur a du souffle, étant la partie la plus chaude dans l'homme [3]. **2** On peut aussi le reconnaître autrement : qu'on allume du feu dans une maison où nul [4] vent ne se fait sentir ; la flamme se meut tantôt plus, tantôt moins ; une lampe allumée se meut de la même façon, tantôt plus, tantôt moins, sans qu'elle soit agitée par aucun vent dont nous puissions percevoir le souffle. De plus, le froid sert d'aliment au chaud*. **3** L'enfant, dans le ventre (de sa mère), en rapprochant ses lèvres, suce et tire de la matrice l'aliment et l'air en lui*, pour son cœur, car cet air est très chaud chez l'enfant précisément quand sa mère inspire ; le chaud donne le mouvement à l'enfant, au corps (de la mère), ainsi qu'à tout le reste. **4** Si quelqu'un demande comment on sait que l'enfant

1. Ce système, dans lequel les veines partent du cœur, est fort proche de celui d'Aristote, ce qui ne veut pas dire que notre texte dépendrait sur ce point du Stagirite ; cf. *supra*, p. 42, n. 3.

2. Ceci implique que les veines aussi ont du souffle ; la théorie de Praxagoras affirmera que les veines ont du sang et les artères, du souffle.

3. Ce paragraphe, avec ses répétitions circulaires, est très typique de la manière archaïque.

4. Deichgraeber supprime à tort, ici et plus bas, la négation ; cf. H. Diller, *Op. laud.*, p. 151. Le cœur et les veines sont en mouvement à cause du souffle qu'on ne perçoit pas, comme la flamme se meut sans courant d'air perceptible. L'analogie développée ici est du même ordre que celles qui abondent dans *Génération*, *Nature de l'enfant*, *Maladies IV*.

ἀτὰρ καὶ ἄνωθεν τῆς καρδίης πρὸς τῷ αὐχένι, τὰ μὲν ἐπὶ δεξιά, τὰ δ' ἐπ' ἀριστερά · καὶ τότε ἐπὶ τὴν κεφαλὴν ἄγει καὶ ἐν τοῖσι κροτάφοισι σχίζεται ἑκατέρη. 4 Ἔστι δὲ καὶ ἀριθμῷ εἰπεῖν τὰς φλέβας τὰς μεγίστας · ἑνὶ δὲ λόγῳ ἀπὸ τῆς κοίλης φλεβὸς καὶ ἀπὸ τῆς ἀρτηρίης αἱ ἄλλαι φλέβες ἐσχισμέναι εἰσὶ κατὰ πᾶν τὸ σῶμα · κοιλόταται δὲ αἱ πρὸς τῇ καρδίῃ καὶ τῷ αὐχένι καὶ ἐν τῇ κεφαλῇ καὶ κάτωθεν τῆς καρδίης μέχρι τῶν ἰσχίων.

VI. **1 Καὶ τὸ θερμὸν πλεῖστον ἔνι ἐν τῇσι φλεψὶ** 592
καὶ τῇ καρδίῃ καὶ διὰ τοῦτο πνεῦμα ἡ καρδίη ἔχει θερμὴ ἐοῦσα μάλιστα τῶν ἐν τῷ ἀνθρώπῳ. Ῥηΐδιον δὲ τοῦτο καταμαθεῖν, ὅτι θερμόν ἐστι τὸ πνεῦμα · ἡ καρδίη καὶ αἱ κοῖλαι φλέβες κινέονται αἰεὶ καὶ τὸ θερμὸν πλεῖστον ἔνι ἐν τῇσι φλεψὶ ⟨καὶ τῇ καρδίῃ⟩ · καὶ διὰ τοῦτο πνεῦμα ἡ καρδίη ἔχει θερμὴ ἐοῦσα μάλιστα τῶν ἐν τῷ ἀνθρώπῳ. 2 Ἔστι δὲ καὶ ἄλλως γνῶναι · πῦρ εἴ τις θέλει καίειν ἐν οἰκήματι ὁπόταν ἄνεμος μὴ ἐσπνέῃ, φλὸξ κινεῖται τοτὲ μὲν μᾶλλον, τοτὲ δὲ ἧσσον · καὶ λύχνος καιόμενος τὸν αὐτὸν τρόπον κινεῖται, τοτὲ μὲν μᾶλλον, τοτὲ δὲ ἧσσον, ἀνέμου μηδενὸς κινέοντος, ὅντινα καὶ ἡμεῖς οἷοί τέ ἐσμεν γινώσκειν πνέοντα · καὶ τροφή ἐστι τῷ θερμῷ τὸ ψυχρόν. 3 Τὸ δὲ παιδίον ἐν τῇ γαστρὶ συνέχον τὰ χείλεα μύζει ἐκ τῶν μητρέων τῆς μητρὸς καὶ ἕλκει τήν τε τροφὴν καὶ τὸ πνεῦμα τῇ καρδίῃ ἔσω · τοῦτο γὰρ θερμότατόν ἐστιν ἐν τῷ παιδίῳ, ὅταν περ ἡ μήτηρ ἀναπνέῃ · τούτῳ δὲ καὶ τῷ ἄλλῳ σώματι τὴν κίνησιν παρέχει τὸ θερμὸν καὶ τοῖσιν ἄλλοισι πᾶσιν. 4 Εἰ

5 αἱ ἄλλαι C : ἀλλ' αἱ V ‖ 6 κατὰ V² (ex quo incertum) ‖ 9 ἔνι Li. : ἐνῇ V ‖ 10 ἔχει : ἕλκει D. ‖ 12 θερμόν : τρέφον Li. ‖ 13 θερμὸν D. : -μότατον V ‖ 14 ἔνι V² s. l. : om. V ‖ καὶ τῇ καρδίῃ add. D. ‖ 15 ἔχει V : ἕλκει V² D. ‖ 17 μὴ ἐσπνέῃ V² s. l. (εἰσ-) : πνέῃ V εἰσπνέῃ D. ‖ 18 λύχνος Corn. : αὐχμὸς V ‖ 20 μηδενὸς Erm. : οὐδ. V del. D. ‖ 24 τε V² : om. V ‖ ἔσω Joly : εἴσω V² (γρ. in marg.) ἴσον V¹ e tribus litteris ‖ τοῦτο V² : τὸ V D. ‖ 26 τούτῳ Li. : τοῦτο V ‖ 27 τοῖς ἄλλοις V.

dans la matrice tire et suce, voilà ce qu'il y a à lui répondre : l'enfant naît avec des excréments dans l'intestin et il les évacue aussitôt qu'il vient au monde[1], les hommes comme les animaux ; or, il n'y aurait pas d'excréments s'il n'avait sucé dans la matrice et il ne saurait prendre le sein tout de suite à la naissance s'il n'avait déjà sucé dans la matrice[2]. Voilà ce qui en est du mouvement du cœur et des veines.

Poumon.

VII. **1** Le poumon s'est formé à côté du cœur de cette façon : le cœur, échauffant la partie de l'humeur qui était la plus glutineuse, l'eut bientôt desséchée en forme d'écume, la fit spongieuse et la remplit de petites veines. **2** Il a produit les veines grâce à ceci : tout ce qu'il y avait de froid dans le glutineux fut dissous par le chaud et devint le liquide ; quant au glutineux même, il devint la tunique.

Foie.

VIII. **1** Le foie s'est formé ainsi : beaucoup d'humide ayant été écarté avec le chaud sans le glutineux et le gras, le froid triompha du chaud et se solidifia. **2** En voici une preuve : lorsqu'on tue une victime, le sang, tant qu'il est chaud, est fluide, mais quand il se refroidit, il se coagule. Si on l'agite, il ne se coagule pas[3].

Rate, reins, chairs.

IX. **1** La rate s'est formée ainsi : avec l'humide et le glutineux, beaucoup de chaud, mais très peu de froid, seulement ce qu'il en fallait pour coaguler le glutineux

1. Il s'agit de selles très particulières, appelées *méconium*.

2. Nous dirions peut-être aujourd'hui que l'auteur privilégie l'*acquis* au détriment de l'*inné*. Il ne s'aperçoit pas qu'il ne fait que reculer le problème en laissant sans explication le comportement de l'enfant dans la matrice. — Notre auteur emploie indifféremment μήτρῃ et μήτραι, dans la même subordonnée répétée à deux lignes d'intervalle ; il faut se garder d'harmoniser ; cf. *supra*, p. 17, et *Indices lexicaux...*, in *Corpus Hippocraticum*, p. 139.

3. Cf. IX, 5.

δέ τις ἐρωτοίη πῶς τοῦτο οἶδέ τις, ὅτι ἐν τῇ μήτρῃ τὸ παιδίον ἕλκει καὶ μύζει, τάδε αὐτῷ ἔστιν ἀποκρίνασθαι· κόπρον ἔχον | ἐν τοῖσιν ἐντέροισι γίνεται καὶ ἀποπατεῖ, 594
ἐπειδὰν γένηται τάχιστα, καὶ οἱ ἄνθρωποι καὶ τὰ πρόβατα· καίτοι οὐκ ἂν εἶχε κόπρον, εἰ μὴ ἐν τῇσι μήτρῃσιν ἔμυζεν, οὐδ' ἂν θηλάζειν τὸν μαστὸν ἠπίστατο γεννώμενον αὐτίκα, εἰ μὴ καὶ ἐν τῇ μήτρῃ ἔμυζε. Καὶ περὶ μὲν τῆς κινήσιος τῆς καρδίης καὶ τῶν φλεβῶν οὕτως ἔχει.

VII. **1** Ὁ δὲ πλεύμων πρὸς τῇ καρδίῃ ἐγένετο ὧδε· τοῦ ὑγροῦ ὁπόσον ἦν κολλωδέστατον, ἡ καρδίη θερμαίνουσα ταχὺ ἐξήρηνεν ὅπωσπερ ἀφρὸν καὶ ἐποίησε σηραγγῶδες καὶ φλέβια πολλὰ ἐν αὐτῷ. **2** Διὰ δὲ τοῦτο ἐποίησε τὰ φλέβια· ὁπόσον ἐν τῷ κολλώδει ἐνῆν ψυχρόν, τοῦτο μὲν ὑπὸ τοῦ θερμοῦ διετάκη καὶ ἐγένετο ⟨τὸ⟩ ὑγρόν, τὸ δὲ ἀπὸ τοῦ κολλώδεος αὐτοῦ ὁ χιτών.

VIII. **1** Τὸ δὲ ἧπαρ ὧδε συνέστη· σὺν τῷ θερμῷ πολὺ τοῦ ὑγροῦ ἀπολειφθὲν ἄνευ τοῦ κολλώδεος καὶ τοῦ λιπαροῦ, ἐκράτησε τὸ ψυχρὸν τοῦ θερμοῦ, καὶ ἐπάγη. **2** Τεκμήριον δέ μοι τόδε· ὁπόταν σφάξῃ τις ἱερεῖον, τέως μὲν ἂν θερμὸν ᾖ, ὑγρόν ἐστι τὸ αἷμα· ἐπειδὰν δὲ ψυχθῇ, ἐπάγη· ἢν δέ τις αὐτὸ τινάσσῃ, οὐ πήγνυται. [Αἱ γὰρ ἶνές εἰσι ψυχραὶ καὶ κολλώδεις.]

IX. **1** Ὁ δὲ σπλὴν συνέστη ὧδε· σὺν τῷ ὑγρῷ καὶ κολλώδει καὶ τοῦ θερμοῦ πλεῖστον, τοῦ δὲ ψυχροῦ ἐλάχιστον, τοσοῦτον μοῦνον ὁπόσον πῆξαι τὸ κολλῶδες

2 αὐτῷ edd. : αὐτὸν V ‖ 3 ἔχον Li. : ἔχοντα V. ‖ 6-7 γεννώμενον V Li. : γενόμενον C Erm. D. ‖ post. εἰ add. δὴ sed expunxit V ‖ 10 πλεύμων Joly : πν- V ‖ 13 τοῦτο V² : οὕτω V ‖ 15 τὸ add. D. ‖ 16 αὐτοῦ Erm. : αὐτὸς V ‖ 18 ἀπολειφθὲν D. : -ληφθὲν V² ὑπολήφ- V ‖ 19 τὸ ψυχρὸν τοῦ θερμοῦ V² : τὸ θερμὸν τοῦ ψυχροῦ V ‖ 20 ἱερεῖον V² : ἱεριον V ‖ 22 τινάσσῃ Chart. : -σσει V ‖ 23 αἱ γὰρ — κολλώδεις del. Erm. ‖ εἰσὶ V² : εἰσιναι V ‖ 24 συνέστη ὧδε V² : ἔστη δὲ V ‖ ὑγρῷ Erm. : θερμῷ V ‖ 25 τοῦ θερμοῦ edd. : τὸ θερμὸν V. ‖ 26 μόνον V.

même, qui constitue les fibres de la rate ; car les fibres sont froides et glutineuses et c'est à cause de ces fibres que la rate est molle et fibreuse. **2** Les reins se sont formés ainsi : peu de glutineux, peu de chaud et beaucoup de froid, ce qui produisit la solidification ; et ce viscère est devenu le plus dur et fort peu rouge, parce que beaucoup de chaud ne s'y est pas réuni. **3** Il faut en dire autant des chairs : le froid a fixé, solidifié et produit la chair ; le glutineux est devenu des canaux, et dans ces canaux se trouve le liquide, comme dans les grandes veines. **4** Le chaud est répandu par tout le corps, mais dans le corps, il y a énormément d'humide, et dans l'humide, beaucoup de froid ; il y en a autant qu'il en faut pour coaguler l'humide ; mais il est vaincu par le chaud, de sorte qu'il est dissous. **5** Voici la preuve que l'humide est chaud : si on incise le corps de l'homme où que ce soit, il en coulera du sang chaud qui sera fluide tant qu'il conservera sa chaleur ; mais quand le sang se refroidit, à la fois par l'action du froid intérieur et extérieur, il se forme une peau et une membrane[1]. Si, enlevant cette peau, on le laisse tranquille quelque temps, on verra une autre peau se former ; et autant de fois on l'enlèvera, autant de fois il en naîtra une autre par l'effet du froid[2]. **6** Je me suis étendu sur ce point afin de montrer que l'extérieur du corps, exposé à l'air, a dû nécessairement devenir peau par l'effet du froid et des vents qui le frappent[3].

Articulations. Synovie

X. **1** Les articulations se sont formées ainsi : quand les os se réunirent, les parties grasses qu'ils contenaient

1. L'auteur ne veut sans doute pas désigner ainsi deux choses distinctes. On hésite à suggérer un *hendiadys* ; ne faudrait-il pas plutôt lire ἢ au lieu de καὶ?

2. Cette observation est exacte.

3. C'est ainsi qu'Empédocle explique la formation des ongles ; cf. *Vors.*, 31 A 78, l. 3 sq. (= Aétius, V, 22, 1), II, p. 299, 7-8 : τοὺς δὲ ὄνυχας τοῖς ζῴοις γεννᾶσθαι τῶν νεύρων καθ' ὃ τῷ ἀέρι συνέτυχε περιψυχθέντων...

αὐτό, ὅ εἰσιν αἱ ἶνες αἱ ἐνεοῦσαι ἐν τῷ σπληνί· ⟨αἱ γὰρ ἶνές εἰσι ψυχραὶ καὶ κολλώδεις,⟩ καὶ διὰ τὰς ἶνας ταύτας μαλακός ἐστιν ὁ σπλὴν καὶ ἰνώδης. **2** Οἱ δὲ νεφροὶ συνέστησαν ὧδε· ὀλίγον τοῦ κολλώδεος, τοῦ θερμοῦ ὀλίγον, | τοῦ ψυχροῦ πλεῖστον καὶ ἐπάγη ὑπὸ τούτου 596 καὶ ἐγένετο σκληρότατον τὸ σπλάγχνον καὶ ἥκιστα ἐρυθρόν, ὅτι οὐ πολὺ τοῦ θερμοῦ συνέστη. **3** Ὁ δὲ αὐτὸς λόγος καὶ περὶ τῶν σαρκῶν· τὸ μὲν ψυχρὸν ἔστησε καὶ συνέπηξε καὶ ἐποίησε σάρκα, τὸ δὲ κολλῶδες τρῶγλαι ἐγένοντο· ἐν δὲ τῇσι τρώγλῃσι ταύτῃσι τὸ ὑγρὸν ὥσπερ καὶ ἐν τῇσι φλεψὶ τῇσι μεγάλῃσι. **4** Τὸ δὲ θερμὸν ἐν παντὶ τῷ σώματι, πλεῖστον δὲ ⟨τοῦ ὑγροῦ ἐν⟩ τῷ σώματι, καὶ τοῦ ψυχροῦ πολὺ ἐν τῷ ὑγρῷ· τοσοῦτο δέ ἐστι τοῦ ψυχροῦ ὁπόσον δύναται πῆξαι τὸ ὑγρόν, ἀλλὰ νενίκηται, ὥστε διακέχυται, ὑπὸ τοῦ θερμοῦ. **5** Ἡ δὲ ἀπόδειξις τοῦ ὑγροῦ ὅτι θερμόν ἐστιν· εἴ τις ἐθέλοι τάμνειν τοῦ ἀνθρώπου τοῦ σώματος, ὅπου ἐθέλοι, ῥεύσεται αἷμα θερμὸν καί, τέως μὲν ἂν θερμὸν ᾖ, ὑγρὸν ἔσται· ἐπειδὰν δὲ ψυχθῇ ὑπό τε τοῦ ἐνεόντος ψυχροῦ καὶ τοῦ ἐκτός, ἐγένετο δέρμα καὶ ὑμήν, καὶ εἴ τις ἀφελὼν τοῦτο τὸ δέρμα ἐάσειεν ὀλίγου χρόνου, ὄψεται ἄλλο δέρμα γινόμενον· εἰ δέ τις τοῦτο αἰεὶ ἀφαιρεῖ, ἄλλο δέρμα γίνοιτ' ἂν πρὸς τοῦ ψυχροῦ. **6** Τούτου δὲ εἵνεκα πλείω ἔλεξα, ὅπως ἀποδείξω ὅτι τὸ ἔσχατον τοῦ σώματος πρὸς τοῦ ἠέρος ἀναγκαίως ἔχει δέρμα γενέσθαι ὑπὸ τοῦ ψυχροῦ καὶ τῶν πνευμάτων προσβαλλόντων.

X. **1** Τὰ δὲ ἄρθρα ὧδε ἐγένετο· ὅτε τὰ ὀστέα συνίστατο, ὁπόσα μὲν αὐτῶν λιπαρὰ ἦν, τάχιστα ἐξε-

1-2 αἱ γὰρ — κολλώδεις D. suggerente hic transposui ‖ 5 ὀλίγον Corn. : πλεῖστον V add. τοῦ ὑγροῦ πλεῖστον Erm. ‖ 7 συνέστη : ἐνῆν? D. ‖ 7-8 δὲ αὐτὸς Li. : δ' ἑωυτός V ‖ 12 τοῦ ὑγροῦ ἐν add. Calvus edd. ‖ 13 τοσοῦτο V² : τοῦτο V ‖ 14 δύναται V : οὐ δ. V² ‖ 16 εἴ Corn. : ἢ V ‖ 17-18 ῥεύσεται Schwyzer apud D. : ῥεύσει τε V ‖ 21 post ἄλλο add. καὶ ἄλλο Heidel ‖ 24 ὅπως Erm. (ὅκ-) : τέως V ‖ 28 ἦν V² (V¹?) : ἢ V.

furent vite consumées, comme il a été dit plus haut[1], mais les parties glutineuses ne purent pas l'être et, prises entre ce qui était brûlé et desséché, elles furent transformées par le chaud en nerfs[2] et en synovie. **2** Pour ce qui est de cette dernière, la partie la plus liquide du glutineux, échauffée, devint plus épaisse, tout en restant liquide, et de là provint la synovie.

Ongles. XI. **1** Les ongles ont aussi été produits par ce glutineux, car sa partie la plus humide s'écoulant sans cesse des os et des articulations, durcie et desséchée par le chaud, forme les ongles en dehors.

Dents. XII. **1** Les dents naissent à cause de ceci : leur croissance se fait par les os de la tête et les mâchoires. Ce que les os contiennent de glutineux et de gras, séché par le chaud, se consume, et les dents deviennent plus dures que les autres os parce qu'elles ne contiennent pas de froid. **2** Les premières dents se forment par l'alimentation du foetus dans la matrice et par l'allaitement de l'enfant après sa naissance et, quand celles-là sont tombées, des aliments et des boissons ; les dents de la première alimentation tombent à sept[3] ans ; chez certains, même auparavant, quand elles se développent à partir d'une mauvaise nourriture ; pour la plupart, c'est à l'âge de sept ans ; celles qui leur succèdent vieillissent avec l'homme, à moins que quelque maladie ne les gâte.

XIII. **1** Voici pourquoi les dents poussent plus tard

1. Ceci renvoie manifestement à III, 2. La correction de Cornarius est fantaisiste : même si un passage de *Nature de l'enfant* convenait mieux, une correction de ce genre ne s'imposerait pas. De plus, c'est loin d'être le cas (cf. XVII, 2, au tome XI, p. 59).

2. Le mot νεῦρον ne doit pas être pris au sens précis d'aujourd'hui ; il faut sans doute y voir surtout la notion de tendon.

3. L'auteur attribue au nombre sept une importance tout spéciale ; il y consacre tout le dernier et long chapitre XIX. Il est vrai que *sept* n'est ici qu'une correction, mais très légère et tout à fait sûre. L'addition de Deichgraeber tout de suite après semble aussi devoir s'imposer.

καύθῃ, ὥσπερ πρόσθεν λέλεκται ἐν τῷ προτέρῳ λόγῳ· ὁπόσον δ' αὐτῶν κολλῶδες ἦν, τοῦτο δὲ οὐκ ἐδύνατο ἐκκαυθῆναι, ἀλλὰ μεταξὺ ἀπολειφθὲν τοῦ καιομένου ⟨καὶ⟩ ξηραινομένου ὑπὸ τοῦ θερμοῦ νεῦρα καὶ σίελον ἐγένετο· **2** τὸ δὲ σίε|λον, ὁπόσον τοῦ κολλώδεος ὑγρότατον ἦν, [τὸ δὲ] θερμαινόμενον παχύτερον ἐγένετο 598 ὑγρὸν ἐόν· καὶ ἀπὸ τούτου σίελον ἐγένετο.

XI. **1** Οἱ δὲ ὄνυχες ἀπὸ τούτου ἐγένοντο τοῦ κολλώδεος· ἀπὸ γὰρ τῶν ὀστέων καὶ τῶν ἄρθρων αἰεὶ τὸ ὑγρότατον αὐτοῦ ἀπιὸν [κολλῶδες] γίνεται ὑπὸ τοῦ θερμοῦ ξηραινόμενον καὶ ἐξαυαινόμενον θύραζε ὄνυχες.

XII. **1** Οἱ δὲ ὀδόντες [ὕστερον] γίνονται διὰ τόδε· ἀπὸ τῶν ὀστέων τῶν ἐν τῇ κεφαλῇ καὶ ταῖν γνάθοιν ἡ αὔξησις γίνεται· τοῦ κολλώδεος ⟨καὶ⟩ τοῦ λιπαροῦ τὸ ἐνεὸν ὑπὸ τοῦ θερμοῦ ξηραινόμενον ἐκκαίεται, καὶ γίνονται ὀδόντες σκληρότεροι τῶν ἄλλων ὀστέων, ὅτι οὐκ ἔνεστι τοῦ ψυχροῦ. **2** Καὶ οἱ μὲν πρῶτοι ὀδόντες φύονται ἀπὸ τῆς διαίτης τῆς ἐν τῇ μήτρῃ, καί, ἐπὴν γένηται, ἀπὸ τοῦ γάλακτος θηλάζοντι τῷ παιδίῳ· ἐπειδὰν δὲ οὗτοι ἐκπέσωσιν, ἀπὸ τῶν σιτίων καὶ τῶν ποτῶν· ἐκπίπτουσι δὲ ἐπειδὰν ἑπτὰ ἔτεα ᾖ ⟨οἱ ἀπὸ⟩ τῆς πρώτης τροφῆς· ἔστι δὲ καὶ οἷσι πρότερον, ἢν ἀπὸ νοσερῆς τροφῆς φύωσι· τοῖσι δὲ πλείστοισιν, ἐπειδὰν ἑπτὰ ἔτεα γένηται· οἱ δὲ μεταφυέντες συγκαταγηράσκουσιν, ἢν μὴ ὑπὸ νούσου διαφθαρέωσι.

XIII. **1** Διὰ δὲ τοῦτο φύονται οἱ ὀδόντες ὕστερον

1 προτέρῳ λόγῳ V : περὶ φύσιος παιδίου Corn. ‖ 3 ἀπολειφθὲν D. : -ληφθὲν V ‖ 4 καὶ add. Calvus ‖ 4 et 5 σίελον Joly : σίαλον V ‖ 5 post σίελον lac. ind. Erm. ‖ 6 τὸ δὲ del. D. et τοῦτο sugg. in nota ‖ 10 ἀπιὸν edd. : -ὼν V ‖ κολλῶδες del. D. ‖ ὑπὸ Erm. : ἀπὸ V ‖ 12 ὕστερον del. D. ‖ 13 ταῖν Zwing. : τοῖν V ‖ 14 καὶ add. Corn. ‖ 17 ἔνεστι V : ἔνι D. ‖ 21 ἑπτὰ Coraes : ἐπὶ τὰ V ‖ ᾖ D. : εἴη V ‖ οἱ ἀπὸ add. D. ‖ 22 οἷσι : οἷς V ‖ 23 φύωσι D. (-σιν) : φύσωσι V ‖ 24 μεταφυέντες Schwyzer apud D. : -φυέοντες V ‖ 25 διαφθαρῶσι V.

que les autres os : dans la mâchoire, il y a des veines et ce sont les seules veines qui, du ventre inférieur, fournissent l'aliment à l'os ; **2** or, les os présentent un accroissement correspondant à leur substance, comme toutes les autres parties du corps. Les veines tirent du ventre et des intestins, où se rassemblent les aliments et les boissons, une fois que ces derniers sont échauffés, ce qu'il y a de plus ténu et de plus liquide ; tandis que ce qu'il y a de plus épais reste et se transforme en excréments dans les intestins inférieurs. Les veines absorbent, dans le ventre et aussi dans les intestins au-dessous du jéjunum, la partie la plus ténue des aliments échauffés ; mais s'ils ont traversé le jéjunum vers les intestins inférieurs, ils se condensent et deviennent excréments. **3** L'aliment, arrivé à chaque partie, y produit la forme de cette partie correspondant à sa substance[1] ; car chaque partie, arrosée par l'aliment, s'accroît, le chaud, le froid, le glutineux, le gras, le doux, l'amer, les os et tout ce qui est dans le corps de l'homme. Je reviens à la raison[2] pour laquelle les dents naissent en dernier lieu : j'ai dit plus haut que les mâchoires, seules parmi les os, renferment des veines dans leur intérieur ; c'est pourquoi elles attirent plus de nourriture que les autres os. Ayant plus de nourriture et un afflux plus abondant, elles engendrent par elles-mêmes un accroissement qui correspond à leur substance ; et elles l'engendrent jusqu'à ce que l'homme ait grandi jusqu'à son terme. **4** Il grandit quand il est devenu formé et il devient surtout formé de sept à quatorze ans. C'est dans cet intervalle que naissent les plus grosses dents et toutes

1. Ce chapitre suppose l'application du principe ὅμοιον-ὁμοίῳ ; Cf. C. W. Müller, *Gleiches zu Gleichem...*, p. 128, n. 71, avec plusieurs références hippocratiques concernant la nutrition. Pour les présocratiques, cf. Empédocle, 31 B 90 ; A 70 ; 79 ; 95 ; Anaxagore 59 A 46 : Aristote, *De gener. et corr.* A 1, 314 a 18 et Aétius, I 3, 5 : ... ἀπὸ τοῦ οὖν ὅμοια τὰ μέρη εἶναι ἐν τῇ τροφῇ τοῖς γεννωμένοις ὁμοιομερείας αὐτὰς ἐκάλεσε καὶ ἀρχὰς τῶν ὄντων ἀπεφήνατο.

2. Cette traduction est plus précise que le texte grec ; l'auteur rappelle seulement ce qu'*il a dit auparavant*. Manifestement, la digression qui précède ne devait rien avoir d'agaçant pour son lecteur.

τῶν ἄλλων· ἐν τῇ | γνάθῳ φλέϐες εἰσὶ καὶ ἐκ τῆς κάτω 600
κοιλίης μούνοισι τῶν ὀστέων αὗται τὴν τροφὴν παρέχουσι [τῷ ὀστέῳ]· **2** τὰ δὲ ὀστέα τοιαύτην αὔξησιν ὁποῖά πέρ ἐστι, καὶ τὰ ἄλλα δὲ πάντα τοιαύτην ἀποδίδωσιν αὔξησιν, ὁποῖα αὐτά ἐστι· καὶ γὰρ αἱ φλέϐες [αἱ] ἐκ τῆς νηδύος ⟨καὶ⟩ τῶν ἐντέρων, ἐς ἃ συλλέγεται τὰ σιτία καὶ τὰ ποτά, ἐπειδὰν θερμανθῇ ταῦτα, ἕλκουσι τὸ λεπτότατον καὶ τὸ ὑγρότατον· τὸ δὲ παχύτατον αὐτοῦ καταλείπεται καὶ γίνεται κόπρος ἐν τοῖσιν ἐντέροισι τοῖσι κάτω· τὸ δὲ λεπτότατον αἱ φλέϐες ἕλκουσι ἐκ τῆς νηδύος καὶ τῶν ἐντέρων τῶν ἄνωθεν τῆς νήστιος, θερμαινομένων τῶν σιτίων· ἐπὴν δὲ περήσῃ τὴν νῆστιν ἐς τὰ κάτω ἔντερα, συνεστράφη καὶ κόπρος ἐγένετο· **3** ἡ δὲ τροφή, ἐπειδὰν ἀφίκηται ἐς ἕκαστον, τοιαύτην ἀπέδωκε τὴν ἰδέην ἑκάστου ὁποῖά περ ἦν· ἀρδόμενα γὰρ ὑπὸ τῆς τροφῆς αὔξεται ἕκαστα, τὸ θερμὸν καὶ τὸ ψυχρὸν καὶ τὸ κολλῶδες καὶ τὸ λιπαρὸν καὶ τὸ γλυκὺ καὶ τὸ πικρὸν καὶ τὰ ὀστέα καὶ τὰ ἄλλα σύμπαντα ὁπόσα ἐν τῷ ἀνθρώπῳ ἔνι. Διὰ τοῦτο ὕστερον οἱ ὀδόντες φύονται· εἴρηται δέ μοι καὶ πρότερον ὅτι μοῦναι τῶν ὀστέων
αἱ γνάθοι φλέ|ϐας ἔχουσιν αὐταὶ ἐν ἑωυτῇσι καὶ διὰ 602
τοῦτο τροφὴ ἕλκεται πλείων ἢ ἐς τὰ ἄλλα ὀστέα. Καὶ πλείονα τὴν τροφὴν ἔχοντα καὶ ἀθροωτέρην τὴν ἐπιρροήν, ἀποτίκτει αὔξησιν αὐτὰ ἀφ' ἑαυτῶν τοιαύτην οἷά πέρ ἐστιν αὐτά, τέως ἂν περ καὶ ἄνθρωπος ὅλος αὐξάνηται. **4** Αὐξάνεται δὲ ἐπὴν γένηται ἐπίδηλος· ἐπίδηλος δὲ μάλιστα γίνεται ἀπὸ ἑπταετέος μέχρι τεσσερεσκαιδεκαετέος, καὶ ἐν τούτῳ τῷ χρόνῳ οἵ τε μέ-

1-2 ἐκ τῆς, κοιλίης Corn. : ἐν τῇ, κοιλίῃ V (ἐν τῇ κάτω κοῖλαι καὶ Li.) ‖ 3 τῷ ὀστέῳ del. Erm. ‖ 6 αἱ del. Erm. ‖ καὶ add. Corn. ‖ 9 καταλείπεται : add. in marg. ὑποσταθμᾶ καὶ συνσήπεται V[3] ‖ 15 ἰδέην Erm. : εἰδ- V ‖ 19 ἔνι Li. : ἐνῇ V ‖ Διὰ — φύονται del. D. ‖ 21 ἑωυτῇσι Lind. : -τέσι V ‖ 22 πλέων D. in nota : πλέον V ‖ 25 ὅλος Joly : οὖλος V ‖ 26 ἐπίδηλος V[2] : κατάδ- V ‖ 27-28 τεσσερεσκαιδεκαετέος Foes (τεσσαρ-) : τεσσαρεσκαιδεκαίτεος V.

les autres, une fois tombées les dents provenant de la nourriture dans la matrice. Il grandit aussi jusqu'à la troisième hebdomade, où il devient jeune homme, et jusqu'à la quatrième et la cinquième[1]. Dans la quatrième hebdomade naissent chez la plupart des hommes deux dents dites de sagesse[2].

Cheveux et poils.

XIV. **1** Les cheveux poussent ainsi : ce sont les os et le cerveau qui les produisent, parce que leurs parties extérieures, comme dans les nerfs, sont glutineuses et qu'il ne s'y trouve pas de gras ; car s'il y avait du gras, il serait consumé par le chaud. **2** Mais peut-être s'étonnera-t-on qu'il y ait des poils abondants aux aisselles, au pubis et sur tout le corps. La raison est la même à ce sujet : là où le corps contient du glutineux, des poils poussent sous l'effet du chaud.

L'ouie.

XV. **1** (L'homme) entend pour cette raison : les conduits auditifs[3] sont attenants à un os dur et sec comme la pierre ; cet os est essentiellement une cavité fistuleuse. Les sons viennent heurter contre ce corps dur et l'os creux retentit du fait de sa dureté ; **2** la peau qui se trouve dans le conduit auditif près de l'os dur, est ténue comme une toile d'araignée, et très sèche en comparaison du reste de la peau. **3** Il y a beaucoup de preuves que les corps les plus durs résonnent le mieux ; or, quand les sons ont le plus de force, nous entendons très bien. **4** Quelques-uns qui ont écrit sur la nature ont prétendu

1. On constate grâce à ce passage que le chapitre XIX sur l'importance de l'hebdomade correspond parfaitement à la pensée de l'auteur, alors que, du point de vue de la composition, il ferait vite figure de pièce rapportée.

2. L'expression grecque ne se retrouve que chez Rufus d'Éphèse, mais elle est garantie aussi par le fragment 524 de Cléanthe ; Aristote emploie κραντῆρες (*Histoire des animaux*, II, 4, 501 b 25, 29 ; cf. aussi Cicéron, *De natura deorum*, II, 134 ; tous textes cités par Deichgraeber, qui consacre aux dents de sagesse deux pages (46-47) pleines d'intérêt.

3. Les deux seuls emplois de οὖς dans ce traité sont du type οὔατα. On pourrait les maintenir, comme Deichgräber, mais je me méfie beaucoup du Vaticanus à ce point de vue ; cf. *supra*, p. 120, l. 8.

γιστοι τῶν ὀδόντων φύονται καὶ ⟨οἱ⟩ ἄλλοι πάντες, ἐπὴν ἐκπέσωσιν οἳ ἐγένοντο ἀπὸ τροφῆς τῆς ἐν τῇ μήτρῃ. Αὐξάνεται δὲ καὶ ἐς τὴν τρίτην ἑβδομάδα, ἐν ᾗ νεηνίσκος γίνεται, μέχρι τεσσέρων καὶ πέντε ἑβδομάδων· καὶ ἐν τῇ τετάρτῃ δὲ ἑβδομάδι ὀδόντες φύονται δύο τοῖσι πολλοῖσι τῶν ἀνθρώπων, οὗτοι καλέονται σωφρονιστῆρες.

XIV. **1** Αἱ δὲ τρίχες φύονται ὧδε· ὀστέα εἰσὶ καὶ ἐγκέφαλος, ἀφ' ὧν ἡ τοιαύτη αὔξησις, ὅτι τὸ πέριξ κολλῶδες, ὅπωσπερ τοῖσι νεύροισι, καὶ τοῦ λιπαροῦ οὐκ ἔνεστιν· εἰ γὰρ ἐνῆν τοῦ λιπαροῦ, ἐξεκαίετο ἂν ἐκ τοῦ θερμοῦ. **2** Τάχα δὲ θαυμάσειεν ἄν τις ὅτι καὶ ἐν τῇσι μασχάλῃσι καὶ ἐν τῷ ἐπισίῳ τρίχες πολλαὶ καὶ ἐν τῷ σώματι παντί εἰσιν· ὡὑτὸς λόγος περὶ τούτου· ὅπου τυγχάνει τοῦ σώματος τὸ κολλῶδες ἐόν, ἐνταῦθα αἱ τρίχες γίνονται ὑπὸ τοῦ θερμοῦ.

XV. **1** 'Ακούει δὲ διὰ τόδε· τὰ τρήματα τῶν ὤτων προήκει πρὸς ὀστέον σκληρόν τε καὶ ξηρὸν ὅμοιον λίθῳ· τοῦτο δὲ πέφυκε [πρὸς ὀστέον] κοίλωσις σηραγγώδης· οἱ δὲ ψόφοι ἀπερείδονται πρὸς τὸ σκληρόν· τὸ δὲ ὀστέον τὸ κοῖλον ἐπηχεῖ διὰ τὸ σκληρόν· **2** τὸ δὲ δέρμα τὸ πρὸς τῇ ἀκοῇ πρὸς τῷ ὀστέῳ τῷ σκληρῷ λεπτόν ἐστιν ὥσπερ ἀράχνιον, ξηρότατον ⟨δὲ⟩ τοῦ ἄλλου δέρματος. **3** Τεκμήρια δὲ πολλὰ | ὅτι ⟨τὸ⟩ ξηρότατον 604
ἠχεῖ μάλιστα· ὅταν δὲ μέγιστον ἠχήσῃ, τότε μάλιστα ἀκούομεν. **4** Καὶ εἰσί τινες οἳ ἔλεξαν φύσιν συγγρά-

1 οἱ add. D. ‖ 2 post ἀπὸ add. τῆς edd. ‖ 4 τεσσέρων Joly : -άρων V ‖ 9-10 τὸ, κολλῶδες Erm. : τοῦ, κολλώδεος V ‖ 11 ἔνεστιν V : ἔνι D. ‖ 12 ἐκ V. : ὑπὸ Erm. ‖ 13 ἐπισίῳ edd. : ἐπισχίω V ‖ 14 εἰσιν : add. οἶσιν V sed expunxit V[1] ‖ ὡὑτὸς Erm. : οὕτως V οὗτος V[1] add. δὲ Erm. ‖ 15 ὃν V ‖ 17 ὤτων Joly : οὐάτων V ‖ 18 προήκει D. : προσ- V ‖ 19 πρὸς ὀστέον del. D. ‖ σηραγκώδης V ‖ 21 ἐπηχεῖ edd. : ἐπηχῆ V ἐπιχεῖ[1] V ‖ τὸ σκληρόν D. : τοῦ -οῦ V ‖ 23 δὲ add. D. ‖ 24 add. τὸ Erm. ‖ 25 ἠχήσῃ, τότε Chart. : ἠχήσατο V ‖ 26 ἀκούομεν Chart. : -ωμεν V.

que c'était le cerveau qui résonnait, ce qui est impossible ; car le cerveau est humide et entouré d'une membrane humide et épaisse, avec des os autour de la membrane. Les corps liquides ne résonnent pas, mais bien les corps secs ; or, c'est ce qui résonne qui produit l'audition[1].

Olfaction.

XVI. **1** Le cerveau, étant humide, sent les substances sèches, attirant lui-même l'odeur avec l'air à travers des tuyaux qui sont secs. Car il s'étend jusqu'aux cavités des narines ; de ce côté, il n'a devant lui ni chair ni os, mais un cartilage mou comme une éponge. **2** C'est lorsque les cavités des narines sont sèches qu'il peut percevoir avec le plus d'exactitude l'odeur des substances sèches[2]. Il ne sent pas l'eau, car elle est plus humide que le cerveau lui-même, à moins qu'elle ne soit corrompue, car l'eau, en se corrompant, s'épaissit comme tous les autres corps. **3** Quand les narines deviennent humides, le cerveau perd la faculté de sentir, car il n'attire plus l'air à lui. C'est par cette voie aussi que le cerveau, par lui-même, flue abondamment sur le palais, la gorge, le poumon et le ventre ; les gens s'en aperçoivent et disent qu'il y a catarrhe de la tête ; il y en a aussi sur le reste du corps et c'est de l'aliment pour le chaud.

Vision.

XVII. **1** La vision se fait comme suit : une veine part de la membrane du cerveau et se rend à chaque œil au travers de l'os. Par ces deux veines, ce qu'il y a de plus ténu dans le glutineux est filtré hors du cerveau, et de cette façon, forme autour de soi une membrane corres-

1. Empédocle expliquait l'audition par un corps dur (A 86, 9) et Alcméon par un creux (A 6) ; notre auteur combine les deux, mais de plus il a quelque notion du tympan (§ 2). Commentant ce dernier fait, Deichgraeber, qui n'a d'ailleurs pas hésité à appeler l'auteur un « *kritischer Wissenschaftler* » (p. 25) écrit : « Ce cas montre clairement comment l'observation empirique conduit à modifier des théories spéculatives précises » (p. 49). Il me paraît clair au contraire que le fait n'a rien changé à la théorie, mais a été adapté à elle et absorbé par elle. Diogène d'Apollonie est peut-être visé ici, à propos du rôle du cerveau : cf. 64 A 19, § 40.

2. Ici aussi, il y a application du principe ὅμοιον-ὁμοίῳ.

φοντες ὅτι ὁ ἐγκέφαλός ἐστιν ὁ ἠχέων · τοῦτο δὲ οὐκ ἂν γένοιτο · αὐτός τε γὰρ ὁ ἐγκέφαλος ὑγρός ἐστι καὶ μῆνιγξ περὶ αὐτόν ἐστιν ὑγρὴ καὶ παχέα, καὶ περὶ τὴν μήνιγγα ὀστέα · οὐδὲν οὖν τῶν ὑγρῶν ἠχεῖ, ἀλλὰ ⟨τὰ⟩ ξηρά · τὰ δὲ ἠχέοντα ἀκοὴν ποιεῖ.

XVI. **1** Ὀσφραίνεται δ' ὁ ἐγκέφαλος ὑγρὸς ἐὼν τῶν ξηρῶν αὐτός, ἕλκων τὴν ὀδμὴν σὺν τῷ ἠέρι διὰ τῶν βρογχίων ξηρῶν ἐόντων · προήκει γὰρ ὁ ἐγκέφαλος τῆς ῥινὸς ἐς τὰ κοῖλα · καὶ ταύτῃ αὐτῷ οὐκ ἔστιν ἐπίπροσθεν ⟨οὔτε κρέας οὔτε⟩ ὀστέον οὐδέν, ἀλλὰ χονδρίον μαλακὸν ὅπωσπερ σπόγγος [οὔτε κρέας οὔτε ὀστέον]. **2** Καὶ ὅταν μὲν ξηρὰ ᾖ τὰ κοῖλα τῆς ῥινός, ὀδμᾶσθαι τῶν ξηροτέρων αὐτὸς ἑωυτοῦ ἀκριβέστερός ἐστιν · ὕδατος γὰρ οὐκ ὀδμᾶται · ὑγρότερον γάρ ἐστι τοῦ ἐγκεφάλου, ἐὰν μὴ σαπῇ · σηπόμενον γὰρ τὸ ὕδωρ παχύτερον γίνεται καὶ τὰ ἄλλα πάντα · **3** ὁπόταν δὲ ὑγρανθέωσιν αἱ ῥῖνες, οὐ δύναται ὀσφραίνεσθαι · οὐ γὰρ τὸν ἠέρα ἕλκει αὐτὸς πρὸς ἑωυτόν. Ταύτῃ δὲ καὶ ὅταν ἀποτήκῃ ὁ ἐγκέφαλος πλεῖστον αὐτὸς ἀφ' ἑωυτοῦ ἐς τὴν ὑπερῴην καὶ τὸν φάρυγγα καὶ τὸν πλεύμονα καὶ ἐς τὴν ἄλλην κοιλίην, γινώσκουσιν οἱ ἄνθρωποι καί φασι καταρρεῖν ἐκ τῆς κεφαλῆς · καταρρεῖ δὲ καὶ ἐς τὸ ἄλλο σῶμα · καί ἐστι τροφὴ τῷ θερμῷ.

XVII. **1** Ὁρῇ δὲ διὰ τοῦτο · ἀπὸ τοῦ ἐγκεφάλου τῆς μήνιγγος φλὲψ καθήκει ἐς τὸν ὀφθαλμὸν διὰ τοῦ ὀστέου ἑκάτερον · διὰ ταύταιν ταῖν φλεβοῖν ἀπὸ τοῦ ἐγκεφάλου διηθεῖται τὸ λεπτότατον τοῦ κολλωδεστάτου · καὶ διὰ τοῦτο αὐτὸ περὶ ἑωυτὸ δέρμα ποιεῖ τοιοῦ-

2 γένοιτο D. : γένηται V ‖ 4 add. τὰ Erm. ‖ 7 αὐτός V : ante τῶν ξηρῶν edd. ‖ 10 οὔτε κρέας οὔτε add. D. ‖ ὀστεών V ‖ χόνδριον V edd. ‖ 11 οὔτε κρέας οὔτε ὀστέον del. D. ‖ 12 ὀσμᾶσθαι V ‖ 19 ἀποτήκῃ Zwing. : ἀποτίκτῃ V ‖ 20 τὸν D. : τὴν V ‖ πνεύμονα V edd. ‖ 23 τροφὴ Heidel : τροπὴ V ‖ 26 post διὰ add. δὲ D. sine nota ‖ 28 διὰ V : del D. ‖ ἑωυτὸ D. : αὐτὸ V αὐτὸν Corn.

pondant à la nature de la partie transparente de l'œil, qui est exposée à l'air et reçoit le choc des vents, de la même manière que j'ai exposée pour les autres peaux. Toutefois, il y a beaucoup de membranes devant la partie de l'œil dotée de la vision et elles sont transparentes comme elle. Or, c'est dans cette zone transparente que la lumière et tous les objets brillants se réfléchissent ; et la vision s'opère par cette zone réfléchissante. Ce qui n'est pas brillant et ne réfléchit pas n'est pas utilisable pour la vision[1]. **2** Le reste autour de l'œil est une chair blanche. La partie de l'œil dite pupille paraît noire parce qu'elle est située au fond et entourée de tuniques noires[2]. Nous appelons tunique ce qui est dans l'œil comme une peau ; elle n'est pas noire à la vue, mais d'un blanc transparent[3]. **3** Le liquide de l'œil est glutineux, car souvent nous avons vu sortir du glutineux hors d'un œil rompu ; et s'il est encore chaud, il est fluide ; mais en se refroidissant, il devient sec comme un morceau d'encens. Il est semblable chez les hommes et les animaux sauvages[4]. **4** L'œil souffre par tout ce qui tombe sur lui, par le vent qui le frappe, par ce qui est trop brillant pour lui, par les onctions qu'on y pratique ; la raison, c'est que la surface en est humide, comme le sont la bouche, la langue et les lèvres*.

Voix et parole.

XVIII. **1** L'homme parle en attirant l'air dans tout son corps, mais surtout dans les cavités. Poussé au dehors à travers le vide*, l'air produit un son, car la tête résonne.

1. Sur cette théorie de la vision et ses contacts avec la pensée d'Alcméon, cf. F. Willerding, *Studia Hippocratica*, Göttingen, 1914, p. 66-68 et W. J. Verdenius, *Empedocles' Doctrine of Sight*, in *Studia varia Carolo Guilielmo Vollgraff*, Amsterdam, 1948, p. 160. Cf. *supra*, *Lieux*, III.

2. C'est le « bon sens » de l'expérience courante qui impose ces prétendues certitudes : en réalité, la pupille paraît noire parce qu'elle est située *en avant* d'une chambre noire.

3. Cf. Empédocle, 31 B 94 (et 59 A 97, 98).

4. Deichgräber, p. 51, note justement que l'œil n'est ici décrit que de l'extérieur, sans qu'on doive supposer que l'auteur s'est livré à des dissections ; il refuse de suivre Hirschberg (*ibid.*, n. 2) qui prête à notre auteur des connaissances anatomiques trop précises. — Le « morceau d'encens » vise certainement le cristallin.

τον | οἷόν περ [περὶ] αὐτό ἐστι τὸ διαφανὲς τοῦ ὀφθαλ- 606
μοῦ τὸ πρὸς τοῦ ἠέρος, πρὸς ὃ προσβάλλει τὰ πνεύματα, κατὰ τὸν αὐτὸν λόγον ὥσπερ περὶ τοῦ ἄλλου δέρματος ἔλεξα. Πολλὰ δὲ ταῦτ' ἐστὶ τὰ δέρματα πρὸ τοῦ ὁρέοντος διαφανέα, ὁποῖόν περ αὐτό ἐστι· τούτῳ γὰρ τῷ διαφανεῖ ἀνταυγεῖ τὸ φῶς καὶ τὰ λαμπρὰ πάντα· τούτῳ οὖν ὁρῇ τῷ ἀνταυγέοντι· ὅ τι δὲ μὴ λαμπρόν ἐστι μηδὲ ἀνταυγεῖ, τούτῳ οὐχ ὁρῇ. **2** Τὸ δὲ ἄλλο τὸ περὶ τοὺς ὀφθαλμοὺς λευκὸν κρέας ἐστίν. Ἡ δὲ κόρη καλεομένη τοῦ ὀφθαλμοῦ μέλαν φαίνεται διὰ τοῦτο, ὅτι ἐν βάθει ἐστὶ καὶ χιτῶνες περὶ αὐτό εἰσι μέλανες· χιτῶνα δὲ καλέομεν τὸ ἐνεὸν ὥσπερ δέρμα· ἔστι δὲ οὐ μέλαν ὄψει, ἀλλὰ λευκὸν διαφανές. **3** Τὸ δὲ ὑγρὸν κολλῶδες· πολλάκις γὰρ ὀπώπαμεν ἐπὶ συρραγέντος ὀφθαλμοῦ ἐξιὸν [ὑγρὸν] κολλῶδες· κἢν μὲν ᾖ ἔτι θερμόν, ὑγρόν ἐστιν· ἐπειδὰν δὲ ψυχθῇ, ἐγένετο ξηρὸν ὥσπερ λιβανωτὸς διαφανής· καὶ τῶν ἀνθρώπων καὶ τῶν θηρίων ὅμοιόν ἐστι. **4** Τὸν δὲ ὀφθαλμὸν ἀνιᾷ πᾶν ὅ τι ἂν ἐμπέσῃ, καὶ τὰ πνεύματα προσβάλλοντα καὶ τὰ ἄλλα ὅσα λαμπρότερα ἢ κατ' αὐτόν ἐστι, καὶ ἤν τις ἐγχρίσῃ, διὰ τόδε ὅτι ⟨ἡ⟩ ὁμόχροια ⟨ἔνυγρός⟩ ἐστιν ὥσπερ τὸ στόμα καὶ ἡ γλῶσσα καὶ τὰ ἄλλα χείλεα ἔνυγρά ἐστιν.

XVIII. **1** Διαλέγεται δὲ [διὰ] τὸ πνεῦμα ἕλκων ἔσω ἐς πᾶν τὸ σῶμα, | τὸ πλεῖστον δὲ ἐς τὰ κοῖλα αὐ- 608
τὸς ἑωυτοῦ· αὐτὸ δὲ θύραξε ὠθεόμενον διὰ τὸ κενεὸν ψόφον ποιεῖ· ἡ κεφαλὴ γὰρ ἐπηχεῖ. Ἡ δὲ γλῶσσα

1 περὶ del. Corn. || 2 τὸ Corn. : τῷ V || 5 αὐτό Corn. : αὐτῷ V || 7 δὲ supra l. V² : om. V || 8 ἀνταυγεῖ Foes : -γῇ V || 15 ὑγρὸν del. D. || 21 ἐγχρίσῃ D. : -σει Li. ἐνκρίσει V || ἡ add. D. sine nota || ἔνυγρος add. Lind. || 22-23 τὰ ἄλλα χείλεα Joly : ἡ ἄλλη κοιλίη V || ἔνυγρά ἐστιν forsitan delenda || 24 διὰ del. D. (Διαλέγεται διὰ τόδε· τὸ πν. ἕλκει... forsitan scribendum) || 25 ἔσω ἐς Li. : εἴσω V || 26 ἑωυτοῦ Corn. : -τὸ V -τῷ V¹ || ὠθεόμενον Corn. : τὸ θεώμενον V || τὸ edd. : τὸν V || κενὸν V.

La langue articule par la pression qu'elle exerce ; en maintenant l'air dans la gorge et en le projetant contre le palais et les dents, elle rend les sons distincts. Si, à chaque fois, la langue n'articulait pas par ses pressions, l'homme n'émettrait pas distinctement autre chose que des sons naturels inarticulés. La preuve en est que les sourds de naissance, ne sachant pas parler, n'émettent que des sons inarticulés. On ne réussira pas non plus si on essaie de parler après une expiration[1]. **2** Le fait est clair : les gens qui veulent crier fort attirent l'air extérieur, le chassent au dehors et parlent haut aussi longtemps que l'air continue (à sortir) ; ensuite, le son va s'affaiblissant. Les joueurs de cithare, quand il leur faut porter la voix au loin, font une inspiration aussi profonde que possible, prolongent l'expiration et chantent fort aussi longtemps qu'ils continuent l'expiration ; mais quand l'air fait défaut, ils doivent cesser. Tout cela montre que c'est l'air qui parle. **3** J'ai vu des gens qui, voulant se tuer, s'étaient coupé la gorge tout à fait ; ils vivent, il est vrai, mais ne parlent plus du tout, à moins qu'on ne puisse fermer la plaie ; alors, ils parlent (de nouveau). Cela aussi prouve qu'il ne peut plus attirer l'air dans les cavités, le larynx étant coupé, mais qu'il expire à travers la plaie. Voilà ce qu'il en est tant de la voix que de la parole.

Hebdomades.

XIX. **1** Le temps[2] de l'homme est de sept jours[3]. D'abord, dès que l'embryon est dans la matrice, il a en sept jours toutes les parties que le corps doit avoir. On pourrait demander comment moi, je le sais. Je l'ai vu

1. Cf. Alcméon, *Vors.*, 24 A 5, § 25.

2. Malgré Érotien, A 70, αἰών n'a jamais eu le sens de « moelle épinière » (qui traîne encore dans des dictionnaires d'aujourd'hui), comme le démontre A. Nikitas dans une longue section de son livre sur Érotien, *Op. laud.*, p. 28-98.

3. Sur ce thème, cf. W. H. Roscher, *Die Hebdomadenlehren der griechischen Philosophen und Ärzte*, in *Abhandl. der Kgl. Sächs. Ges. der Wissenschaften, phil.-hist. Klasse*, t. 24, 6, 1906.

ἀρθροῖ προσβάλλουσα · ἐν τῷ φάρυγγι ἀποφράσσουσα καὶ προσβάλλουσα πρὸς τὴν ὑπερῴην καὶ πρὸς τοὺς ὀδόντας ποιεῖ σαφηνίζειν · ἢν δὲ μὴ ἡ γλῶσσα ἀρθροῖ προσβάλλουσα ἑκάστοτε, οὐκ ἂν σαφέως διαλέγοιτο ἄλλ' ἢ ἕκαστα φύσει τὰ μονόφωνα. Τεκμήριον δέ ἐστι τούτῳ, οἱ κωφοὶ οἱ ἐκ γενεῆς οὐκ ἐπίστανται διαλέγεσθαι, ἀλλὰ τὰ μονόφωνα μοῦνον φωνέουσιν · οὐδ' εἴ τις τὸ πνεῦμα ἐκπνεύσας πειρῷτο διαλέγεσθαι. **2** Δῆλον δὲ τῷδε · οἱ ἄνθρωποι ὁπόταν βούλωνται μέγα φωνῆσαι, ἕλκοντες τὸ πνεῦμα τὸ ἔξω ὠθέουσι θύραζε καὶ φθέγγονται μέγα, ἕως ἂν ἀντέχῃ τὸ πνεῦμα, ἔπειτα δὲ καταμαραίνεται τὸ φθέγμα · καὶ οἱ κιθαρῳδοί, ὁπόταν δέῃ αὐτοῖσι μακροφωνεῖν, ἐπ' ἄκρον ἑλκύσαντες τὸ πνεῦμα ἔσω πολὺ ἐκτείνουσι τὴν ἐκφορὴν καὶ φωνέουσι καὶ φθέγγονται μέγα, ἕως ἂν ἀντέχωσι τῷ πνεύματι, ἐπὴν δὲ τὸ πνεῦμα ἐπιλίπῃ, καταπαύονται · τούτοισι δῆλον ὅτι τὸ πνεῦμά ἐστι τὸ φθεγγόμενον. **3** Εἶδον δὲ ἤδη οἳ σφάξαντες ἑωυτοὺς ἀπέταμον τὸν φάρυγγα παντάπασιν · οὗτοι ζῶσι μέν, φθέγγονται δὲ οὐδέν, εἰ μή τις συλλάβῃ τὸν φάρυγγα · οὕτω δὲ φθέγγονται · δῆλον δὲ καὶ τούτῳ, ὅτι τὸ πνεῦμα οὐ δύναται, διατετμημένου τοῦ φάρυγγος, ἕλκειν ἔσω ἐς τὰ κοῖλα, ἀλλὰ κατὰ τὸ διατετμημένον ἐκπνεῖ. Οὕτως ἔχει περὶ φωνῆς ἴσως καὶ διαλέξιος.

XIX. **1** Ὁ δὲ αἰών ἐστι τοῦ ἀνθρώπου ἑπταήμερος. Πρῶτον μὲν | ἐπὴν ἐς τὰς ὑστέρας ἔλθῃ ὁ γόνος, ἐν ἑπτὰ 610
ἡμέρῃσιν ἔχει ὁπόσα περ ἔστιν ἔχειν τοῦ σώματος · τοῦτο δέ τις ἂν θαυμάσειεν ὅπως ἐγὼ οἶδα · πολλὰ δὲ

2 προσβάλλουσα Corn. : προβ- V ‖ 3 ἢν δὲ μὴ ἡ V² : ἡ δὲ μίη V ‖ γλώσση V ‖ 5 ἄλλ' ἢ Joly : ἄλλ' ᾗ D. ἀλλ' ἢ V (ἦ V¹) ἀλλ' ἢ Li. ‖ 6 οὐκ : οὐ γὰρ Erm. ‖ 11 et 15 ἕως ἂν Erm. : ὡς V ‖ 18 φάρυγγα edd. : λ- V ‖ 20 οὕτω Calvus (-ως) : οὗτοι V ‖ 22 φάρυγγος Erm. : λ- V ‖ 25 αἰὼν V¹ : ἐὼν V in marg. Γα(ληνοῦ) αἰών · βίος V¹ e Galeno, XIX, 72, 11 K ‖ 26 ὑστέρας V : μήτρας Corn. edd.

plusieurs fois de cette façon[1] : les filles publiques en font souvent l'expérience ; après des rapports avec un homme, elles reconnaissent quand elles sont enceintes ; puis, elles font mourir en elles l'embryon. Une fois mort, il tombe comme une chair. Mettez cette chair dans de l'eau, examinez-la dans l'eau et vous verrez qu'elle a toutes les parties, l'emplacement des yeux, les oreilles, les membres, les doigts des mains, les jambes, les pieds et les doigts de pied, le sexe et tout le reste du corps est visible[2]. Les femmes au courant se rendent compte facilement aussi quand elles sont enceintes ; elles éprouvent aussitôt du frisson, de la chaleur, des grincements de dents, du spasme au sexe et dans tout le corps, et de l'engourdissement à la matrice. Les femmes qui sont pures et non humides éprouvent ces phénomènes ; la plupart de celles qui sont fortes[3] et pleines de mucosités ne s'en aperçoivent pas. Au reste, je ne sais là-dessus que ce que les femmes m'ont appris. **2** Voici encore qui montre que le temps de l'homme est de sept jours. A vouloir rester sept jours sans manger ni boire, la plupart meurent dans ce délai ; quelques-uns le dépassent, mais ils n'en meurent pas moins. D'autres se laissèrent persuader de ne pas persévérer et de manger et boire, mais alors le ventre n'accepte plus rien ; le jéjunum s'était fermé pendant ces jours et ceux-là meurent également. **3** On peut encore le déduire de ceci : l'enfant né à sept mois naît et vit suivant la proportion numérique qui correspond en lui aux hebdomades[4] ; mais des enfants nés à huit mois, aucun ne vit jamais, au lieu qu'à neuf mois et dix jours, l'enfant vit et a la proportion numérique exacte pour les hebdomades : quatre dizaines d'hebdo-

1. L'affirmation est peut-être pure rhétorique. En tout cas, le passage s'inspire manifestement de *Nature de l'enfant*, XIII.

2. Il est probable qu'Aristote se souvienne de ce passage en *Hist. an.*, VII, 3, 583 b 15 sqq.

3. J'ai préféré *fortes* pour traduire παχέαι, parce que *grasses* ferait trop penser au λιπαρόν et que *grosses* ferait jeu de mot dans ce contexte.

4. On pourra comparer cette arithmologie à celle du *Fœtus de huit mois*, ch. IX, tome XI, p. 170 sqq. de la présente collection. Euryphon est fort isolé dans l'antiquité en niant la viabilité du fœtus de sept mois (Censorin, 7, 5 = Grensemann, Test. 34 ; cf. mon tome XI, p. 159).

**εἶδον τρόπῳ τοιῷδε · αἱ ἑταῖραι αἱ δημόσιαι, αἵτινες αὐτῶν πεπείρηνται πολλάκις, ὁπόταν παρὰ ἄνδρα ἔλθῃ, γινώσκουσιν ὁπόταν λάβωσιν ἐν γαστρὶ κἄπειτ' ἐνδιαφθείρουσιν · ἐπειδὰν δὲ ἤδη διαφθαρῇ, ἐκπίπτει ὥσπερ σάρξ · ταύτην τὴν σάρκα ἐς ὕδωρ ἐμβαλών, σκεπτόμενος ἐν τῷ ὕδατι, εὑρήσεις ἔχον πάντα ⟨τὰ⟩ μέλεα καὶ τῶν ὀφθαλμῶν τὰς χώρας καὶ τὰ ὦτα καὶ τὰ γυῖα · καὶ τῶν χειρῶν οἱ δάκτυλοι καὶ τὰ σκέλεα καὶ οἱ πόδες καὶ οἱ δάκτυλοι τῶν ποδῶν καὶ τὸ αἰδοῖον καὶ τὸ ἄλλο πᾶν σῶμα δῆλον. Εὔδηλον δὲ καὶ ὅταν λάβῃ ἐς γαστέρα τῇσιν ἐπισταμένῃσιν · αὐτίκα ἔφριξε καὶ θέρμη καὶ βρυγμὸς καὶ σπασμὸς ἔχει καὶ τὸ ἄρθρον καὶ τὸ σῶμα πᾶν καὶ τὴν ὑστέρην ὄκνος · καὶ ὁπόσαι καθαραί εἰσι καὶ μὴ ὑγραί, τοῦτο πάσχουσιν · ὁπόσαι δὲ [πάσχουσι] παχέαι καὶ βλεννώδεις, οὐ γινώσκουσι τούτων τῶν γυναικῶν πολλαί · ᾗ δέ μοι ἔδειξαν, κατὰ τοῦτο δὴ καὶ ἐπίσταμαι εἰδέναι. 2 Δῆλον δὲ καὶ τῷδε, ὅτι ἑπταήμερος ὁ αἰών, εἴ τις ἐθέλοι ἑπτὰ ἡμέρας φαγεῖν ἢ πιεῖν μηδέν, οἱ μὲν πολλοὶ ἀποθνῄσκουσιν ἐν αὐτῇσιν · εἰσὶ δέ τινες καὶ οἳ ὑπερβάλλουσιν, ἀποθνῄσκουσι δ' ὅμως · εἰσὶ δέ τινες οἳ καὶ ἐπείσθησαν ὥστε μὴ ἀποκαρτερῆσαι, ἀλλὰ φαγεῖν τε καὶ πιεῖν · ἀλλ' ἡ κοιλίη οὐκέτι καταδέχεται · ἡ γὰρ νῆστις συνεφύη ἐν ταύτῃσι τῇσιν ἡμέρῃσιν · ἀλλὰ θνῄσκουσι | καὶ οὗτοι. 3 Ἔστι 612
δὲ καὶ τῷδε τεκμήρασθαι · τὸ παιδίον ἑπτάμηνον [γόνον] γενόμενον, λόγῳ γεγένηται καὶ ζῇ καὶ λόγον ἔχει τοιοῦτον καὶ ἀριθμὸν ἀτρεκέα ἐς τὰς ἑβδομάδας · ὀκτάμηνον δὲ γενόμενον, οὐδὲν βιοῖ πώποτε · ἐννέα δὲ μηνῶν καὶ δέκα ἡμερέων γόνος γίνεται καὶ ζῇ καὶ ἔχει τὸν ἀριθμὸν**

2 αὐτῶν D. : -τέων V ‖ 3 ἔλθῃ : ἔλθωσι Erm. ‖ κἤπειτ' V ‖ 6 τὰ add. Erm. ‖ 7 ὦτα Joly : οὔατα V ‖ 8 γυῖα V¹ : ἄγυα V ‖ 12 θέρμη V² : θερμᾶ V ‖ 15 πάσχουσι del. Li. ‖ παχεῖαι, βληνώδεις V ‖ 17 τῷδε V¹ : τόδε V ‖ 18 ἑπταήμερος D. : ἑπτ' ἡ. V ‖ 25 τῷδε Li. : τόδε V ‖ γόνον del. Erm.

mades font deux cent quatre-vingts jours ; une dizaine d'hebdomades fait soixante-dix jours. De son côté, l'enfant né à sept mois a trois dizaines d'hebdomades, chaque dizaine d'hebdomades a soixante-dix jours ; ainsi, les trois dizaines d'hebdomades font deux cent dix jours. **4** Semblablement chez les hommes, les maladies deviennent les plus aiguës en quatre jours, une demi-hebdomade[1], délai dans lequel elles se jugent et dans lequel les patients meurent ou guérissent ; celles qui viennent en second lieu sont le plus aiguës en une hebdomade ; en troisième lieu, en onze jours, une hebdomade et demie ; en quatrième lieu, en deux hebdomades ; en cinquième lieu, en dix-huit jours, deux hebdomades et demie. Les autres maladies n'ont pas de critère qui permette de juger en combien de temps elles guériront. **5** De même, les grandes plaies de la tête et du reste du corps commencent à s'enflammer le quatrième jour et l'inflammation tombe le septième, le quatorzième, le dix-huitième. Si le traitement est bien mené et que l'inflammation des grandes plaies de la tête ne tombe pas dans cet intervalle, les patients meurent. **6** Quiconque n'est pas au courant de ces choses s'étonnera que l'enfant naisse à sept mois ; pour moi, j'en ai été bien des fois témoin ; et si l'on veut s'en convaincre, cela est facile ; on peut s'en informer auprès des guérisseuses[2] qui

1. D'après le *Pronostic*, 37, Littré a ici comblé une lacune d'une manière on ne peut plus satisfaisante ; Ermerins l'a suivi, mais non Deichgraeber, à tort, me semble-t-il.

2. Les femmes restent volontiers entre elles pour ce qui concerne la gynécologie ; cf. *Nature de l'enfant*, XIII, 1 ; *Maladies des femmes*, I, 21 (VIII, 60, 16 L) ; 62 (126, 12-13) ; 68 (144, 22-24) ; II, 134 (304, 2) ; 141 (314, 16) ; 157 (332, 16) ; *Stéril.*, 213 (410, 3) ; 222 (430, 12) ; 230 (438, 11) ; *Excision du fœtus*, 4 (514) ; cf. aussi J. Pigeaud, *Op. laud.* (*supra*, p. 28, n. 2), p. 8-9. Mais le toucher digital se pratique aussi par le médecin (*Mal. femmes*, I, 20 ; 60 ; 64 ; II, 28 ; 29 ; 135 ; 156 ; 160 ; 163 ; 165 ; 168).

ἀτρεκέα ἐς τὰς ἑβδομάδας · τέσσερες δεκάδες ἑβδομάδων ἡμέραι εἰσὶ διηκόσιαι ὀγδοήκοντα, ἐς δὲ τὴν δεκάδα τῶν ἑβδομάδων ἑβδομήκοντα ἡμέραι. Ἔχει δὲ καὶ τὸ ἑπτάμηνον γενόμενον τρεῖς δεκάδας ἑβδομάδων, ἐς δὲ τὴν δεκάδα ἑκάστην ἑβδομήκοντα ἡμέραι, τρεῖς δεκάδες δὲ ἑβδομάδων αἱ σύμπασαι δέκα καὶ διηκόσιαι. **4** Καὶ αἱ νοῦσοι οὕτω τοῖσιν ἀνθρώποισιν ὀξύταται γίνονται, ἡμερέων παρελθουσέων ἐν ᾗσιν ἀνακρίνονται καὶ ἀπέθανον ἢ ὑγιεῖς ἐγένοντο, ⟨τεσσέρων, ἡμίσεος ἑβδομάδος · καὶ δευτεραῖαι ἐν μιῇ ἑβδομάδι ·⟩ καὶ ⟨αἱ⟩ τριταῖαι ⟨ἐν⟩ ἕνδεκα ἡμέρῃσιν, ἐν μιῇ ἑβδομάδι καὶ ἥμισει ἑβδομάδος · καὶ ⟨αἱ⟩ τεταρταῖαι ἐν δυοῖν ἑβδομάσι · καὶ αἱ πεμ|πταῖαι ἐν δυοῖν δεούσῃσιν εἴκοσιν 614 ἡμέρῃσι, δυοῖν τε ἑβδομάδοιν καὶ ἥμισει ἑβδομάδος. Αἱ δὲ ἄλλαι νοῦσοι οὐκ ἔχουσι διαγνώμην ἐν ὁπόσῳ ὑγιεῖς ἔσονται ἀποφαίνεσθαι. **5** Οὕτω δὲ ἔχουσι καὶ τὰ ἕλκεα τὰ μεγάλα τὰ ἐν τῇ κεφαλῇ καὶ τὰ ἐν τῷ ἄλλῳ σώματι, τεταρταῖα φλεγμαίνειν ἄρχεται, ἐν ἑπτὰ δὲ καθίσταται φλεγμήναντα καὶ ἐν τεσσερεσκαίδεκα ⟨καὶ ἐν εἴκοσι⟩ δυοῖν δεούσῃσιν. Ἦν δέ τις ἀνακῶς θεραπεύῃ καὶ μὴ καταστῇ ἐν τούτῳ τῷ χρόνῳ τὰ ἐν τῇσι κεφαλῇσι μεγάλα ἕλκεα, ἀποθνῄσκουσιν οἱ ἄνθρωποι. **6** Θαυμάσειε δ' ἄν τις καὶ τοῦτο ὅστις ἄπειρος εἴη, εἰ ἑπτάμηνον γίνεται παιδίον · ἐγὼ μὲν οὖν αὐτὸς ὄπωπα καὶ συχνά · εἰ δέ τις βούλεται καὶ τοῦτο ἐλέγξαι, ῥηΐδιον · πρὸς τὰς ἀκεστρίδας αἳ πάρεισι τῇσι τικτούσῃσιν ἐλθὼν

1 τέσσαρες V ‖ δεκάδες V² : δέκα δὲ V ‖ 1-2 ἑβδομάδων V² : ὁ. V ‖ 2 ὀγδοήκοντα Corn. : ἑβδομήκοντα V ‖ 5 τρεῖς V² : om. V ‖ 7 ὀξύτατοι V ‖ 8 ᾗσιν Joly : τῇσιν V ‖ 9-10 τεσσέρων — ἑβδομάδι add. Li. Erm. (τεσσέρων, μιῇ correxi) ‖ αἱ add. D. ‖ 11 ἐν add. Mack ‖ 12 ἡμίσει Erm. : ἥμισυ V ‖ αἱ add. D. ‖ δυοῖν Joly : δυσὶν V ‖ 13 πεμπταῖαι V² : -τέαι V ‖ δεούσῃσιν Merc. : δέουσιν V ‖ εἴκοσιν edd. : εἰκὸς V ‖ 15 διαγνώμην : διάγνωσιν Erm. ‖ 19 καθίσταται Schwyzer apud D. : -τανται V ‖ τεσσερεσκαίδεκα Joly : τεσσαρ- V ‖ 19-20 καὶ ἐν εἴκοσιν add. Calv. ‖ ad ἀνακῶς in marg. Γα(ληνοῦ) ἀνακῶς · φυλακτικῶς V² e Galeno, XIX, 79, 6 K. ‖ 23 εἴη Joly : ᾖ V ‖ 26 τικτούσῃσιν Lal. : τίκτουσιν.

assistent les femmes en couche. **7** Il y a encore une autre preuve : les enfants ont toutes leurs dents à sept ans accomplis ; et, dans sept ans, il y a juste, selon la loi des nombres, trente-six dizaines d'hebdomades et une demi-dizaine[1], ou trois cent soixante-cinq hebdomades. La nécessité naturelle pour laquelle chacune de ces choses est réglée selon le nombre sept, je l'expliquerai ailleurs.

1. Ici, Deichgraeber admet l'addition de Littré.

πυθέσθω. **7** Ἔστι δὲ καὶ ἄλλο τεκμήριον · τοὺς ὀδόντας οἱ παῖδες ἑπτὰ ἐτέων διελθόντων πληροῦσι · καὶ ἐν ἑπτὰ ἔτεσίν ἐστι δὴ λόγῳ καὶ ἀριθμῷ ἀτρεκέως δεκάδες ἑβδομάδων ⟨ἓξ καὶ τριήκοντα καὶ ἥμισυ δεκάδος, ἑβδομάδες πέντε καὶ⟩ ἑξήκοντα καὶ τριηκόσιαι. Τῆς δὲ φύσιος τὴν ἀνάγκην, διότι ἐν ἑπτὰ τούτων ἕκαστα διοικεῖται, ἐγὼ φράσω ἐν ἄλλοισιν.

2 παῖδες V^2 : πόδες V ‖ 3 δὴ Lal. : δὲ V ‖ 4 ἓξ — 5 καὶ add. Li. edd. ‖ post ἄλλοισιν add. cum intervallo maiore περὶ σαρκῶν V.

NOTES COMPLÉMENTAIRES

Page 182, *ligne* 14 :

* P. Kucharski, *Anaxagore et les idées biologiques de son siècle,* in Revue Philosophique, 1964, p. 145-153, pense surtout à Anaxagore, mais ces pages sont faibles, notamment parce que l'auteur semble ignorer Deichgraeber et Diller.

Page 188, *igne* 6 :

* Cf. Diogène d'Apollonie, B 1 ; *Art*, 4 ; etc., et pour la réfutation de cette position, *Nature de l'homme*, I sqq. et *Ancienne médecine*, I (début) et XX.

Page 188, *ligne* 17 :

* L'auteur applique ici au chaud les qualités divines que Diogène attribuait à l'air ; cf. 64 B 5 et 8. Le papyrus de Derveni nous offre maintenant un autre exemple de l'influence de Diogène, dans un contexte encore plus nettement religieux ; cf. P. Boyancé, *Remarques sur le papyrus de Derveni*, in *R. E. G.*, 1974, p. 99. Notre auteur est assez proche d'Archélaos ; cf. *Vors.*, 60 A 8 et 14.

Page 188, *ligne* 25 :

* Calvus avait complété ce texte dans sa traduction pour y retrouver les quatre éléments attendus ; Cornarius l'a suivi pour son texte grec et le *Parisinus* 2255 en a été la caution jusqu'à Deichgraeber compris. C'est H. Diller qui a remis les choses en état, *Op. laud.*, p. 147-148.

Page 192, *ligne* 22 :

* De même, pour le *Régime*, III, 1, l'eau (qui est froide, IV, 1) est aliment pour le feu, ce que nie assez nettement l'auteur de *Maladies IV*, LI, 4, fin : τῷ γὰρ πυρὶ οὐκ ἀγαθὴ τροφὴ ὁ ὕδρωψ ἐστίν. Le même auteur exprime pratiquement la même idée que l'auteur des *Chairs* : πᾶν γὰρ τὸ θερμὸν τῷ ψυχρῷ τρέφεται τῷ μετρίῳ, *Nature de l'enfant*, XII, 3 ; cf. encore, *Vents*, 3 (VI 94 L) et Aristote, *Météorologiques*, II, 2, 355 a 3 sq.

Page 192, *ligne* 24 :

* Cf. *Vorsokratiker*, 38 A 17 et 64 A 25.

Page 199, *ligne* 24 :

* Le terme κοιλίη est ici très étrange ; Deichgraeber traduit

Schlund avec un point d'interrogation, mais ne s'explique pas autrement. Dans ces conditions, j'espère que ma conjecture ne paraîtra pas trop audacieuse. En XVI, 3, la même expression est très normale.

Page 199, *ligne* 26 :

* Pour comprendre que l'auteur en vienne à s'occuper de la parole, il faut se souvenir que l'auteur du *Régime* la considère, lui aussi, comme un sens (XXIII). Aristote distingue ψόφος, φωνή et διάλεξις (et ici διαλέγοιτο) à peu près comme notre auteur (*De anima*, II, 8) et s'accorde aussi avec lui sur le rôle de la langue dans l'articulation. Deichgraeber note que ces idées sont restées bien commun dans toute l'Antiquité et se retrouvent chez Lucrèce (IV, 546) et Galien (*Op. laud.*, p. 52).

INDEX VERBORVM

Λ

M

N

Ρ

Σ

Τ

Υ

DE LA DENTITION

NOTICE

La *Dentition* est une brève collection de trente-deux aphorismes, dont personne n'a fait mention dans l'Antiquité.

Le titre correspond seulement à la matière des aphorismes VI-XII ; une autre section s'intéresse surtout aux amygdales : XVIII, XX-XXVII, XXX-XXXII, mais le texte commence par des remarques moins spécifiques (I-V), qui reparaissent plus loin (XIII-XVII, XIX, XXVIII-XXIX) : elles sont relatives surtout à l'alimentation et aux évacuations des tout-petits.

Si l'œuvre a une unité, c'est qu'elle traite précisément des enfants en bas âge, encore nourris au sein. Non que la mention explicite des bébés se retrouve dans chaque aphorisme, mais il est peut-être permis de généraliser. Il faudrait toutefois faire une exception au moins pour la première moitié de l'aphorisme XXVI, mais la mention des παιδία apparaît dans la seconde.

* * *

Seul, W. H. S. Jones, qui a édité le texte au tome II de son Hippocrates [1], semble s'être intéressé à cet opuscule.

Frappé par la succession des termes ὀδοντοφυΐη, οὐρεῖσθαι, παράκειται, παρεσθίω, παρηθῶ, παρίσθμια aux aphorismes XIII-XVII, il émet la conjecture que nous nous trouvons devant un fragment d'une collection d'apho-

1. Loeb, 1923, p. 315-329.

rismes disposés par ordre alphabétique et dont le thème général serait les maladies d'enfant.

Il n'y a là tout au plus que quelques coïncidences. Considérer παράκειται comme le mot clé de l'aphorisme XV est impossible et, de toute façon, la thèse de Jones ne conviendrait qu'à une minorité d'aphorismes.

Par contre, l'éditeur anglais a raison de souligner le caractère parfois étrange et, en tout cas, tardif de la langue. Aux termes nettement récents qu'il relève, ἐπιναύσιος et ἀσμενίζω, on peut ajouter εὔυπνος, καταφορικός, παρηθέω, προσεχόντως, ῥευματίζομαι et σάρκωσις, sans compter les acceptions tardives de termes plus anciens : φέρομαι, διῳκημένον. L'opuscule pourrait dater des environs de notre ère.

Rien n'oblige à penser qu'il s'agit d'un fragment d'une œuvre plus vaste, ni d'un regroupement accidentel de propositions éparses : l'ordre des aphorismes y est loin d'être rigoureux, mais, notamment dans le genre en question, l'Antiquité se contentait volontiers d'un ordre relatif.

* * *

J'ai pu consulter le Dr A. Dewelle, pédiatre, et je le remercie vivement d'avoir bien voulu me donner son avis sur cet opuscule.

Les questions soulevées ici sont de celles qui reviennent souvent dans la consultation pédiatrique, avec des croyances très ancrées au niveau d'un large public, même assez cultivé, par exemple l'exagération des conséquences de la poussée dentaire : la fièvre elle-même en est très exceptionnellement une suite ; a fortiori, d'autres malaises ou maladies, qui sont seulement concomitants (la poussée dentaire va de six mois à trois ans), sont jugés par le public dépendre de la formation des dents.

Certains aphorismes sont presque tautologiques (IV ;

XII ; XVI ; XXII ; XXIX) ; d'autres sont de texte incertain, vagues ou sans pertinence (III ; XV ; XXIII ; XXV ; XXVII) ; d'autres généralisent abusivement quelques observations réelles (II ; VIII ; XIV) ; quelques-uns sont franchement faux, au point que parfois, il faudrait en prendre le contrepied (VI ; VII ; IX ; XI ; XIII ; XXVI ; XXX) ; d'autres enfin sont assez pertinents (I ; V ; X ; XVII ; XIX ; XX ; XXI ; XXIV ; XXVIII ; XXXI ; XXXII).

* * *

Un seul manuscrit ancien nous a conservé la *Dentition* : le *Vaticanus* 276, aux folios 133 v°-134 r°, dans la première partie du manuscrit, lequel comprend trois, mais essentiellement deux mains[1]. J'ai eu à ma disposition des photocopies, mais j'ai pu aussi consulter directement le texte à la Bibliothèque Vaticane.

Les autres manuscrits dépendent tous du *Vaticanus* : le *Parisinus* 2146 (C, Littré) le *Monacensis* 71, l'*Holkhamiensis* 282 et le *Palatinus* 192. Je n'ai pas refait à leur sujet l'enquête que d'autres ont menée à propos d'autres œuvres.

Littré utilise aussi le *Parisinus* 2255 (E), fol. 369 v°, mais, comme pour d'autres textes du présent volume, la *Dentition* n'y est qu'une copie de l'édition de Cornarius, Froben, 1538. Les notes critiques de Littré permettraient, à elles seules, d'établir un rapport privilégié entre E et cette édition. Les quelques divergences sont insignifiantes[2].

L'édition de Littré est au tome VIII (1853), celle d'Ermerins au tome III (1864), celle de Jones au tome II (1923).

1. Cf. C. Lienau, *De superfetatione*, C. M. G. I 2, 2, Berlin, 1973, p. 13 sqq.
2. Πολυ-πουλύ (E, deux fois) ; ἐπὶ πολύ-ἐπιτοπολύ (E).

La traduction de Kapferer se trouve dans le fascicule XXV, p. 122 sqq. (1939?).

C'est un problème très difficile de savoir si la date tardive entraîne un renforcement artificiel du caractère ionien de l'œuvre. J'ai tout de même éliminé, comme ailleurs, les formes en ὁκ-.

CONSPECTVS SIGLORVM

V = Vaticanus gr. 276, saec. XII.

edd. = editores plerique vel omnes, saepe a Cornario.

Foes. = Foesius, 1595.

Lind. = Van der Linden, 1665.

Li. = Littré, t. VIII, 1853.

Erm. = Ermerins, t. III, 1864.

Jones = W. H. S. Jones, *Hippocrates*, vol. II (Loeb), 1923, p. 322-329.

DE LA DENTITION

I. Les enfants naturellement bien en chair[1] ne tètent pas en proportion de leur masse musculaire.

II. Les enfants voraces et tirant beaucoup de lait ne développent pas leur chair en proportion.

III. Les enfants au sein qui urinent beaucoup sont le moins sujets aux vomissements.

IV. Ceux qui évacuent beaucoup et digèrent bien jouissent d'une meilleure santé ; ceux qui évacuent peu, tout en étant voraces sans prendre de poids en proportion, sont maladifs.

V. Chez ceux qui revomissent beaucoup de matière laiteuse, le ventre se resserre[2].

VI. Ceux qui, dans la dentition, évacuent davantage sont moins sujets aux convulsions que ceux qui évacuent peu[3].

VII. Ceux chez qui, dans la dentition, survient une fièvre aiguë, ont rarement des convulsions.

VIII. Pour ceux qui, dans la dentition, restent bien en chair tout en étant somnolents, il y a danger d'être pris de convulsions[4].

IX. Les enfants qui ont leurs dents en hiver, tout étant égal par ailleurs, s'en tirent mieux.

1. J'évite *eutrophique*, terme très technique en pédiatrie, mais il ne faut pas penser à de l'embonpoint ni à de l'obésité.

2. Des cas de déshydratation conduisent à l'amenuisement du ventre.

3. Il n'y a pas de rapport entre poussée dentaire d'une part, fièvre et convulsions de l'autre.

4. Le rapport entre la somnolence et les convulsions peut être réel.

ΠΕΡΙ ΟΔΟΝΤΟΦΥΙΗΣ

I. Τὰ φύσει εὔτροφα τῶν παιδίων οὐκ ἀνάλογον VIII, 544
τῆς σαρκώσιος καὶ τὸ γάλα θηλάζει.

II. Τὰ βορὰ καὶ πολὺ ἕλκοντα γάλα οὐ πρὸς λόγον σαρκοῦται.

III. Τὰ πολὺ διουρέοντα τῶν θηλαζόντων ἥκιστα ἐπιναύσια.

IV. ʽΟπόσοισι πολλὴ φέρεται ἡ κοιλίη καὶ εὐπεπτέουσιν, ὑγιεινότερα· ὁπόσοισιν ὀλίγη, βοροῖσιν ἐοῦσι καὶ μὴ ἀνάλογον τρεφομένοισιν, ἐπίνοσα.

V. ʽΟπόσοισι δὲ πολὺ γαλακτῶδες ἀπεμεῖται, κοιλίη συνίσταται.

VI. ʽΟπόσοισιν ἐν ὀδοντοφυΐῃ ἡ κοιλίη πλείω ὑπάγει, ἧσσον σπᾶται ἢ ὅτῳ ὀλιγάκις.

VII. ʽΟπόσοισιν ἐπὶ ὀδοντοφυΐῃ πυρετὸς ὀξὺς ἐπιγίνεται, ὀλιγάκις σπῶνται.

VIII. ʽΟπόσα ὀδοντοφυεῦντα εὔτροφα μένει καταφορικὰ ἐόντα, κίνδυνος σπασμὸν ἐπιλαβεῖν.

IX. Τὰ ἐν χειμῶνι ὀδοντοφυεῦντα, τῶν ἄλλων ὁμοίων ἐόντων, βέλτιον ἀπαλλάσσει.

Titulus περὶ ὀδοντοφυίας V.

3 σαρκώσιος Mack : -εως V ‖ 8 ʽΟπόσοισι Joly : ὁκ- recc. οἷσι V ‖ 11 πουλὺ V ‖ 12 ξυν- V ‖ 15-16 ἐπιγίγνεται V ‖ 18 σπασμὸν edd. : -ὸς V ‖ 20 ἀπαλάσσει V.

X. Tous les enfants pris de convulsions dans la dentition ne succombent pas ; beaucoup aussi réchappent.

XI. Chez les enfants qui font leurs dents avec de la toux, cela prend plus de temps ; ils maigrissent davantage au moment où la pointe perce.

XII. Ceux chez qui la dentition est orageuse, conduits d'une manière convenable, supportent plus facilement le travail des dents.

XIII. Les enfants qui, en proportion, urinent plus qu'ils n'évacuent, sont mieux en chair.

XIV. (Les enfants) qui n'urinent pas en proportion, mais dont le ventre rend fréquemment, depuis toujours, des matières crues, sont maladifs[1].

XV. (Aux enfants) qui dorment bien et sont bien en chair, il est possible de prendre beaucoup de nourriture, même insuffisamment préparée[2].

XVI. (Les enfants) qui commencent à manger pendant l'allaitement supportent plus facilement le sevrage.

XVII. (Les enfants) qui rendent souvent des selles sanguinolentes et crues sont la plupart du temps assoupis dans la fièvre*.

XVIII. Des ulcérations aux amygdales, survenues sans fièvre, causent moins d'inquiétude*.

XIX. (Les enfants) qui sont pris de toux en tétant ont d'ordinaire la luette trop grande*.

XX. Chez (les enfants) chez qui il se forme promptement des ulcérations rongeantes, avec persistance de la fièvre et de la toux, il est à craindre que les ulcères ne se reproduisent.

1. La seconde moitié de cette proposition est pertinente, mais on voit mal ce que l'urine vient faire ici.

2. Texte très incertain.

X. Οὐ πάντα τὰ ἐπὶ ὀδοῦσι σπασθέντα τελευτᾷ· πολλὰ δὲ καὶ διασώζεται.

XI. Τὰ μετὰ βηχὸς ὀδοντοφυεῦντα χρονίζει· ἐν δὲ τῇ διακεντήσει ἰσχναίνεται μᾶλλον.

XII. Ὁπόσα ἐν τῷ ὀδοντοφυεῖν χειμῶνας ἔχει, ταῦτα καὶ προσεχόντως ἠγμένα ῥήϊον φέρει ὀδοντοφυΐην.

XIII. Τὰ διουρεῦντα πλέον ἢ διαχωρεῦντα πρὸς λόγον εὐτροφώτερα.

| XIV. Ὁπόσοισιν οὐρεῖται μὴ πρὸς λόγον, κοιλίη 546
δὲ πυκνῶς ὠμὸν ἐκ παιδίων παρηθεῖ, ἐπίνοσα.

XV. Τὰ εὔυπνα καὶ εὔτροφα πολὺ ἀναλαμβάνειν παράκειται καὶ οὐχ ἱκανῶς διῳκημένον.

XVI. Τὰ παρεσθίοντα ἐν τῷ θηλάζειν ῥήϊον φέρει ἀπογαλακτισμόν.

XVII. Τὰ πολλάκις παρηθεῦντα δίαιμον καὶ ἄπεπτον κατὰ κοιλίην, πλεῖστα [τῶν] ἐν πυρετῷ ὑπνώδεα.

XVIII. Τὰ ἐν παρισθμίοισιν ἕλκεα ἄνευ πυρετῶν γινόμενα ἀσφαλέστερα.

XIX. Ὁπόσοισιν ἐν τῷ θηλάζειν τῶν νηπίων βὴξ προσίσταται, σταφυλὴν ἔωθε μέζονα ἔχειν.

XX. Ὁπόσοισι ταχέως ἐν παρισθμίοισι νομαὶ ἐφίστανται, τῶν πυρετῶν μενόντων καὶ βηχίων, κίνδυνος πάλιν γενέσθαι ἕλκεα.

3 χρονίζει edd. : -ειν V ‖ 6 ῥήϊον Joly : ῥᾶον V ‖ ὀδοντοφυίαν V ‖ 10 παῤῥήθη V cum corr. V[1] ‖ 11 πουλὺ V ‖ 12 παράκειται καὶ Joly : ~ V ‖ 13 ῥήϊον Joly : ῥᾶον V ‖ 15 παρηθεῦντα Foes : παρυθ- VV[1] ‖ 16 τῶν seclusi : τούτων vel ἐόντα sugg. Jones ‖ 17 παρισθμίοις V ‖ 18 γιγν- V ‖ 19 Ὁκοσοισιν V ‖ 20 εἴωθε V ‖ μείζονα V ‖ 21 παρισθμίοις V.

XXI. Les ulcères qui récidivent aux amygdales... sont dangereux.

XXII. Chez les enfants qui ont des ulcérations considérables aux amygdales, s'ils peuvent avaler, c'est signe de salut...

XXIII. Dans les ulcérations aux amygdales[1], vomir ou évacuer par les selles beaucoup de matières bilieuses est dangereux.

XXIV. Dans les ulcérations aux amygdales, la présence de quelque chose de semblable à une toile d'araignée n'est pas bonne[2].

XXV. Dans les ulcérations aux amygdales, l'écoulement, après les premiers temps, de phlegme par la bouche, écoulement qui n'existait pas d'abord, est utile ; pourtant, il faut le faire cesser ; si la rémission commence, c'est ce qu'il y a de plus favorable ; mais quand il n'y a pas d'écoulement de ce genre, il faut être attentif.

XXVI. Dans les fluxions sur les amygdales, des selles abondantes résolvent les toux sèches ; chez les enfants, l'évacuation par le haut de quelque matière cuite résout encore mieux.

XXVII. Les ulcérations aux amygdales, restant longtemps sans accroissement, sont sans danger avant cinq ou six jours.

XXVIII. Les enfants au sein qui prennent beaucoup de lait sont généralement assoupis.

1. Le texte du *Vaticanus* : ἐν παρισθμίοις ἕλκεσι est maintenu par Littré et aussi par Jones, pourtant très attentif ; il ne semble pas qu'on puisse le recevoir tel quel. Ermerins propose παρισθμίων, mais je préfère reprendre le début des deux aphorismes suivants : il s'est produit un minuscule saut du même au même. — Ermerins corrige aussi ἔρχεσθαι en διέρχεσθαι.

2. Cela est bien observé ; il s'agit soit d'angine diphtérique, soit d'angine pultacée.

XXI. Τὰ παλινδρομήσαντα ἐν ἰσθμίοισιν ἕλκεα † τοῖς ὁμοίοισι † κινδυνώδεα.

XXII. Οἷσι παιδίοισιν ἀξιόλογα ἕλκεα ἐν παρισθμίοισι, καταπίνειν δυναμένων, σωτηρίη ἐστίν, † ὁκόσα δὴ μᾶλλον τῶν πρότερον μὴ δυναμένων καταπίνειν †.

XXIII. Ἐν ⟨τοῖσιν ἐν⟩ παρισθμίοισιν ἕλκεσι, πολὺ τὸ χολῶδες ἀνεμεῖσθαι ἢ κατὰ κοιλίην ἔρχεσθαι, κινδυνῶδες.

| XXIV. Ἐν τοῖσιν ἐν παρισθμίοισιν ἕλκεσιν, ἀραχνιῶ- 548
δές τι ἐὸν οὐκ ἀγαθόν.

XXV. Ἐν τοῖσιν ἐν παρισθμίοισιν ἕλκεσι μετὰ τοὺς πρώτους χρόνους διαρρεῖν φλέγμα διὰ τοῦ στόματος, πρότερον οὐκ ἐόν, χρήσιμον, ὅμως ἀνακτέον · ἢν δὲ ἄρξηται συνδιδόναι, πάντως ἀσμενιστέον · τὸ δὲ μὴ οὕτω διαρρέον εὐλαβητέον.

XXVI. Ῥευματιζομένοισι παρίσθμια κοιλίη κατενεχθεῖσα πλείω λύει τὰς ξηρὰς βῆχας · παιδίοισιν ἀνενεχθέν τι πεπεμμένον πλείω λύει.

XXVII. Τὰ πολὺν χρόνον ἐν παρισθμίοισιν ἕλκεα ἀναυξέα μένοντα ἀκίνδυνα πρὸ τῶν πέντε ἢ ἓξ ἡμερέων.

XXVIII. Τὰ πολὺ γάλα τῶν θηλαζόντων ἀναλαμβάνοντα, ὡς τὸ πολὺ ὑπνώδεα.

1-2 τοῖς ὁμοίοισι V : τοῖσι νηπίοισι Erm. delenda putat Jones ‖ 2 κινδυνώδη V ‖ 3 Οἷσι Joly : τοῖσι V ‖ ἀξιόλογα ἕλκεα Erm. : -οις -εσι V ‖ 4 καταπίνειν δυναμένων Lind. : καταπινομένων V ‖ σωτηρίη Joly : -ιας V σωτήρια Erm. ‖ ὁκόσα — 5 καταπίνειν V : οἷσι δὲ ⟨ἥσσονα⟩ μᾶλλον... καταπίνειν ⟨θάνατος⟩ Erm. ‖ 6 τοῖσιν ἐν addidi ‖ παρισθμίοις V ‖ 11 παρισθμίοις V ‖ 13 ἐόν Jones in nota : ὂν V ἰόν Erm. ‖ 14 συνδιδόναι Li. (ξ-) : συνδιδόν Jones in nota ξυνδιδῶ V ‖ 15 οὕτως V ‖ 16 Ῥευματιζομένοις V ‖ 17 πλείω et παιδίοισιν del. Erm. ‖ 21 πουλὺ V ‖ 22 ὑπνώδη V.

XXIX. Les enfants au sein qui ne sont pas bien en chair dépérissent et reprennent difficilement.

XXX. Les ulcérations survenant aux amygdales en été sont pires que dans les autres saisons ; car elles s'étendent plus vite.

XXXI. Les ulcérations aux amygdales qui s'étendent à la luette changent la voix chez ceux qui réchappent [1].

XXXII. Les ulcérations qui s'étendent vers la gorge sont plus pénibles et plus aiguës ; elles causent la plupart du temps de la dyspnée [2].

1. Il s'agit d'une complication de certaines angines, mais entraînant la paralysie du voile du palais plutôt que de la luette.
2. Ce sont des cas de laryngite striduleuse, croup ou faux croup.

XXIX. Τὰ μὴ εὔτροφα τῶν θηλαζόντων ἄτροφα καὶ δυσανάληπτα.

XXX. Ἕλκεα ἐν θέρει γινόμενα ἐν παρισθμίοισι, χείρονα τῶν ἐν τῇσιν ἄλλῃσιν ὥρῃσι· τάχιον γὰρ νέμεται.

XXXI. Τὰ περὶ σταφυλὴν νεμόμενα ἕλκεα ἐν παρισθμίοισι, σῳζομένοισι τὴν φωνὴν ἀλλοιοῖ.

XXXII. Τὰ περὶ φάρυγγα νεμόμενα ἕλκεα χαλεπώτερα καὶ ὀξύτερα, ὡς ἐπὶ πολὺ δύσπνοιαν ἐπιφέρει.

1 εὔτροφα Erm. : εὐτροφέα V || 3 γιγν- V || παρισθμίοις V || 6-7 παρισθμίοισιν edd. : παρισθμίοις γῆν V || σωζομένοισι V || 8 in fine περὶ ὀδοντοφυΐας V.

NOTES COMPLÉMENTAIRES

Page 223, *ligne* 21 :

* Cela correspondrait à des cas d'entérite.

Page 223, *ligne* 23 :

* S'il s'agit d'angines ulcéro-membraneuses, il est bien rare que la fièvre ne s'en mêle pas.

Page 223, *ligne* 25 :

* La toux, qui est symptomatique de plusieurs affections, n'a guère à voir avec la luette proprement dite.

INDEX VERBORVM

X

Ω

TABLE DES MATIÈRES

Ce volume,
de la Collection des Universités de France,
publié aux Éditions Les Belles Lettres,
a été achevé d'imprimer
en janvier 2003
sur presse rotative numérique
de Jouve
11, bd de Sébastopol, 75001 Paris

N° d'édition : 4607
Dépôt légal : janvier 2003

Imprimé en France